MW01705397

UN NOUVEAU DÉPART

AU DELÀ DE 2002

Kryeon

TOME VII

Ariane Éditions

Titre original anglais :
The New Beginning (2002 and Beyond)
© 2002 par Lee Carroll
Publié par The Kryon Writings Inc.
1155 Camino Del Mar, #422,
Del Mar, CA USA 92014

© 2002 pour l'édition française
Ariane Éditions Inc.
1209, av. Bernard O., bureau 110, Outremont, (Qc) Canada H2V 1V7
Téléphone : (514) 276-2949, télécopieur : (514) 276-4121
Courrier électronique : info@ariane.qc.ca
Site Internet : ariane.qc.ca

Tous droits réservés

Traduction : Anne Bessin
Révision linguistique : Monique Riendeau, Michelle Bachand
Graphisme : Carl Lemyre
Illustration : Daniel B. Holeman, www.AwakenVisions.com

Première impression : septembre 2002

ISBN : 2-920987-62-3
Dépôt légal : 4e trimestre 2002
Bibliothèque nationale du Québec
Bibliothèque nationale du Canada
Bibliothèque nationale de Paris

Diffusion
Québec : ADA Diffusion – (450) 929-0296
www.ada-inc.com
France : D.G. Diffusion – 05.61.000.999
www.dgdiffusion.com
Belgique : Vander – 2.761.12.12
Suisse : Transat – 23.42.77.40

Imprimé au Canada

Table des matières

PRÉFACE

UN NOUVEAU DÉPART

Quelques mots de l'auteur…

Salutations aux lecteurs de la série Kryeon ainsi qu'à tous les nouveaux venus à cette expérience. Ceci est le tome VII des ouvrages de Kryeon, et probablement le plus important en ce qui a trait au nouveau paradigme de l'énergie terrestre.

Voici, à l'attention des néophytes, une courte introduction : Kryeon est une entité de nature angélique, un assistant de la Terre qui n'a jamais existé en tant qu'être humain sur notre planète. Afin d'alléger le texte, nous employons le genre masculin pour désigner cette entité. Son but est de nous faire comprendre comment les choses fonctionnent, comment elles se transforment, tout en rendant hommage et en célébrant l'expérience humaine. Chaque message contient des instructions et des explications sur les événements en cours. Chaque parabole exposée nous révèle à nous-mêmes. Chaque transmission insuffle aux humains amour, aide et inspiration.

Beaucoup trouvent très bizarre qu'un être humain reçoive des messages d'un être angélique. D'aussi loin que remontent les premiers documents de notre histoire spirituelle, les anges ont toujours communiqué avec les humains. Pourtant, si vous racontez aujourd'hui que vous vous adressez à des entités ou à des anges, tout de suite on vous range parmi les *farfelus*. Je me demande comment une telle chose sera perçue d'ici cent ans. Peut-être sera-t-elle acceptable ou même sacrée ?

D'une manière ou d'une autre, certains événements historiques, aussi incroyables puissent-ils paraître, sont souvent tout à fait acceptés en tant que partie intégrante de l'histoire spirituelle. Pourtant, des expériences contemporaines identiques vous classent parmi les fous. Je suppose que le fait de négliger tout ce qui n'a pas reçu le sceau d'approbation du sens de l'histoire est le propre de la nature humaine.

À mon avis, Kryeon nous a révélé avec précision le devenir de l'énergie au sein de laquelle nous évoluons actuellement. Toutes les informations nous amenant au nouveau millénaire, puis aux événements vécus l'année dernière (2001), ont été exposées au moyen de paraboles, d'allusions et, surtout, d'énergies numérologiques présentées sous forme de métaphores et prêtes à être interprétées.

Il y a douze ans, dans son premier livre, *La graduation des temps*, Kryeon avait révélé que nous venions de modifier le paradigme de l'avenir de la Terre, rendant caduques les prophéties d'Armageddon, et que nous étions en train d'évoluer vers une nouvelle conscience très prometteuse qui devait envahir la planète. Il avait indiqué que la grille magnétique de la Terre s'adapterait à nos nouvelles possibilités (ce qu'elle fit, voir page 168) et qu'au cours des années à venir, les guerres seraient surtout d'origine tribale (c'est ce qui semble se dessiner).

Il a aussi ajouté que, pour permettre la réalisation de ces pronostics, environ un pour cent de la population terrestre pourrait devoir quitter la Terre, ce qui n'était pas pour rassurer les gens (page 108) ! Vous rappelez-vous cette affirmation de la page 112 concernant notre avenir ?

> « *Beaucoup seront exterminés et reviendront avec de nouveaux pouvoirs. En outre, la transition vers ce Nouvel Âge d'autodétermination et de prise de pouvoir sera marquée par divers changements. Les choses changeront pour vous tous...* »

L'année 1999 fut avancée, date à laquelle il était fort probable qu'un dirigeant déséquilibré vienne créer le chaos (page 30). Cela pouvait être une allusion à la Bosnie, ou aux événements récents du 9-11. Tout cela avait été annoncé dans le premier livre de Kryeon il y a plus d'une décennie.

En effet, le communisme s'est effondré de lui-même à la fin des années 80, et aucune guerre nucléaire n'eut lieu. La limite temporelle prédite pour l'Armageddon fut dépassée, et beaucoup prirent conscience que nous avions bifurqué dans une direction absolument imprévue.

Tout au long de ces livres qui guidaient nos pas vers le nouveau millénaire, Kryeon nous a offert de nombreuses informations de nature personnelle et des méthodes pour nous aider à découvrir notre divinité intérieure. Sans se lasser, il a répété que la paix sur la Terre commençait par le travail sur soi, nous invitant à modifier notre ADN. Maintes fois, il a évoqué l'importance du 11:11, moment où les humains avaient accordé leur permission que soit modifiée la fin annoncée par les prophètes. Puis ce fut le tome VI, *Franchir le seuil du millénaire.* Comme je l'ai mentionné plus haut, cet ouvrage nous a probablement donné plus d'informations que tous les autres au sujet de ce qui nous arrivait. Kryeon a exprimé clairement que dorénavant il ne serait plus possible de rester assis entre deux chaises (page 179), qu'il faudrait prendre position sur les événements en cours, car le choc entre l'ancien et le nouveau nous y obligerait. Beaucoup allaient devoir choisir. De plus, la paix et la stabilité apparentes pourraient laisser place à une période de régression, et Israël serait susceptible de connaître une révolte en l'an 2000 (page 143). Pour la première fois, Kryeon a employé l'expression *rage spirituelle*, voulant dire par là que des luttes surviendraient entre l'ancien et le nouveau : « Ne soyez pas surpris que cette guerre ne soit pas terminée. En fait, dans certains cas, la bataille ne fait que commencer » (page 144).

Je pense que nous sommes tous restés en état de choc, atterrés par les événements du 9-11 (11-9 pour les Européens). Pour les Américains, ceci constitue un nouveau test, un moment dans l'histoire que beaucoup percevront comme une fin ou un début. Point n'est besoin d'être un tenant du Nouvel Âge ou un féru de métaphysique pour saisir l'importance de l'énergie générée par cet événement au sein de notre société. Beaucoup le nomment le *Pearl Harbour* de la génération actuelle, et désormais, tout ce qui surviendra dans l'histoire des États-Unis sera catalogué comme « **pré**- ou **post**- 9-11 ». La seule évocation de cette date est déjà synonyme de chagrin, d'horreur, de colère, de changement mais, peut-être aussi, de promesse.

Même si aucun numéro 900 de ligne d'appel de médiums ni aucune publication tabloïd ne l'avaient prédit, de nombreuses personnes ont voulu savoir si, au cours de la dernière décennie, Kryeon n'aurait pas fait allusion à de tels changements. Il me semble à présent que le 9-11 habitait notre *écran radar* de possibilités depuis 1987. Nous saisissons peu à peu toute la valeur de notre expérience du 11:11 par laquelle, en tant que groupe d'humains, nous avons permis que la Terre évolue vers le niveau supérieur (ce qui fut expliqué dans les tomes I, III, IV et VI). Est-il possible que nous ayons contribué à engendrer cette tragédie et que, collectivement, nous ayons donné le feu vert ? Question combien difficile ! L'idée que tous, ensemble, nous ayons pu avoir une responsabilité aux niveaux cellulaire et spirituel se révèle un poids bien lourd à porter !

En août, quelques semaines avant le désastre, le *channeling* tenu à Vancouver traitait de l'unité dans le monde (reproduit dans le chapitre 6 de ce tome). Voici ce que Kryeon y communiquait sur les États-Unis (voir la transcription intégrale page 137) :

> « *Les États-Unis vivent actuellement leur plus grande période d'apprentissage. Les choses ne peuvent demeurer ainsi ! Bénis soient ceux qui comprennent l'imminence de profondes transformations dues au choc entre l'ancien et le nouveau ! Le pouvoir de réaliser celles-ci revient aux auditeurs ici présents ou aux lecteurs en train de lire ces pages. Le potentiel des changements créatifs les plus décisifs se profile en l'année du 3 [2001].* »

Personnellement, je crois que nous avons reçu de nombreuses allusions aux potentialités dérivant de notre permission du 11:11, qui a engendré l'événement du 9-11. On m'a dit que la prédestination n'existait pas, que seules des « possibilités se réalisaient ». Puisque, pour l'Esprit (Dieu), il n'y a ni futur ni passé, l'idée même de prédictions est discutable. Cependant, les prophètes, partageant notre concept de temps linéaire, continuent à en offrir. Par conséquent, ce qu'ils prédisent constitue des anticipations, et non des absolus. Selon Kryeon, tout se situe dans le *maintenant* (prémisse présentée plus loin dans ce livre).

Voici ce qui se produit : un potentiel attend de se réaliser, une énergie croît au sein de notre réalité, dans notre cadre temporel linéaire, combinaison de nos intentions passées et futures. Nous en exerçons le plein contrôle.

À la suite du désastre, comme tant d'autres j'ai reçu par le biais d'Internet cette liste de faits qui révèlent sans aucun doute la synchronicité du 11:11. Coïncidence ? Jetez-y donc un coup d'œil !

La synchronicité du 11:11

- La date de l'attaque : 9-11 (ou 11-9). 9 + 1 + 1 = 11

- Le 11 septembre est le 254e jour de l'année. 2 + 5 + 4 = 11
- Après le 11 septembre, il reste 111 jours avant la fin de l'année.
- 119 est le code régional de l'Iraq et de l'Iran. 1 + 1 + 9 = 11
- Les deux « tours jumelles » représentaient un chiffre 11 dressé vers le ciel.
- L'État de New York fut le **onzième** admis à l'Union.
- Le premier avion à avoir frappé une tour correspondait au vol 11.
- Le vol 11 transportait 92 passagers. 9 + 2 = 11
- Le vol 77 en transportait 65. 6 + 5 = 11

Enfin, plusieurs mots liés à cette situation comportent ***onze*** *lettres :*

- New York City
- Afghanistan
- Le Pentagone
- Ramzi Yousef (reconnu coupable d'avoir organisé une attaque à la bombe contre le *World Trade Center* en 1993).

Les gens férus de métaphysique vérifient toujours les nombres. Observez bien ceci : les deux seuls nombres qui furent définis et expliqués dans le premier livre de Kryeon en 1989 étaient le 9 et le 11 ! Les informations présentées traitaient de l'achèvement et de la permission. À présent, leur signification devient évidente. Rappelez-vous également que le nombre de la Bête fut révélé comme suit : 666 = 18 = 9. Se pourrait-il que la situation actuelle ait été également prophétisée sous forme de codes dans les Saintes Écritures ? D'après Gregg Braden, le prophète Isaïe lui-même nous aurait affirmé que nous possédions le pouvoir de modifier notre avenir. Je crois que c'est ce que nous venons de prouver.

Kryeon indique que, mettant à l'œuvre notre libre arbitre, nous avons fait le choix de progresser vers l'unité de la planète et que cette tragédie sera désormais perçue comme un tournant décisif dans l'évolution planétaire. Nous avons ainsi un petit aperçu de la manière dont peuvent survenir des circonstances inimaginables, par exemple que des nations puissent s'unir autour d'une définition de ce que la *civilisation* permettra ou interdira sur la Terre, ou encore le fait que des millions de personnes aient pu être poussées par la rage spirituelle à prendre parti, étant ainsi obligées d'opter pour un mouvement d'énergie ou un autre.

Le 30 septembre, je regardais, dans ma chambre d'hôtel, deux interviews présentées à des heures et des réseaux différents, l'une avec le Secrétaire d'État Colin Powell, l'autre avec le roi de Jordanie, Sa Majesté le roi Abdullah II. Au cours des deux entrevues, les deux personnages ont prononcé exactement la même phrase : « *Il est temps de descendre de la clôture !* » J'ai failli tomber de mon fauteuil ! Ce sont là les paroles mêmes employées par Kryeon au sujet de cette situation, et ce n'est pas la première fois.

L'énergie à l'œuvre actuellement représente tout ce dont Kryeon nous a entretenus tant de fois, et qui a été rendu disponible pour tous, par les livres, durant ces dix dernières années. Maintenant que prend forme cette énergie nouvelle, née de notre libre arbitre, nous pourrons faire passer dans la réalité cette phrase évasive au sujet de la création de la Nouvelle Jérusalem. Kryeon a également répété maintes fois : « *Comme se portent Israël/la Palestine, ainsi va le monde.* » Peut-être commençons-nous à comprendre comment tout cela se tient ?

En Israël, au cours de l'année 2000, lors d'une présentation en après-midi, j'avais communiqué une pensée de Kryeon, à savoir que rien de productif ne sortirait de leur situation à moins « d'un retour à la case zéro (*draw to zero*) ». J'avoue n'avoir eu aucune idée du sens de cette phrase, et j'ai reçu par la suite en provenance d'Israël de nombreux courriels me questionnant à ce sujet. Cela signifiait-il une guerre totale dans la région ou une annihilation complète ? Je l'ignorais. Ce n'est qu'après le 11 septembre que j'ai compris que « retour à la case zéro » se rapportait au « *ground zero* ». Personne, au cours de cette rencontre, ne savait alors que cet énoncé faisait référence à un quelconque événement qui allait se dérouler à Manhattan, aux États-Unis. Maintenant, c'est évident.

Le numéro ISBN d'un livre – numéro de code international informatisé placé à l'endos de celui-ci – est créé aléatoirement et attribué aux éditeurs par la Commission de classification des publications, afin d'identifier les ouvrages publiés. Il sert aux contrôles d'inventaires et à l'identification industrielle. La première partie de ce numéro, toujours la même, représente le *maître nombre* de l'éditeur. Les deux dernières parties constituent l'unique manière d'identifier le livre ou, pour un métaphysicien, l'énergie du livre. Si vous en avez la possibilité, jetez un coup d'œil au numéro attribué à la version anglaise du tome VI de Kryeon (soit le livre VIII en anglais, *Passing the Marker*) : le nombre identifiant ce livre est 11-9. Coïncidence ? Possible, mais combien de coïncidences faut-il trouver avant d'admettre la possibilité que des messages codés nous soient envoyés ? À quelle page de cet ouvrage trouvons-nous les informations sur le 9-11 ? À la page 182 (= 11) de la version anglaise.

Et après ? Nous jouissons toujours du libre arbitre. Mais soudain, il devient urgent de faire des choix : soit nous complaire dans les vieux sentiers battus, soit prendre notre vie en main sur la Terre. D'après Kryeon, nous avons jusqu'en 2012 pour nous décider. L'énergie qui sera alors à l'œuvre constituera notre *sceau d'intention* pour l'Humanité.

Comme je l'ai déjà dit, un jour, je rentrerai chez moi. À ce moment-là, je tiendrai sans doute une réunion avec les milliers de membres de notre famille qui ont perdu la vie le 11 septembre 2001. Je tiens à leur préciser que, par leur départ, ils ont fait avancer les choses pour des centaines de millions d'habitants de la Terre, pour les générations à venir, et pour l'Univers. Puis je les serrerai dans mes bras l'un après l'autre en entonnant le chant des héros, celui qui parle du 11:11, de ce jour où les humains avaient décidé de ce qu'ils voulaient vraiment faire de la Terre et avaient pris le contrôle pour y arriver.

Contenu du livre

Cet ouvrage présente la même organisation que le précédent, lui-même divisé en l'avant et l'après de l'année 2000, mais pour des raisons tout à fait différentes, il est divisé en deux sections, soit l'avant et l'après 9-11. Comme toujours, la plus grande partie du livre correspond à la transcription de channelings reçus en direct dans le monde entier.

À l'attention des enfants : quel meilleur début pour un livre que celui effectué dans l'humour et le plaisir ? Voici, spécialement pour vous (mais en réalité, pour nous tous), un channeling qu'on croyait perdu : c'est l'histoire de l'oiseau Bernie, celui qui avait si peur de voler. Ce conte, canalisé à Dallas, au Texas, en 1998, fut publié pour la première fois dans le *Sedona Journal of Emergence,* en 2001, et je suis très heureux de l'avoir retrouvé !

Les chapitres 1 à 7 présentent les channelings antérieurs à l'événement du 9-11.

Les chapitres 8 à 13 les communications postérieures, jusqu'en mars 2002.

Le chapitre 14 présente les questions des lecteurs.

Le chapitre 15 un texte de Jan Tober sur le *Filtre arc-en-ciel.*

Le chapitre 16 relate l'histoire de Fété et Clément, deux travailleurs de la lumière, et de leur fuite incroyable hors d'Afrique. Elle constitue un témoignage de confiance et de foi en l'Esprit, et un hommage émouvant à ce qui se produit lorsque nous faisons appel à nos dons de lumière et d'intuition. En 2001, Fété et Clément sont venus raconter eux-mêmes leur odyssée à Montréal, lors d'une conférence organisée par les hôtes Martine et Marc Vallée.

Profitant de cette introduction, je vous invite à consulter notre site Web, un « gagnant » ouvert à tous, qui contient un nouveau magazine électronique. Conçu et édité par les infographistes professionnels Barbara et Rob Harris, il est maintenant un des sites préférés des travailleurs de la lumière. D'après nos diagnostics de trafic Web, notre site rajeuni reçoit plus de 12 000 visiteurs par jour. En plus du cybermagazine, vous y trouverez des channelings, un salon de cyberbavardage, un endroit où rechercher d'autres personnes de la même orientation d'esprit que vous, des informations sur les gens et les livres, un programme complet de nos événements à venir, et plus encore. La philosophie de notre site Web en est une de respect. En effet, nous ne gardons aucune donnée sur les visiteurs, nous ne demandons jamais d'argent, pas plus que vos noms ou vos adresses électroniques, et nous n'invitons personne à se joindre à quelque mouvement que ce soit. Tout ce que nous souhaitons, c'est qu'après une visite où vous serez libres de découvrir, de lire, d'explorer, vous ayez l'impression d'avoir séjourné dans une famille remplie d'amour. C'est tout simple.

Les collaborateurs réguliers seront Jan Tober (cofondatrice du travail autour de l'énergie de Kryeon et coanimatrice des grands séminaires tenus sur la planète), Todd Ovokaitys, Peggy Phoenix Dubro, notre éditrice Barbara Harris et moi-même. D'autres se joindront à nous pour écrire des articles sur la science, les animaux domestiques, la loi, l'humour, l'astrologie, les agroglyphes (*crop circles*), le travail avec l'énergie et, bien sûr, les enfants indigo. Enfin, ce magazine offrira les questions et réponses de Kryeon mises à jour, les nouvelles récentes, et un petit album bien pratique de photos prises lors de nos grands séminaires. Pour vivre cette expérience, rendez-vous à l'adresse : **[www.kryon.com]**.

Chers lecteurs, encore une fois, je tiens à exprimer ma joie de pouvoir vous offrir les informations remplies d'amour et les paroles empreintes de compassion de cet ange merveilleux qui a pour nom Kryeon. Exempt de prosélytisme, ce travail, mené depuis une décennie, a pour but de présenter des concepts, non des doctrines. Il dépasse largement la spiritualité organisée, invitant chacun à *peler l'oignon* de la dualité afin de découvrir la divinité au cœur de lui-même. Il ne cherche pas à entrer en compétition avec les religions établies, mais à favoriser une amélioration et une meilleure compréhension de l'esprit humain. Il transmet un message d'émancipation pour tout le genre humain et pour chaque personne dont les yeux parcourent ces pages.

Nous vous remercions de votre soutien.

Lee Carroll

BERNIE, L'OISEAU QUI AVAIT PEUR DE VOLER

Pour les enfants de tous âges
Dallas, Texas 1998

Commentaire de Lee Carroll : depuis quelques années, beaucoup de gens me demandent s'il serait possible de canaliser Kryeon pour les enfants. Puisque toute la question des enfants indigo fut d'abord publiée dans un de ses livres (tome IV, *Partenaire avec le Divin*), il semblait normal que celui-ci le désire et puisse le faire.

Ainsi, pour tous ceux qui l'ont demandé, nous présentons un des deux *channelings* enregistrés il y a plusieurs années, en présence des enfants, au cours d'un séminaire de Kryeon au Texas. À cette occasion, la salle était pleine de jeunes de trois à douze ans. Il y avait également quelques bébés, et plusieurs parents et aînés qui tenaient eux aussi à être là. La présentation débute par mon introduction, puis Kryeon commence en s'adressant directement aux enfants. Vous êtes les premiers à lire ce channeling, qui avait été enfoui tout ce temps au fond d'un tiroir et qu'on a récemment découvert et transcrit.

Les propos de Lee aux enfants

Bonjour, les enfants ! Bienvenue ! Je remarque que le plus jeune a environ deux mois et le plus âgé, soixante-quatorze ans. Ne levez pas la main si vous êtes le plus âgé, je sais qui vous êtes ! [rires] C'est un événement rare ! Ça m'est arrivé une seule fois, et j'imagine facilement qu'un jour ce court channeling sera partie intégrante d'un livre. Toutefois, si nous faisons ça seulement une fois par année, il pourrait se passer des dizaines d'années avant qu'on puisse créer un livre ! [rires]

Si vous êtes ici et que vous avez de neuf ans à vingt ans, je suis désolé que vous ayez dû venir à ce channeling destiné aux enfants, puisque nous savons tous que vous n'en êtes plus, n'est-ce pas ? [petits clins d'œil]. Mais ceci est vraiment pour nous tous, bien que les enfants soient ici juste pour ça. [Un enfant pousse un cri strident. Lee s'arrête et le regarde.] Parfois, je me sens exactement comme toi ! Mais je ne peux pas faire comme toi ! Les grands m'en empêcheraient !

D'accord, ça, c'est juste pour vous. Je ne sais pas si vous savez ce que c'est que le channeling : ce n'est pas bizarre et ça ne donne pas la chair de poule, parce que même vous, vous le faites quelquefois, mais vous ne voulez pas l'admettre. Je sais que vous le faites lorsque vous parlez à vos anges et qu'ils vous donnent des réponses. Même que certains d'entre vous voient les anges, mais n'en parlent pas aux adultes. Voici ce qui va se passer maintenant : je suis Lee Carroll, c'est mon nom, et je vais me mettre en contact avec un ange nommé Kryeon. Peut-être que vous ne verrez pas l'ange, ni ses grandes ailes, ni autre chose du genre, mais je vais fermer les yeux, et cet ange spécial va m'envoyer un message spécialement pour vous. Vous avez sûrement déjà entendu le nom de Kryeon, puisque toutes ces grandes personnes sont ici avec vous. En fait, ce sont elles qui vous ont emmenés ici. Mais ce moment vous appartient, alors faites semblant qu'elles ne sont pas dans la salle. Il s'agit de l'ange spécial, Kryeon, et de son message spécialement pour vous. Vous n'aurez pas besoin de fermer les yeux quand je fermerai les miens. En fait, vous n'avez rien à faire, mais je vous invite à regarder et à écouter, tout simplement. Quand Kryeon arrivera, il pourrait bien y avoir une histoire pour vous… Voyons ce qui va se passer.

[Le silence s'installe.]

Salutations, chers amis, et vous, les tout-petits, je suis bien Kryeon, du Service magnétique !

Ne vous laissez pas tromper, car je suis vraiment un ange, et pour vous, j'ai quelque chose de différent des autres grandes personnes présentes ici : en fait, je n'ai jamais, jamais été un être humain ! Même si c'est difficile à expliquer, cela veut dire que je peux ressentir les choses comme un enfant. Cela veut dire aussi que je peux comprendre ce que vous pensez et que, pour cette raison, je peux mieux vous aimer et vous aider !

Avant de commencer notre histoire, nous allons nous adresser à ceux qui sont juste un peu plus âgés que vous, présents dans cette salle ou en train de lire ces mots dans un livre qui sera imprimé un jour. Patientez quelques instants pendant que je leur parle. Ensuite, nous commencerons vraiment notre histoire.

À vous, très chers, qui n'êtes plus des enfants, mais qui pouvez vous souvenir de l'avoir été il y a quelques années, j'aimerais rappeler quelque chose. Quand vous étiez petits et que vous regardiez les adultes, peut-être avez-vous vu en eux une chose dont vous n'avez jamais parlé, parce que c'était trop secret, mais je sais ce que vous avez pensé à ce moment-là. Vous les regardiez en vous disant : « *Je ne veux pas devenir comme ça parce que les adultes ont perdu leur plaisir de vivre ! Ils ne rient plus. Ils ne savent plus jouer.* » Alors, mon message pour vous est le suivant : ne perdez pas les plaisirs de l'enfance, car le plaisir des petits qui sont assis ici est si précieux ! C'est un catalyseur d'illumination ! Il peut avoir été retenu pendant toute votre vie. Pourtant, vous pouvez encore jouer ! Ceci est un moment précieux pour vous. C'est aussi un moment où vous pouvez oublier ce plaisir. C'est votre choix !

Les adultes ont l'habitude de répéter : « Quand j'étais enfant, je parlais et pensais comme un enfant, mais quand j'ai grandi, j'ai mis de côté les choses enfantines. » Aujourd'hui, nous vous le disons : « Ne rangez pas l'enfant dans un placard ! Conservez le plaisir de vivre qui sera toujours là, c'est le secret pour trouver l'ange invisible qui habite en vous. »

Maintenant, à nous, les tout-petits ! Je vais m'adresser à vous comme un ange, je vais vous envoyer un message que même les grandes personnes n'ont encore jamais entendu. Saviez-vous, les enfants, que les anges ne devenaient jamais des adultes ? C'est la vérité ! Ils ont toujours le même âge. Les adultes voient les grands anges, et ils pensent qu'ils sont des anges adultes, mais ce n'est pas vrai. Ils restent toujours des enfants dans de grands corps. Ils ont toujours le même âge. C'est un peu comme un secret, mais je pense que vous savez tout ça, n'est-ce pas ? Nous avons autre chose à vous confier : il y a un ange près de vous sans arrêt. Le saviez-vous ? Vous pourriez répondre : « Je n'ai jamais vu mon ange. Qu'est-ce que tu veux dire, Kryeon ? » Je vais vous l'expliquer.

Je vais vous raconter une histoire à propos d'une petite créature qui avait le même problème. Elle disait : « S'il y a une chose que je n'ai jamais vue, alors comment est-ce que je peux savoir qu'elle existe vraiment ? » C'est une histoire sur les choses invisibles, spécialement pour vous. Cet ange, Kryeon, qui est en train de vous parler, et qui est aussi un enfant, peut raconter ces histoires avec l'aide de Lee, son partenaire, qui, lui aussi, n'a jamais grandi ! [rires]

Nous allons vous raconter l'histoire de Bernie, cet oiseau qui avait peur de voler. Nous voulons vous narrer comment ça s'est passé, parce que c'est une histoire merveilleuse que tout le monde connaît au pays des oiseaux. Tous les oiseaux s'en souviennent d'ailleurs.

Bernie avait grandi dans un nid très haut perché. Peut-être savez-vous comment les oiseaux apprennent à voler ? C'est plutôt spectaculaire, et ça fait peur, aussi ! Quand les enfants oiseaux sont prêts, maman et papa oiseaux les poussent hors du nid au moment où ils ne s'y attendent pas ! Le saviez-vous ? Les oiseaux tombent tout naturellement, mais très vite ils savent qu'ils doivent étendre leurs ailes, commencer à battre des ailes. Et lorsqu'ils le font, soudain le vent se met à les soulever et, hop les voilà en train de monter ! C'est un peu dur de tomber jusqu'au moment d'étendre les ailes pour voler, mais maman et papa oiseaux ne peuvent pas leur apprendre à voler quand ils sont dans le nid. Pensez-y un peu ! On ne peut pas vraiment voler dans un petit nid !

Mais Bernie ne voulait rien savoir de tout ça. Il avait vu sa sœur, au moment où on l'avait poussée hors du nid très tôt un matin, et il l'avait regardée tomber, tomber, tomber, et encore tomber. Mais à la toute dernière seconde, elle avait déployé ses ailes et s'était mise à battre des ailes comme une désespérée. Finalement, elle s'était envolée ! Mais Bernie avait eu l'impression qu'avant de savoir quoi faire, elle avait failli s'écraser au sol, et il avait pris peur. Il ne voulait pas entendre parler de voler ! Il se disait : « Je ne vois pas pourquoi je devrais voler ! Il y a quelque chose qui ne va pas, dans toute cette histoire. »

Bernie arriva à convaincre son frère Bobbie que tout ça, c'était stupide. Bobbie non plus ne voulait pas apprendre à voler, alors il alla en parler à sa maman. Il lui annonça qu'il ne voulait pas voler parce qu'il avait peur et qu'en fait il n'en avait vraiment pas besoin, parce que dans le nid, c'était chouette, et que c'est là qu'il voulait rester ! Sa maman le regarda bien dans les yeux, puis aussitôt le poussa hors du nid ! Bobbie tomba, tomba, et juste au bout de la chute, il ouvrit les ailes, puis battit des ailes encore et encore, et prit enfin son essor.

Bernie avait tout vu. Il était le plus jeune, ayant éclos au moins deux minutes après tous les autres, et il savait qu'il serait le prochain à devoir apprendre. Il se disait : « *Tant pis si mon frère et ma sœur ont vécu ça ! Personne ne me poussera hors du nid parce que je n'ai pas besoin de voler. Ce n'est pas pour moi !* » Il dut mijoter un plan.

Une nuit où tout le monde dormait, il trouva une ficelle. C'était quelque chose que papa avait apporté dans le nid pour le consolider. Parfois, lorsqu'on construit un nid, on utilise toutes sortes de matériaux pour le renforcer, et Bernie avait trouvé une ficelle au milieu des branchages et des pailles dont était fait le nid. Il décida d'attacher un bout de cette ficelle à sa patte, et l'autre bout à une partie solide du nid : ainsi, quand sa maman le pousserait hors du nid au moment le plus inattendu, il ne tomberait que de quelques centimètres et cela le sauverait de la chute. [Les enfants rient.] Hi ! Hi ! C'était un bon plan !

Le problème, c'est que Bernie n'était jamais allé à un camp scout pour oiseaux. Alors il ne savait pas bien faire les nœuds d'oiseaux ! Du mieux qu'il put, il fit un nœud qu'il pensait solide et qu'il s'arrangeait pour cacher en faisant toujours face à sa maman lorsqu'elle s'approchait. Bien sûr, la nuit suivante, pendant qu'il dormait, sa mère le poussa hors du nid !

Ça a marché ! Il passa par-dessus bord, et la ficelle tint bon. Il était là, suspendu à quelques centimètres dans les airs. Il faisait plutôt sombre, et maman, pensant que son Bernie était en train d'apprendre à battre des ailes et à voler, se recoucha. Bernie resta suspendu en silence, se pensant très brillant. À l'aide de son bec, il grimpa le long de la ficelle et retrouva sa place toute chaude dans le nid. Il était si heureux de n'avoir pas eu à tomber et à voler comme son frère et sa sœur ! Puis il se rendormit.

Le lendemain matin, quand sa maman se réveilla, elle le vit encore dans le nid, avec la ficelle et tout, et lui demanda : « Bernie, qu'est-ce que tu fais ici ? » De son bec, elle montrait la ficelle qu'il avait oublié d'enlever de sa patte, et elle était fâchée. « Je crois qu'il est grand temps que papa s'en mêle, s'exclama-t-elle. Tu vas l'entendre ! »

Bernie se disait : « *Quel idiot ! J'ai oublié d'enlever la ficelle ! Maintenant, c'est papa qui va s'en mêler. Sapristi !* »

Eh oui ! Finalement, papa revint au nid. C'était un très grand oiseau couvert de nombreuses plumes. Il lui faisait un peu peur à cause de sa taille. Mais c'était un bon père très aimant, et il demanda à Bernie : « Alors, qu'est-ce qui se passe ? Tous les oiseaux volent, tu n'as qu'à regarder autour de toi ! Tout le monde vole. C'est ça être un oiseau ! Et tu dois apprendre ! Pourquoi ne veux-tu pas voler ? Pourquoi ? »

Bernie réfléchit un instant et répondit : « J'ai peur, papa. »

« Pourquoi as-tu peur ? » lui demanda son père. « Regarde ta sœur, ton frère, moi, ta maman, nous volons tous. Jette un coup d'œil alentour ! Tes amis volent… les oiseaux volent, Bernie, et tu es un oiseau. »

« J'ai peur, papa, parce que là, il n'y a rien ! Tu parles de l'air qui est censé soulever nos ailes. Il est invisible. Et puis, ça risque de rater ! As-tu vu mon frère et ma sœur, quand ils sont tombés ? Il s'en est fallu de peu qu'ils ne se tuent ! »

Son père réfléchit un instant. « Même si tu ne peux pas voir l'air, Bernie, il passera sous tes ailes. Tout ce que tu as à faire, c'est de les déployer pendant que tu descends, et l'air va te ramasser. C'est ainsi que nous faisons tous pour voler. C'est invisible, mais ça existe vraiment. »

Bernie répliqua : « C'est juste de la magie. On ne peut pas voir l'air, tu ne peux pas affirmer qu'il y a de l'air, parce que tu ne peux pas le voir. Il n'est pas là. Peut-être bien que la magie, ça marche pour toi, pour maman, pour mon frère et ma sœur, mais moi, il faut que je le voie avant de pouvoir y croire. L'air est invisible. Comment puis-je savoir que tu n'es pas en train de me jouer un tour ? Je ne sais pas comment vous volez, mais l'air, ça n'existe pas, parce que je ne peux pas le voir. »

Bernie fit une pause, puis continua : « Papa, voilà ce que j'ai trouvé. Regarde, pourquoi faut-il que je vole ? J'ai envie de créer une nouvelle espèce d'oiseaux qui s'appellerait *l'oiseau-marcheur.* » [rires] « Pourquoi faut-il que je sois comme tout le monde ? J'aurai une vie agréable. Je descendrai en marchant le long du tronc d'arbre, je trouverai les vers de terre, puis je remonterai au faîte de l'arbre. J'aurai une vie agréable. Quelque part, je me trouverai une femme oiseau-marcheur et nous aurons des enfants oiseaux-marcheurs. Une nouvelle espèce naîtra. Un jour, ils regarderont en arrière et proclameront : "C'était le commencement de la grande espèce nommée *l'oiseau-marcheur*." »

Le père de Bernie le regarda pendant très longtemps. Il marmonna tout bas : « Oiseau-marcheur ? » Il roula des yeux. « D'accord, Bernie, j'ai l'impression qu'il est temps que Sigg t'examine. »

« Qui c'est, Sigg ? » demanda Bernie après une hésitation.

« Eh bien, c'est le docteur spécialiste du cerveau chez les oiseaux. [rires] Nous allons devoir aller le chercher pour qu'il te voie. Mais, Bernie, l'oiseau docteur du cerveau est très susceptible. Quand il viendra, ne l'appelle pas docteur Cervelle d'oiseau ! [rires] Fais attention de bien l'appeler Monsieur l'Oiseau, docteur du cerveau. Aucun docteur ne veut qu'on l'appelle docteur Cervelle d'oiseau. » [rires]

« Papa, ça m'est égal ce que le docteur Sigg va me dire ! Personne ne peut me convaincre que l'air existe pour vrai. Je ne peux pas le voir. »

Alors, tout arriva. Au beau milieu de la nuit, une fois Bernie endormi, sa mère s'approcha de lui sans faire de bruit et, tout doucement, rongea la ficelle qu'il portait encore pour être en sécurité. Puis elle le poussa hors du nid ! Tout s'est passé très vite ! Il tombait, tombait, et c'était une expérience horrible ! Il était terrifié et se sentait glacé d'effroi. Il regardait défiler près de lui l'écorce de l'arbre et voyait le sol filer vers lui à toute allure. Il se disait : « *Je dois déployer mes ailes, mais je ne crois pas à l'air. Je ne peux pas y croire parce que ce n'est pas réel ; je ne peux pas le voir. Je ne peux pas y arriver !* »

Effectivement, comme prévu, il ne déploya pas ses ailes, piquant droit vers le sol, sachant qu'il allait se retrouver bec le premier et finir enfoncé comme un piquet... les pattes pointées en l'air ! Il allait finir sa vie pétrifié, le bec planté dans la terre. Personne ne serait capable de le sortir de sa fâcheuse position, et il deviendrait une statue dans le parc. Il était bien au courant de ce que les oiseaux faisaient aux statues d'humains dans les parcs, et il ne pouvait s'empêcher de se demander ce que les humains feraient à une statue d'oiseau ! Soudain, Bernie se réveilla. Ce n'était qu'un rêve ! [rires] Quel cauchemar !

Hum ! Hum !

Le matin suivant, Bernie se réveilla comme d'habitude. Effectivement, Sigg, l'oiseau docteur du cerveau, était là. Il était bien à l'heure.

« Bonjour, Bernie », lança-t-il.

« Bonjour, monsieur le docteur Cervelle d'oiseau ! »

« Je m'appelle Oiseau, docteur du cerveau, dit Sigg. Ne l'oublie pas, fiston ! »

« D'accord, docteur Cervelle d'oiseau. »

« BERNIE ! » s'exclama le docteur.

« Désolé ! Désolé ! » dit Bernie, mais il ne l'était pas ! [Les enfants rient.]

« Bernie, de quoi as-tu peur ? » demanda le docteur avec sincérité.

Bernie dut encore s'exécuter. « Je n'arrive vraiment pas à croire à l'air ! Je n'arrive pas à le voir non plus. Je sais que vous volez tous... hop, hop, hop ! (Bernie se moquait de ceux qui volent.) Mais ça ne marche tout simplement pas pour moi parce qu'il faut que je le voie, monsieur le docteur Cervelle d'oiseau... Monsieur ! »

Sigg se renfrogna encore devant cette gaffe délibérée. Bernie s'amusait follement, sachant fort bien que le docteur Sigg n'aimait pas être appelé Cervelle d'oiseau. Pourtant, chaque fois qu'il s'adressait à lui, Bernie répétait « docteur Cervelle d'oiseau, Monsieur ». Ça minimisait les choses. D'une certaine façon, ça lui plaisait assez.

Sigg dit à Bernie : « Bernie, tu as peur parce que tu ne peux voir l'air. Mais de quoi as-tu vraiment peur ? »

« Bien... docteur Cervelle d'oiseau, Monsieur, j'ai peur de tomber et de m'écraser contre le sol, qui a l'air de se précipiter trop vite vers les oiseaux quand ils tombent de leur nid. J'ai peur ! » Bernie trouvant que c'était là une question stupide, il donna une sorte de réponse stupide.

« Qu'est-ce qui fait tomber les oiseaux, exactement ? » demanda Sigg à son jeune élève.

« Bien, hum, j'imagine que c'est la gravité », déclara-t-il.

« Hum... la gravité. » Sigg fit une pause. « Tu sais, Bernie, tu ne peux pas vraiment voir la gravité maintenant, n'est-ce pas ? »

Bernie réfléchit un peu. « Bien non, c'est vrai, je ne peux pas la voir. »

« Mais tu crois à la gravité ? Montre-la-moi ! »

Bernie se concentra, puis ajouta : « Hé bien, je peux vous montrer la gravité. Si je saute hors du nid, je cours vers ma mort. Ha ! Ha ! C'est ça, la gravité ! » Il était tout fier d'avoir répondu à cette question difficile.

« C'est exactement ça ! C'est tout à fait vrai ! s'exclama le docteur. Tu peux prouver que ça existe aussitôt que tu sautes hors du nid. Bernie, tu peux aussi prouver que l'air existe quand tu sautes hors du nid, parce que l'air est là exactement comme la gravité. Tu ne peux pas le voir, mais il est vraiment là. »

Bernie n'aimait pas le tour que prenait cette conversation. Sigg, de son côté, avait terminé sa consultation, alors il partit... par la voie des airs. Au lieu de prendre son essor vers le ciel, il sauta hors du nid, s'élança vers le bas en piqué, comme s'il tombait, en criant en direction de Bernie.

« La gravité, Bernie ! » criait-il en tombant droit vers le sol. « L'air, Bernie ! » ajouta-t-il au moment où il se redressait, les ailes toutes déployées. Puis, tout doucement, il disparut au loin. On pouvait entendre le docteur Cervelle d'oiseau chanter en s'envolant : « Les deux sont invisibles, mais les deux sont réels. »

Bernie resta longtemps immobile. Il réfléchissait, sans arrêt. Finalement, il conclut : « Vous savez, monsieur l'Oiseau docteur du cerveau a raison. Ce n'est pas parce que je ne peux pas voir quelque chose que ça n'existe pas. La gravité est toujours là. Peut-être que l'air aussi. C'est de ça que j'ai vraiment peur ! Je ne pourrai pas le savoir tant que je n'aurai pas essayé. »

Sigg, l'oiseau docteur du cerveau, avait fait prendre conscience de ceci à Bernie : il est intéressant qu'il existe quelque chose d'invisible, comme la gravité ; mais vous devez savoir que ça existe, sinon la chute pourrait vous tuer. Il avait fait remarquer que Bernie ne pouvait pas croire en quelque chose d'aussi merveilleux que le vol, qui utilisait de l'air invisible. Bernie comprit que ce dont il avait vraiment peur, c'était la gravité ! Peut-être l'air invisible serait-il comme la gravité invisible, mais est-ce qu'il le sauverait ? Bernie décida de voler le lendemain. Il allait être courageux et l'annoncer à tous les oiseaux de la forêt et dans tous les autres nids. Il l'annoncerait même à tous les bébés oiseaux qui le regarderaient : « J' vais l' faire ! J' vais l' faire ! »

Le lendemain matin, Bernie se tenait sur le rebord du nid. Comme tous les habitants des nids étaient au courant de son problème, il y avait un gros rassemblement. C'était comme chaque fois que l'oiseau docteur du cerveau rendait visite à un oiseau : tout le groupe le savait. Ça, ce sera le sujet d'une autre histoire.

Bernie se tenait donc bien droit. Encore une fois, il clama à la ronde qu'il était temps de faire confiance à cette chose invisible qui s'appelait l'AIR ! Il parla longtemps de la foi et des choses invisibles, puis, courageux et solennel, il se lança dans l'air léger et commença son plongeon hors du nid !

Il se retrouva immédiatement suspendu quelques centimètres plus bas, ayant oublié de dénouer la ficelle ! [rires] Bernie était très gêné et humilié. La forêt entière était morte de rire ! Même les non-oiseaux riaient, les souris et les écureuils aussi ! L'écho de la forêt résonnait à ses oreilles : « L'oiseau-marcheur, le grand oiseau-marcheur ! » Alors, il sut que tout ce qu'il avait raconté avait été répandu alentour. Il fallait corriger le tir.

Il grimpa le long de la ficelle, la rongea pour s'en libérer, prit une autre bouffée de cette chose invisible appelée air, et regarda alentour. La forêt avait retrouvé son silence. Les bébés oiseaux ne font pas ça d'eux-mêmes, vous savez ! Ils sont habituellement surpris dans leur sommeil et jetés hors du nid au moment où ils s'y attendent le moins. Ils ne le font jamais d'eux-mêmes. D'une certaine manière, les autres oiseaux savaient que ce qu'ils voyaient était inhabituel. Les adultes se souvenaient de ce que ça leur avait fait la première fois. Bernie, l'oiseau qui hésitait à voler, le fondateur de la nouvelle espèce « l'oiseau-marcheur », se préparait à se jeter en bas du nid, cette fois-ci sans ficelle !

Il se mit à descendre. La peur s'empara de lui aussitôt, alors qu'il tombait à pic vers le sol. Ce n'était pas un rêve. Cette fois, c'était réel ! Alors qu'il regardait l'écorce de l'arbre défiler devant lui et le sol se précipiter vers lui, il entendit une voix à l'intérieur de lui. Elle lui disait : « *Tes ailes ! Tes ailes ! Sors tes ailes !* »

« Je suis terrifié ! J'ai peur ! » hurlait Bernie dans sa tête. Alors, finalement, tout comme l'avaient fait sa sœur et son frère, au dernier moment il déploya ses petites ailes boudinées qui n'avaient jamais servi et commença à battre des ailes. Effectivement, ce support invisible appelé air le prit en charge. La magie du vol qui avait été bonne pour sa mère, son père, sa sœur et son frère prit la relève. Il sentit l'air le portant, le poussant vers le haut. Ça y était, il prenait son essor !

Bernie ne pouvait s'en lasser. Il vola tout le jour. Il voltigeait, il voltigeait… Il vola aussi haut qu'il le put jusqu'à ce que ses ailes soient fatiguées, puis il célébra cette chose invisible que tous appelaient AIR. Il planait autour des arbres en criant : « Regardez, je vole ! » Comme si aucun oiseau ne l'avait jamais fait avant lui ! Tous l'applaudirent – non pas parce qu'il volait, mais en raison de son courage, puisqu'il avait fait ça tout seul, de lui-même.

[Pause.]

Voilà une histoire toute simple, n'est-ce pas ? C'est un peu drôle de penser à Bernie et à sa confiance en l'invisible. Maintenant, nous allons vous révéler ce que tout ça peut bien vouloir dire pour vous tous. Certains le savent déjà, n'est-ce pas ? Mes petits, il y a un ange avec vous en ce moment même. Il est né avec vous, et vous pouvez lui parler chaque fois que ça vous chante. C'est un ange agréable, et il vous aime. Il a l'esprit d'un enfant, il sait même comment vous pensez. Cet ange aime jouer avec les mêmes jouets que vous, et il grandira avec vous au fur et à mesure. Il sera toujours disponible, prêt à vous aider en tout temps.

Maintenant, certains d'entre vous pourraient dire : « Je n'en vois aucun ! » C'est parce qu'il est invisible, exactement comme l'air l'était pour Bernie. Nous pouvons aussi vous assurer que cet ange vous soutiendra même quand vous connaîtrez des difficultés, ou que vous serez tristes et que tout ne marchera pas comme vous le voulez. C'est un ange qui vous soutient à l'aide d'une énergie invisible, même quand vous êtes en train de tomber dans l'obscurité de la peur. Nous voulons que vous vous le rappeliez, car cet ange vous accompagnera toute votre vie. Il est beau, il est invisible, mais tout comme Bernie l'a découvert, il est très, très réel.

Peut-être voudriez-vous en savoir plus sur votre ange ? Vous n'avez qu'à le lui demander ! Même s'il est possible que vous ne puissiez ni le voir ni l'entendre comme une personne réelle, l'émotion de l'amour et de l'amitié sera la preuve qu'il est là !

Et vous, les adultes ? Où est passé votre ange enfant ? Est-il encore avec vous, ou l'avez-vous mis à la porte en grandissant ? A-t-il ri en écoutant l'histoire de Bernie ? Peut-être est-il temps de le trouver, car il ne vous a jamais quittés. Il est votre compagnon pour la vie, et il vous fait signe de sortir jouer avec lui. Alors, vraiment, c'est une histoire pour les adultes, car ce n'est pas l'enfant qui éprouve cette peur, mais bien l'adulte. C'est la peur de celui qui ne veut pas quitter le nid de l'intellect et de la réalité tangible pour s'envoler vers les hauteurs de l'enfant retrouvé, du jeu retrouvé, et de la joie de croire en l'invisible.

Nous célébrons notre temps passé avec vous, chacun de vous.

Et il en est ainsi.

Kryeon

CHAPITRE UN

LE CATALYSEUR DES MIRACLES

Le commencement de la compréhension interdimensionnelle

Chicago, Illinois, Septembre 2000

Salutations, très chers. Je suis Kryeon, du Service magnétique. Pour l'instant, nous désirons savourer cette énergie précieuse, pendant que se répand dans votre espace un cortège assez grand pour englober tous les êtres humains qui, dans leur divinité déguisée, y sont venus de leur propre gré. Dans sa bulle d'amour, cet endroit est hors du commun ! Et la grandeur de ce que nous ressentons découle entièrement des personnes présentes. Nous l'avons déjà exprimé, il s'agit d'une réunion d'âmes, dont chacune vous semble une, mais, à nos yeux, elle est multiple. En effet, assis sur votre chaise à lire ou à écouter ceci, vous êtes chacun plusieurs en un, même si vous vous considérez comme un. C'est une partie de votre méprise, chers humains. Très chers, l'énergie régnant ici nous permet de vraiment comprendre et ressentir à quel point la famille est précieuse.

Lorsque vous passez de l'autre côté du voile et que vous éprouvez l'énergie de ce que vous êtes réellement, des réminiscences incroyables surviennent. Vous réalisez que vous faites partie de l'Arche d'Alliance, du Saint-Graal, et des parcelles divines de cet Univers. Tout n'est pas conforme aux apparences. Le message livré par Kryeon depuis le début est de retrouver la divinité en soi. Le plus drôle dans tout cela, c'est que les enfants le savent déjà ! Nous faisons référence à l'âme des Indigos présents avec nous, mais pas encore nés [de toute évidence, Kryeon est au courant de la présence de femmes enceintes dans l'auditoire ou chez elles en train de lire, et c'est à celles-ci qu'il s'adresse]. Ces enfants comprennent ce qui est en train de se dérouler. Ces âmes précieuses, dont quelques-unes constitueront pour leurs parents un grand défi, s'incarnent pour exécuter un contrat. Tout ce qui va suivre résultera d'un contrat. Vous les connaissez et ils vous connaissent. Mamans, vous êtes sur le point de rencontrer un vieil ami. Béni soit ce jour ! N'oubliez pas ces paroles !

Très chers, durant les derniers mois, nous vous avons invités à découvrir l'interdimensionnalité de l'esprit, précisant que l'énergie de l'année en cours [2000] représentait le début d'un cycle de douze années. Les grilles énergétiques planétaires se sont transformées à tel point qu'au niveau cellulaire une activation a eu lieu, vous permettant par le fait même de mieux saisir l'interdimensionnel. Or, la compréhension engendre l'action.

« *Quel genre d'action, Kryeon* ? » allez-vous demander. Il s'agit d'une action où les êtres humains, chacun pris individuellement, décident de s'élever au-dessus de leur niveau habituel pour accéder à une vie empreinte de paix, exempte de peurs à l'égard de l'avenir, et au cours de laquelle ils assument l'entière responsabilité de tous les événements les entourant. Désormais, ils peuvent se redresser et clamer : « *Je me trouve ici en tant que parcelle de Dieu et, durant mon séjour sur terre, je serai un phare et une ancre, un refuge pour mes amis en péril, une oasis de paix en ces temps de tumulte. Je foisonnerai de solutions, au lieu de défis. Capable de me charger simultanément de nombreuses tâches que d'autres ne voudraient même pas toucher à cause de leur apparente difficulté, je me parerai de divinité, phare éclairant les tempêtes de la vie !* » Voilà à quoi se résume le travail.

Chers phares, vous êtes bien nombreux en ces lieux, et vous savez à qui je m'adresse, n'est-ce pas ? Vous connaissez déjà les principes. Ceci est une période d'enseignement, comme toujours ; et pourtant, parfois, nous souhaiterions nous contenter de rester assis à vos côtés à vous aimer. Nous désirons toucher différents endroits de votre corps, à commencer par les épaules et la tête, et y exercer une pression afin que vous soyez certains de notre présence. Au moment de votre départ, vous aurez la certitude que l'Esprit se trouvait bien ici.

Certains pourraient s'exclamer : « *Tout ceci ne peut être réel. L'Esprit ne peut accomplir ces choses, ce n'est pas ce que Dieu fait.* » De tels propos résulteraient d'un blocage dû à votre monde à quatre dimensions. En fait, non seulement Dieu fait-il cela quotidiennement, mais il peut le faire n'importe où, si vous le souhaitez. Point n'est besoin de venir à ce genre de réunion, ni de vous asseoir pour lire ces auteurs ou ces *channels*. Point n'est besoin de vous trouver en présence de conférenciers ou de guérisseurs pour recevoir cette énergie. Même dans le plus petit coin de votre logement, la divinité pourra vous rejoindre. Vous pouvez obtenir une guérison au sein de votre structure cellulaire parce que l'ange qui l'habite est très puissant ! Personne n'est plus fort que les autres ; vous êtes tous égaux dans votre divinité. Investis de votre potentiel, vous êtes tous spectaculaires ! Tel est le message de Kryeon.

Place à l'enseignement. Les concepts exposés ce soir ne sont pas nouveaux, certains d'entre eux ont déjà été présentés récemment, mais aucun n'a encore été transcrit. Et c'est cette réunion que nous avons choisie pour effectuer leur transcription. Vous serez informés au sujet de cette partie interdimensionnelle de vous-mêmes dont vous n'êtes pas vraiment conscients et ne comprenez pas toujours le potentiel.

Il est temps d'expliquer le fonctionnement de l'être humain lorsque la réalité à quatre dimensions rejoint les autres dimensions. Nous avons déjà traité du trois-en-un, et nous allons maintenant ajouter quelques précisions à ce sujet. Certains nomment ce phénomène une trilogie, d'autres une trinité, d'autres enfin le trois-en-un, mais dans tous les cas, on fait référence aux trois énergies constitutives de l'être humain intégral.

Nous vous invitons à considérer le 3 qui, bien sûr, représente le quart de 12. Notre désir de vous entretenir des trois énergies de l'être humain n'est pas fortuit, car celles-ci symbolisent l'action. Le trois est également un catalyseur, car il recèle toujours le potentiel d'autre chose. Même si quelques personnes ne peuvent le comprendre, d'autres le font sans difficulté. Le trois-en-un est un concept interdimensionnel, mais vous en faites l'expérience en quatre dimensions.

« *De quoi parlez-vous, Kryeon ?* » Nous faisons allusion à la texture du système de croyances à l'œuvre sur cette planète, certaines étant clairement identifiées, les autres seulement évoquées sous forme de métaphores. Il s'agit des trois énergies, très distinctes, constitutives de chaque être humain, de ce que d'aucuns appellent « le Père, le Fils et le Saint-Esprit ». Nous les avons renommées « *l'adulte, l'enfant et le Soi supérieur* », et ce sont les termes que nous emploierons pour cette leçon. Cet enseignement est crucial, et nous allons combiner ses éléments en un synopsis, comme dirait mon partenaire. Nous allons grandement simplifier le concept de ces trois énergies, de manière à vous le rendre accessible. Pour certains d'entre vous, ces notions sont bien nécessaires !

Au cœur du psychisme humain, une structure est indispensable. Au sein du 3 coexistent la divinité et la dualité. Tout ceci se rejoint dans ce que nous appelons le trois-en-un (remarquez que nous choisissons « trois-en-un » pour signifier qu'aucun élément ne prédomine). Leurs attributs, que nous allons expliciter, sont essentiels à votre cheminement actuel.

L'adulte

Voyons d'abord l'adulte, le père, comme certains l'appellent, l'un des trois, dont voici les attributs importants. Quelles sont les responsabilités de la partie adulte de l'énergie chez un humain ? Au cours de votre vie, que pouvez-vous en attendre ? C'est le père, la partie adulte, qui se souvient. C'est lui qui, vie après vie, a fait l'expérience des écueils, du karma, de la lourdeur. C'est lui qui s'éveille à la spiritualité. Nous faisons face à un groupe de membres de la famille en état d'éveil dont nous connaissons les noms. Certains d'entre vous commencent tout juste à se rappeler que tout ceci est bien réel et authentique, car ils se mettent à ressentir notre présence.

La partie adulte se charge du souvenir et de l'éveil spirituel ; c'est la partie structurée, expérimentée, celle qui s'éveille. C'est elle qui assume le contrat [le contrat spirituel], ainsi que nous l'avons déjà mentionné. Le terme *contrat* représente la meilleure métaphore possible pour symboliser la réalité à l'œuvre. Remarquez que même dans votre langue, ce terme implique plus d'une signature. Il s'agit d'un accord passé entre au moins deux entités. Votre contrat principal se résume à vivre votre existence d'humain sur la Terre. Nous avons déjà déclaré qu'au sein de l'énergie nouvelle, les contrats, d'ordre individuel, avaient été modifiés, sinon invalidés, et qu'à présent, nous étions en train d'en concevoir de nouveaux. Chez certains d'entre vous, la nouvelle vibration de l'énergie provoque des tremblements. Ils se demandent ce qui leur arrive. C'est qu'en ce moment une piste vierge se présente devant eux, et c'est l'adulte qui découvre le potentiel et prend connaissance des contrats.

Le second attribut est la responsabilité. L'énergie adulte est responsable et doit admettre que vous seuls avez planifié tous les événements de votre vie, très chers, comme nous l'avons maintes fois répété ! Nombre d'entre vous, en considérant certains événements pénibles de leur vie, ont pris conscience du caractère divin des faits vécus. Nous aimerions ajouter ceci, mais peut-être le saviez-vous déjà : l'être cher qui a quitté chacun de vous, et pour lequel vous avez versé tant de larmes, vous accompagne toujours ! Vous en souvient-il ? Si vous avez cru ressentir la présence de cet être cher, vous aviez raison, ce n'était pas une illusion ! En effet, souvent les contrats de vie ne se terminent pas au moment de la mort et se poursuivent dans votre propre vie. L'adulte comprend cela au niveau interdimensionnel. Vous recevrez bientôt d'autres informations à ce propos.

Quels êtres chers avez-vous perdus ? Ressentez-vous parfois leur présence ? Pensez-vous, alors, que c'est le fruit de votre imagination ? Mais non, ouvrez donc votre cœur à cette réalité interdimensionnelle ! Conditionnez votre esprit à accepter l'authenticité de ces sentiments. Vos êtres chers sont bien là, près de vous, vous contemplant d'un endroit situé légèrement à la gauche, au-dessus de votre tête. Ils font maintenant partie de vous-mêmes, de vos processus mentaux ; certains vous susurrent à l'oreille « Je t'aime », d'autres « Mes félicitations ! ». D'autres encore tombent en admiration devant ce que vous êtes devenus. Vous aviez peut-être besoin d'entendre ces paroles ce soir, aussi étranges puissent-elles paraître à quelques humains. Sommes-nous en mesure de prouver cela ? Non, c'est impossible dans les limites de vos quatre dimensions. D'ailleurs, le fait de prouver cela lui enlèverait toute la force d'amour et de pouvoir : cela doit être perçu au-delà de la physique, intégré au niveau cellulaire. Alors seulement, c'est réel. C'est comme l'amour – essayez de le prouver : vous en êtes incapables. Vous pouvez seulement en faire l'expérience et avoir l'intime certitude qu'il est bien authentique. Cela rend l'amour interdimensionnel aussi.

L'adulte est également responsable des décisions à caractère rituel, ce que nous avons appelé vos vœux. En bref, dans cet état nouveau d'éveil [au sein de l'énergie nouvelle], vous prenez conscience du chaman en vous, représenté dans les styles de vie des moines, religieuses et prêtres que vous fûtes au cours de vos vies antérieures. Beaucoup d'entre vous dans cette salle ont fait partie de ces milieux. Comme nous l'avons déjà indiqué, c'est l'adulte qui prend la décision d'épouser Dieu, de se concentrer sur lui, et qui prononce les vœux de célibat, de solitude, de pauvreté, d'humilité. C'est l'adulte qui prend ces décisions.

Nous avons exposé quatre attributs de l'adulte : l'éveil, le contrat, la responsabilité et les vœux, quatre parmi tous ceux qui le caractérisent, et une des trois énergies de l'être humain. À présent, vous pouvez les analyser et vous rendre compte qu'ils concernent tous la structure. Si vous êtes un enfant, et il y en a beaucoup ici, vous avez le droit de dire : « *Ça, c'est vraiment ennuyeux !* » [rires]

La métaphore du seau

Nous vous présentons maintenant la métaphore du seau, qui symbolise la relation entre les trois énergies. Vous serez désormais en mesure de saisir le plan d'ensemble, bien avant que nous en ayons terminé. Imaginez un seau semblable à ceux des enfants sur une plage. La partie qui contient l'eau représente l'adulte, le père, la structure. C'est elle qui permet au reste d'exister ; c'est la structure du seau.

Ce qui se trouve à l'intérieur désigne le fils, l'énergie de l'enfant. C'est de l'eau, et vous remarquerez que la structure du seau contient l'eau de telle sorte qu'elle ne puisse déborder ni s'écouler à l'extérieur. Elle la retient avec logique, mathématiquement, solidement. Elle lui assure en fait un moyen d'exister, n'est-ce pas ?

« *Et la partie spirituelle, le Soi supérieur, quelle portion du seau représentent-ils ?* » Le Soi supérieur, c'est la main géante qui le porte ! Donc, vous voyez la structure, la substance et les étincelles. Le père, le fils et l'Esprit – l'adulte, l'enfant et le Soi supérieur –, la structure, la substance et les étincelles.

Parlons de la place des étincelles au sein du trois-en-un. Vous pourriez demander : « *Alors, Kryeon, ce sont les étincelles qui jouent le plus grand rôle, n'est-ce pas ? Après tout, c'est bien elles que nous étudions aujourd'hui !* » Aucune partie n'est la plus importante, mais certaines méritent d'être mieux connues que d'autres, et celle-ci en est une. Le Soi supérieur constitue une des notions les plus souvent enseignées au sein de l'énergie de Kryeon. Nous l'évoquons sans cesse, mais ce soir, nous mettrons l'accent sur un autre élément que vous devez connaître. Tout d'abord, dépassons les étincelles.

Le Soi supérieur

Nous exposerons également quatre attributs de l'Esprit, ou Soi supérieur, bien qu'il y en ait davantage. L'un d'eux évoque le lien avec Dieu, avec l'Esprit. Vous le savez déjà, car nous l'avons traité par le passé. Il s'agit du vaisseau. [Lee pointe du doigt son corps.] C'est lui qui assure la liaison entre l'être humain et le Soi angélique. C'est pourquoi vous êtes présents ici. Peu d'auditeurs sont venus pour en apprendre plus sur l'adulte ; peu désirent même découvrir la substance, l'enfant intérieur. Non, vous êtes presque tous ici pour comprendre les étincelles, n'est-ce pas ? L'ironie, c'est qu'elles renvoient à ce que vous êtes réellement lorsque vous n'êtes pas ici sur ce plan ! Il n'est pas surprenant que cela vous intéresse !

À vous, travailleurs de la lumière et phares, je l'ai déjà déclaré : peu importent votre âge, vos croyances, votre cheminement, ce que vous pensez être, si vous croyez en l'authenticité de tout ceci, je vous reverrai tous. Certains rétorqueront : « Oh non ! vous ne me reverrez pas, je ne remettrai pas les pieds ici ! » [rires avec Kryeon]. Très chers, souvenez-vous-en lorsque nous nous ferons face et qu'éclateront vos couleurs somptueuses. Rappelez-vous ces paroles innocentes lorsque nous vous accueillerons à votre retour au foyer, lorsque des multitudes de membres de la famille vous applaudiront [métaphore], lorsque vous ressentirez notre amour dans les couleurs que nous ferons apparaître, lorsque vous percevrez les couleurs que nous vous offrirons, et que nous clamerons « Bienvenue au foyer ! ».

N'oubliez pas ceci lorsque vous déciderez, dans l'esprit de Dieu, de revenir le plus vite possible habiter cette Terre nouvelle.

Je vous ai rencontrés bien des fois par le passé, à votre entrée dans le grand Hall d'honneur, quand vous chantiez pour nous votre nom dans la lumière. Quelle fête ! Avez-vous la moindre idée de sa magnificence ? Vous ne pouvez vous en souvenir, mais si vous le pouviez, nombre d'entre vous quitteraient la Terre immédiatement ! Cette expérience humaine représente le travail, mais vous le saviez, n'est-ce pas ?

Aujourd'hui, c'est pour les étincelles que vous êtes venus. Nous le savons, le lien avec Dieu reste votre grande soif. Cet attribut est aussi la clé d'une incroyable estime de soi – qui constitue l'autre défi, nous le savons aussi, parmi les membres de cette assemblée. Il en est toujours ainsi des travailleurs de la lumière, car ils ont passé tant d'années agenouillés devant l'autel !

Vous allez demander : « *Comment puis-je mettre ce lien en œuvre ? Je ne suis pas une personne qui, au lever, se contemple dans le miroir et y découvre sa divinité intérieure. Je vois plutôt un humain en difficulté, en train de vieillir. Que dois-je faire pour établir le lien, comment comprendre, où est l'estime de soi ?* » Je présenterai le catalyseur de l'estime de soi dans la prochaine partie de l'explication de cette trilogie. Pour l'instant, disons que, bien qu'entremêlés de plusieurs façons, les trois (le père, l'enfant et l'Esprit) possèdent des attributs bien distincts. Le défi de l'estime de soi en est un qui se réfère à la partie de l'être humain appelée le Soi supérieur. Si vous vous êtes jamais demandé lequel provoquait cette soif intérieure, c'est bien celui-là.

Quant à l'autre attribut, la véritable paix divine sacrée – celle qui ne s'explique pas –, que signifie-t-il ? Lorsque tout alentour n'est que tumulte, comment pouvez-vous demeurer en paix ? C'est grâce à cette étincelle, grâce au divin. Il s'agit de la main qui tient le seau, du Soi supérieur, de l'ange qui porte votre nom. Peu importe la situation, nous vous avons promis la paix là où elle n'existait pour ainsi dire pas, dans des situations apparemment insolubles. Elle vous permet de vous maintenir au milieu des tourments et des tragédies tout en ressentant la divinité de Dieu, pleinement conscients de ce que vous êtes. C'est cela, le travail du Soi supérieur.

Ce n'est pas tout : nous avons causé du lien avec Dieu, de l'estime de soi, de la paix divine. Le quatrième attribut serait ce qu'on appelle les miracles, la conscience triomphant de la matière, la guérison divine, l'extension de la vie, le corps retrouvant sa vigueur alors que rien ne laissait plus espérer. Je m'interromps pour avouer ceci : il nous est impossible de discuter de ces questions, très chers, sans pleurer devant un tel potentiel, en face de vous qui prétendez être des humains, car nous connaissons la raison de votre présence ici. Lecteurs, vous savez que vous êtes également inclus dans le maintenant de cet auditoire. Croyez-vous que vous lisez le récit d'événements passés ? Non, il s'agit d'une énergie en train de se vivre !

Nous sommes au courant de la situation vécue par certains auditeurs et nous voulons vous confirmer que sur la Terre, rien n'est incurable. Votre système de pensée concernant les traitements possibles est archaïque, lui qui n'a pas la moindre idée de l'élégance de la solution divine à l'intérieur. Saviez-vous qu'il vous était possible de demander à certaines cellules de votre corps de s'éveiller ? Que votre intention peut provoquer des guérisons miraculeuses ? Que vous aviez le pouvoir de vous guérir des maladies, de prolonger votre vie ? Désirez-vous savoir comment ? Cela fait partie de la discussion sur la troisième énergie, qui va suivre bientôt. Mais c'est dans les étincelles, dans le Soi supérieur que cela prend vraiment naissance.

Voici un élément à transcrire qui fut déjà abordé, mais jamais rendu public. Nous sommes entrés dans l'année de la découverte. Au sein de la structure cellulaire humaine, vous allez déceler des faits insoupçonnés. Les biologistes ont toujours affirmé que le nombre de certains types de cellules dans le cerveau était limité, que vous naissiez munis d'un nombre précis de cellules nerveuses qui commençaient à mourir dès la naissance. Quelle idée brillante ! [petit rire] Que faire alors du rajeunissement, chers humains ? Cela a-t-il du sens ? Si vous êtes de ceux qui en ont toujours douté, vous aviez raison. L'être humain est doté d'un mécanisme favorisant la croissance tout au long de la vie de nouvelles cellules de type embryonnaire. Votre

ADN est programmé pour cette croissance, attribut dont la découverte est imminente.

Ces cellules naissent sans but inhérent, demeurant en attente. Vous avez indiqué qu'elles étaient embryonnaires et les avez nommées les cellules souches. Ces cellules souches non individualisées et non différenciées peuvent devenir, au choix, des cellules cardiaques, cérébrales (cellules nerveuses), musculaires, osseuses, du système immunitaire ou même du thymus. Elles demeurent à l'état latent, vierges, non développées. Nous sommes en train de vous révéler comment se produisent les miracles : certaines parties de votre corps sont en attente d'intention. Elles attendent que l'énergie de compassion ne les éveille et ne les transforme en cellules que vous aurez conçues à l'aide de votre intention. La science s'occupera de trouver les moyens de les activer, mais le vrai catalyseur se révèle être l'intention (la conscience).

Avez-vous le pouvoir de générer des cellules cérébrales, des cellules osseuses ? Oui, bien sûr. Voulez-vous savoir comment surviennent les guérisons miraculeuses sur terre, comment des anomalies congénitales se résorbent, comment croissent des tissus osseux là où cela semblait impossible, comment des nerfs se ressoudent, comment se produisent des phénomènes jugés impossibles ? C'est l'œuvre des cellules souches en réponse à l'intention de l'être humain. Vous nommez cela le divin, voilà comment cela fonctionne. Votre science le découvrira probablement cette année, des cellules souches adultes sont vivantes et prêtes à se développer. Elles sont inépuisables. Pour quelques-uns d'entre vous, ces notions semblent farfelues, mais suivez bien les progrès de votre science, car tout cela sera bientôt validé. Je l'affirme parce qu'il en est ainsi. Ce sont plutôt d'excellentes nouvelles, n'est-ce pas ?

Il existe une métaphore révélatrice de ce qui arrive à votre biologie et à votre conscience. Vous évoluez d'un paradigme concernant votre système immunitaire à celui se rapportant à votre thymus. Qu'est-ce que j'entends par là ? Alors que le système immunitaire identifie l'ennemi afin de le combattre, le thymus l'identifie pour s'y harmoniser. La transition du combat à l'harmonie sera le thème des douze prochaines années. Il mettra à contribution la conscience, la biologie, la politique et même la physique. Dans tous les domaines scientifiques, recherchez l'harmonie ; les choses commenceront alors à avoir du sens et à s'harmoniser.

L'enfant

Nous avons attendu avant d'exposer le dernier élément du trois-en-un, l'enfant, pour lequel nous présenterons six attributs. Ce n'est pas le plus important, car ils le sont tous également et doivent être maintenus en équilibre. Celui-ci est cependant le moins bien compris. Non pas physiquement : il ne s'agit pas des enfants présents ici, mais de l'énergie de l'enfant à l'intérieur de l'être humain, un des trois éléments de la trilogie, le Fils intérieur.

J'aimerais préciser où se situe le plus impressionnant pouvoir de votre vie. Peu de gens auraient attribué certains faits à l'énergie de l'enfant. L'eau du seau peut se diriger n'importe où. Elle veut en sortir, n'est-ce pas ? Si le seau présente une fissure, l'eau se répandra et sera gaspillée ; elle doit donc être structurée et entourée d'un élément solide.

Cependant, c'est l'enfant fluide qui possède l'imagination. L'adulte détient la structure, l'autorité, mais c'est l'enfant qui jouit de l'imagination. L'ange, parcelle du Soi supérieur, émet les étincelles. Il a son travail propre, il est le maître des miracles, mais il ne possède pas l'imagination de l'enfant. Cela vous appartient à vous, êtres humains. Il s'agit de l'équilibre entre le père, le fils et l'Esprit, qui tous ensemble constituent Dieu et ce que vous êtes. Avec l'imagination, tout est possible à votre enfant intérieur. C'est lorsque la structure du seau déclare : « Tu dois rester à l'intérieur ! » que l'imagination de l'enfant réplique : « Mais je ne veux pas, je ne veux pas ! »

C'est l'enfant intérieur qui est votre source de joie. Vous pensiez peut-être que c'était l'ange ? Laissez-moi vous faire une confidence : ces deux éléments de la trilogie sont entremêlés, mais l'enfant intérieur doit formuler son intention pour que survienne la joie. À ce moment-là, la divinité se précipite pour en rajouter. C'est l'enfant intérieur qui réclame la joie, qui veut rire. Tout cela fait partie du jeu.

Chers travailleurs de la lumière, si vous arborez sans cesse un air maussade, vous avez tout à apprendre de cet attribut. Si vous désirez connaître le catalyseur de la divinité, en voici le secret. Si vous voulez voir fuser ces étincelles, l'enfant sait quoi faire. Devenez amis avec lui, car il recèle la joie et l'humour. C'est lui, en vous, qui fait sourire le phare ; or, on voit tellement de phares sérieux ! [rire] Nous versons des larmes de joie devant le potentiel des auditeurs ici présents, de tous ces membres de la famille qui peuvent quitter cet endroit si différents de ce qu'ils étaient à leur arrivée !

Voici un troisième attribut : la fin des croyances. L'enfant ne possède pas de système de croyances. Sa fantaisie est débordante. Pour lui, tout est possible : où aller, quoi faire, il ne connaît aucune limite. Voilà le catalyseur des miracles, l'enfant sans structures intérieures qui se demande : « Pourquoi pas ? » Lorsque vous parlez de guérison ou de vous libérer de ce qui vous fait vieillir, c'est l'enfant intérieur qui clame : « Bien sûr, pourquoi pas ? » L'adulte portant le seau lui répond : « Tu ne sais pas comment les choses fonctionnent, voilà tout ! » C'est l'équilibre entre les deux qui amène l'énergie du « pourquoi pas » de l'enfant à affleurer, générant ainsi l'activité que les étincelles du Soi supérieur peuvent vous offrir.

Passons au quatrième attribut : la dépendance. Sans le seau, sans la structure, l'enfant ne serait rien. Il courrait dans toutes les directions sans aucune cohérence. La substance disparaîtrait alors, s'évaporerait, et serait annihilée. L'adulte est là pour la contenir avec amour et perfection. L'enfant tend volontiers la main à l'adulte parce qu'il sait que celui-ci lui assure structure et sécurité. De là provient l'amour, de là émane le parent intérieur. Il s'agit de l'équilibre entre l'enfant et l'adulte, qui se recherchent mutuellement. Le saviez-vous ? Il n'est pas question ici de l'adulte exigeant de l'enfant la soumission, lui demandant de se tenir tranquille sous prétexte qu'il ne comprend pas les choses sérieuses. Le seau ne dirige pas la substance, il en prend soin ! L'adulte prend l'enfant dans ses bras, lui prodigue câlins et nourriture, et l'enfant l'accepte, affirmant qu'il a besoin de cette structure. On voit là un mariage à vie. Combien d'entre vous ont réellement épousé leur enfant intérieur ?

Voici maintenant le cinquième attribut, plutôt saisissant : il comprend l'intuition et la sagesse. Ne les considériez-vous pas comme des qualités de l'adulte ? Détrompez-vous ! L'adulte est le gardien de la structure, mais la sagesse provient de la souplesse de l'enfant intérieur. Pourquoi ? Parce que lui seul éprouve les émotions et fera en sorte qu'elles fassent partie intégrante de vous et engendrent la compassion dont nous avons causé, ce déclencheur de miracles interdimensionnels.

C'est l'enfant intérieur qui génère les émotions de joie se transformant en compassion. Peut-être ne pensiez-vous pas à cela, absorbés par vos difficultés, lorsque la situation était vraiment grave et que vous aviez besoin d'aide, ne sachant que faire ? Dans ces moments-là, vous ne pensiez pas à cet enfant intérieur, vous ne ressentiez aucune joie, évidemment ! Permettez-moi de déclarer ceci : c'est pour cette raison que nous sommes réunis ce soir, pour vous rappeler l'enfant en vous, ce catalyseur d'étincelles. La manière la plus rapide d'accéder au Soi supérieur est de passer par l'enfant. Nous vous avons maintes fois exhortés à essayer de célébrer les défis ! Pourquoi ? Pour vous élever à la joie que seul l'enfant peut engendrer, engageant ainsi la communication avec les étincelles !

Adultes, écoutez ceci : vous fournissez la structure et l'amour pour une énergie de substance [l'enfant], catalyseur de l'activation du Soi supérieur. Ils s'épousent, cheminent ensemble et doivent demeurer en équilibre. Avez-vous jamais imaginé apprendre que la sagesse provenait de l'énergie de l'enfant intérieur ? C'est pourtant bien le cas. Et pendant que l'adulte vit cet éveil d'énergie que nous avons décrit, c'est à l'enfant, maître de la substance, d'en faire quelque chose.

Vous comprenez mieux maintenant pourquoi certains des travailleurs de la lumière les plus sérieux obtiennent si peu de résultats malgré tous leurs efforts. De plus, trop peu de choses se manifestant dans leur vie, ils adoptent souvent le rôle de victimes Ils deviennent ceux que Dieu va bousculer d'un endroit à l'autre, et qui vivront de grandes tragédies spirituelles. Nous les célébrons aussi, mais nous brûlons du désir de les voir ressentir la joie qu'ils méritent et découvrir ce qui suit.

Et le sixième attribut ? Oh, il peut ressembler aux autres, mais pour l'enfant, les barrières n'existent pas. Tout est possible.

Ici, c'est plus qu'une absence de croyances : lorsque l'enfant regarde où ses yeux le portent, il n'aperçoit aucune limite à l'horizon. Il n'a jamais existé de plus grand catalyseur spirituel que celui-là, car il vous permet de visualiser un temps, un espace, une énergie qui sont tous interreliés et transformeront votre réalité. Très chers, désirez-vous apprendre le chemin des étincelles ? Souhaitez-vous acquérir l'aptitude à modifier votre réalité ? Nouez contact avec l'enfant fluide, souple, sans barrière aucune. Vous voulez savoir quelle énergie est capable de visualiser un moment de votre jeunesse ? Je viens de vous le dire ! C'est aussi le secret qui vous rendra aptes à changer la réalité de votre horloge biologique ! Le corps bouillonne tout seul, c'est une machine parfaite qui vous fera traverser la vie selon un paradigme préétabli, mais un vieux paradigme. C'est l'énergie de l'enfant qui active l'intention et le pouvoir de le modifier ! Quand l'eau bout, la main tenant le seau doit réagir sans le laisser tomber, elle doit courir avec lui.

Sans barrières signifie que tout est possible. Très chers, si vous êtes aux prises avec une maladie, une anomalie ou une complication dans votre structure cellulaire, tentez l'exercice que je vous livre ici. Contactez cet enfant sans barrières et visualisez un moment de votre vie antérieur à l'apparition de votre problème. Voyez votre structure cellulaire lorsqu'elle était fraîche, jeune et parfaite. Maintenez cette image exempte de barrières pour laisser le temps au catalyseur de l'enfant intérieur d'œuvrer afin de se connecter à l'énergie du Soi supérieur. Le processus est enclenché. Je vous en ai expliqué le fonctionnement. Voilà. La joie et l'imagination de l'enfant déclenchent le réveil des étincelles de la guérison. En effet, ce que vous visualisez, vous pouvez l'obtenir.

Plus vivante est votre image, plus grande sera la sagesse de votre système de croyances au cœur même de votre structure cellulaire, et vous le sentirez. Vous le saurez. Vous ferez vôtre cette sagesse. Très vite, les cellules retourneront à leur état premier, en temps réel, évacuant ce qui n'a pas lieu d'être, se rappelant leur état primitif et éveillant même les cellules souches. C'est cela, le traitement, le miracle, et il se produit quotidiennement parmi les phares.

En ces lieux se trouvent des phares, des travailleurs de la lumière, des guérisseurs qui, chaque jour, mettent cela en pratique dans leur relation d'aide. Les guérisseurs ne guérissent pas ; ils équilibrent, vous savez cela. Et lorsqu'ils équilibrent un autre être humain d'une certaine manière, le corps répond. Cet équilibre favorise l'accession du patient à la joie de son enfant intérieur, faisant ainsi sauter toutes les barrières et éliminant les limites de la réalité à quatre dimensions.

Nous arrivons à la fin de cet enseignement, mais non à la disparition de l'énergie. Combien d'entre vous aimeraient plonger dans ce seau et y découvrir la substance de l'enfant ? Combien souhaiteraient, en observant leur vie, pouvoir affirmer qu'elle est exempte de barrières ? Combien voudraient mettre fin à leurs croyances ? Permettez-moi de vous dire qu'en prenant contact avec l'enfant intérieur, vous activerez votre Soi supérieur, votre ange, et les miracles pourront débuter. C'est alors que l'équilibre sera vraiment réalisé.

Chers membres de la famille, le plus dur pour nous est toujours de vous quitter. Nous ne pouvons le faire avant de nous être assurés que toutes ces notions sont bien claires dans votre esprit. Les avatars de la planète ne détiennent aucun secret miraculeux que vous ignorez. Voulez-vous connaître l'attribut d'un avatar ? C'est une énergie d'enfant totalement développée et en parfait équilibre. C'est là que se tient la substance, car c'est le plus court chemin vers le Soi supérieur. C'est la fin des croyances. Pouvez-vous générer de l'énergie avec les mains, changer la physique, manipuler le temps ? Oui. Vous le pouvez tous. Chacun d'entre vous. C'était le sujet de cette leçon, et j'aimerais que vous en profitiez pour l'appliquer à votre vie. Regardez le visage des avatars passés et présents de cette planète. Remarquez d'abord leur sourire, leur humour, leur joie, puis contemplez leurs miracles !

Vous, chaque couple ici présent, que diriez-vous d'un lien plus solide entre vous deux ? Laissez sortir votre enfant intérieur et allez jouer ensemble ! Pour un moment, oubliez la structure ! Cela rehaussera l'énergie de votre Soi supérieur, vous remplira d'amour, de compréhension mutuelle, et vous percevrez mieux ce qui est important. Quelques-unes des barrières que vous avez érigées dans votre couple tomberont et vous vous découvrirez l'un l'autre sous un nouveau jour.

Vous, les travailleurs, lorsqu'au boulot vous croisez invariablement celui qui représente *votre grain de sable dans l'engrenage* [rires], comment réagissez-vous ? Votre carrière vous amène à vivre dans un endroit merveilleux. N'est-ce pas une marmite de karma géniale où vous vous retrouvez à côtoyer des personnes que vous n'auriez jamais invitées dans votre vie ? [rires] Vous pensez que tout cela est fortuit ? Comment allez-vous vous en sortir ? C'est l'enfant qui vous offrira l'attribut du Soi supérieur vous aidant à accepter. Tout ce qui vous irrite s'évanouira, et, à propos de karma, je vous rappelle que lorsque vous vous débarrassez d'un aspect du jeu, l'autre prend la même direction. Attendez un peu de voir la réaction provoquée chez ceux qui font partie de votre drame, lorsque vous vous mettrez à les aimer ! Ils auront beau continuer d'appuyer sur les mêmes boutons, vous n'aurez plus aucune réaction. Tout ceci fait partie de votre travail, de votre vie quotidienne. Chers êtres humains, nous ne serions pas en train de vous communiquer ces notions si ce n'était le lot de toute l'Humanité. Cela s'applique aussi à vous, au sein de l'énergie et de l'amour de Dieu.

Notre cortège se retire désormais de la salle, après avoir communiqué les informations dont vous aviez besoin. Il se plie à cela contre son gré, car il aimerait tant rester à jouer avec tous les enfants présents ce soir !

Durant notre présence, certains d'entre vous ont ressenti une puissante énergie et l'amour de Dieu dans leur vie ; d'autres, l'amour de la famille exerçant une légère pression sur eux. Vous pouvez tous repartir chez vous et recréer les mêmes impressions lorsque bon vous semblera, car vous faites partie du Tout !

Que commence la guérison ! Que l'enfant intérieur éveille le Soi supérieur au sein de la structure de l'adulte ! Que le drame laisse place à la joie !

Et il en est ainsi.

Kryeon

P.S. de Lee : Dans l'auditoire se trouvait bel et bien une femme en début de grossesse. Elle est venue se présenter à nous plus tard.

CHAPITRE DEUX

L'ÉNERGIE INVISIBLE AUTOUR DE VOUS

Santa Fe, Nouveau-Mexique, Juillet 2000

Salutations, très chers. Je suis Kryeon, du Service magnétique. Voilà qui est très inhabituel [allusion à l'énergie du moment]. Vous nous avez demandé de nous présenter devant vous afin de vous livrer des paroles de sagesse, en plus de tout ce que vous croyez possible maintenant, pendant que vous écoutez assis sur cette chaise, ou lisez ceci.. Pourtant, nous sommes bouleversés alors que nous remplissons cette salle et prenons place derrière vous, autour de vous, près de vous. Comme si, depuis des jours, cette salle était un sanctuaire. Comme si déjà, une grande vérité y avait été révélée. Comme si les Autochtones étaient déjà venus ici, avaient béni chacun d'entre vous et vous avaient tous réchauffés de leur énergie pleine de sagesse. Comme si, finalement, votre cœur avait été adouci en vue de recevoir les messages pouvant éviter la dualité humaine d'aujourd'hui. Oui, c'est très différent !

Constamment, nous sommes étonnés par l'information interdimensionnelle que vous recevez et par la quantité de travail que vous effectuez sur la Terre. Ceci est une réunion familiale – un moment précieux – où le cortège de Kryeon rencontre la Famille humaine. En dépit de la dualité, malgré le voile, que nous soyons frères ou sœurs, ce que nous avons en commun, c'est notre source. De mon côté du voile, que vous nommez *le vrai foyer* lorsque vous n'y êtes pas, il n'y a pas de genre masculin ou féminin. Pourtant, dans votre langue, nous devons employer les pronoms *il* et *elle*. Nous venons vers vous avec amour, sans distinguer les genres. Vous pouvez nous qualifier d'énergie féminine ou d'énergie masculine. En fait, il s'agit d'une fusion d'énergies qui s'appelle Dieu !

Les anges qui s'adressent maintenant à vous utilisent ce que nous appelons le Troisième langage, dont nous parlons sans cesse depuis quelques mois. Ce langage est dense et puissant, ruisselant d'amour, alors que nous prenons place dans cette salle. Nous remplissons cet espace, avançant d'abord depuis l'arrière et par les côtés, vers l'avant. Pendant ce moment, plusieurs d'entre vous ressentiront la présence du « vrai foyer ».

Avant que nous ne continuions, ceux qui nous écoutent ou qui nous lisent doivent faire un exercice afin de bien mettre à profit ce qui va suivre. Nous vous demandons de suspendre un instant votre réalité et de vous transporter vers un endroit où tout est parfait. Servez-vous des expériences de ce que vous appelez votre passé. Retournez au moment le plus joyeux de votre vie et amenez-le dans votre cœur. Maintenant, gardez-le durant toute notre visite parmi vous. Ne laissez pas la dualité de la condition humaine paralyser votre cœur d'inquiétude. Ne pensez ni aux choses du passé qui vous dérangent ni à celles du présent. Reléguez-les dans un autre espace-temps. Aujourd'hui, faites-vous un cadeau et restez plongés dans l'énergie des anges que vous êtes. Pendant ce bref instant, suspendez toutes vos préoccupations terrestres et donnez-vous la permission de ressentir la joie en écoutant ou en lisant.

Vous rappelez-vous les moments qui ont précédé le début des difficultés que vous éprouvez ? N'oubliez pas, nous savons qui se trouve ici. Nous savons qui a choisi de lire cela ! Tout ceci peut ne pas s'appliquer à chacun d'entre vous, très chers, mais cela concerne autant celui qui nous écoute que celui dont les yeux parcourent ces pages.

Aux membres de cet auditoire, nous demandons d'accomplir quelque chose d'interdimensionnel que nous avons déjà demandé par le passé. Nous vous prions de vous joindre aux membres de la famille qui ne se trouvent pas dans notre espace-temps, mais qui sont en train de lire ces pages. Veuillez aussi vous joindre à ceux qui ont décidé d'écouter cette cassette dans ce que vous appelez votre avenir, mais qu'eux appellent leur passé. Comprenez que l'énergie créée dans l'ici-maintenant n'est pas linéaire. Elle est interdimensionnelle, et elle existe au centre de votre temps, dans un espace que nous nommons le *maintenant.* Veuillez saluer cette famille élargie qui existe en dehors de votre temps. Accueillez ces êtres au niveau cellulaire, reconnaissez-les, ainsi que le potentiel qui réside dans leurs défis. Voyez-les comme des membres de votre famille !

Pouvez-vous, lecteurs, vous imaginer aussi dans notre réunion, apparemment dans votre passé ? Pouvez-vous rejoindre les membres de notre auditoire ? Très chers, ils sont en train de vivre les mêmes expériences que vous. Nous vous invitons tous à suspendre vos activités de Terriens pour écouter le message qui va suivre.

On a passé beaucoup de temps à vous informer du fait que vos prophéties pessimistes ne s'étaient pas réalisées. Bien sûr, on a déjà exposé des généralités au sujet de ce temps que vous ne reconnaissez pas, car il ne se situe pas dans le cadre temporel que chacun attendait. Plusieurs prophéties parlaient de la *Nouvelle Jérusalem*, du paradis sur terre, d'un changement d'énergie sur la planète, empruntant une métaphore, celle d'une *lumière blanche* l'inondant. Il y était aussi question d'humains découvrant l'interdimensionnalité, de science merveilleuse qui rallongerait la vie ! J'aimerais que vous sachiez, très chers, que ces prophéties sont en train de se réaliser ! Elles étaient prévues pour dans 1 000 ans ! Le saviez-vous ? Allez vérifier ! Mais vous y êtes déjà, baignant dans cette énergie, avec devant vous tout le potentiel pour créer ce qui avait été prédit.

Nous avons déjà parlé de l'être humain interdimensionnel. Nous aimerions faire une petite révision de ce qui a été dit, afin que l'enseignement d'aujourd'hui concorde avec les enseignements antérieurs.

Nous vous avons entretenus des dons interdimensionnels mis à la disposition de l'être humain. Nous vous avons aussi révélé que ces dons étaient en train de vous être acheminés avec intensité. Nous vous avons instruits du don de compresser le temps. Au moment où ce channeling sera publié, ces notions seront déjà documentées. C'est ce que nous avons demandé, afin que ceux qui liront ces pages puissent s'y référer.

Nous avons également évoqué la compression du sommeil – le fait que l'être humain est capable de contrôler son énergie à un point encore jamais imaginé. Nous vous avons donné des trucs pour comprimer le temps, car beaucoup d'entre vous vont se retrouver avec bien plus de choses à faire que jamais auparavant. [rires] Nous avons abordé ce que certains considèrent avec grand étonnement, c'est-à-dire la vie interdimensionnelle dans l'atmosphère de votre planète, que vous n'avez pas encore vue et ne verrez peut-être jamais.

Nous avons mentionné la vie interdimensionnelle dans l'eau, qui répond au magnétisme et change les qualités intrinsèques de ce que vous avez identifié au niveau moléculaire comme étant du H_2O. Cette nouvelle vie augmente les pouvoirs de guérison de l'eau de la planète. Nous vous avons invités à rechercher plusieurs sortes d'eaux guérisseuses ; elles seront découvertes dans les années à venir, à l'arrivée de l'énergie nouvelle. Nous vous avons également révélé qu'il existait trois endroits où l'eau sort de la terre déjà magnétisée de manière à aider l'être humain à vivre plus longtemps. Si cela vous semble un mythe, détrompez-vous ! Nous avons abordé des sujets qui, s'ils ne peuvent être prouvés, n'en sont pas moins réels. Nous sommes désormais en mesure de vous préciser que les trois endroits en question sont la Nouvelle-Zélande, l'est du Canada et l'Europe.

Vous devez aussi prendre conscience d'une autre forme de vie à l'intérieur même du sol de la planète. Oh, vous, les Autochtones et les chamans, vous souvenez-vous des Gardiens des canyons ? Ils sont encore ici. Vous avez recouvert la terre de ciment et de constructions que vous qualifiez de modernes ; pourtant, ils sont encore là. Beaucoup des principaux dévas de la forêt vivent encore ici. La vie interdimensionnelle est là pour équilibrer la Terre pour vous. Vous avez souvent entendu cela de la part des Autochtones, et vous allez le réentendre de ma bouche. Nous parlons tous de la conscience habitant la terre de cette planète, qui est toujours présente ici.

De nombreuses entités ont quitté la Terre au moment identifié comme l'énergie du 12:12 [avril 1994]. Seules sont restées les entités qui maintenaient l'équilibre des énergies de la Terre. Celles qui sont parties étaient en quelque sorte *un résidu des Maîtres*, et leur absence fut ressentie par beaucoup d'entre vous. Mais l'énergie équilibrante de la nature est demeurée. Tout cela est difficile à expliquer. Voilà pourquoi, au cours du prochain channeling, nous vous instruirons sur l'essence des guides, des anges et autres entités qui vous aident sur la Terre.

Durant cette rencontre, nous allons aborder la communication interdimensionnelle. Certains voudront nommer cet enseignement « l'énergie invisible qui vous entoure », ou « l'énergie occulte autour de vous ».

Autour de vous existe un monde invisible dont nous pouvons à présent vous entretenir parce que cela provoque moins de surprises qu'il y a quelques mois. Une partie de ce que nous exposons sera étiquetée comme *science douteuse*. Certains l'appelleront *science vaudoue*, parce que cela ne pourra pas être prouvé. Quand nous abordons ces questions, nous nous adressons au centre du discernement dans la partie divine de l'être humain et lui disons : « Écoutez l'information et voyez si cela sonne vrai ou faux. » Ce que nous vous enseignons aujourd'hui appartient encore au domaine occulte ; cependant, nous vous le présentons au moment où plusieurs de vos savants sont enfin en train d'admettre que beaucoup de ce qui est réel n'est pas visible ! Votre science traditionnelle aborde donc petit à petit des sujets interdimensionnels et confère une crédibilité au concept selon lequel l'énergie existe mais ne peut être vue en quatre dimensions ; c'est donc le moment rêvé pour que nous fassions la même chose.

Vous utilisez tous les jours beaucoup de choses invisibles. L'une d'entre elles, mal comprise par vos scientifiques, est interdimensionnelle. Elle vous entoure et est en même temps au cœur de notre travail. Nous vous en avons glissé un mot au tout début, lorsque nous sommes arrivés. Vous la nommez le *magnétisme*. Nous donnons d'autres noms à cette force, mais bien que vous la compreniez mal, vous vous en servez chaque jour. Vous pouvez d'ailleurs en voir les fruits tout autour de vous. Vous savez la créer et y recourir, mais si vous interrogez des savants sur ses mécanismes réels sur le plan scientifique, ils se gratteront la tête en répondant : « Personne ne sait vraiment de quoi il s'agit. » Pourtant, c'est la force la plus importante de l'Univers ! Elle véhicule les instructions de votre ADN concernant la santé et la longévité. Elle est aussi présente dans les filaments d'ADN sans orientation biologique – ceux qui transportent les contrats de votre vie présente, vos anciens contrats, vos karmas passé et présent, et les empreintes magnétiques qui vous ont été conférées lors de votre naissance et que vous désignez par astrologie.

Toutes ces choses sont magnétiques. Elles sont interdimensionnelles et font partie de votre structure cellulaire. Ce que vous connaissez mieux, c'est l'usage technique du magnétisme : celui-ci est présent dans tous les circuits électriques de la Terre ! Il y a fort à parier qu'il se trouve dans chacun de vos appareils, tels vos fers à repasser, les ustensiles que vous maniez pour cuisiner et les véhicules dont vous disposez pour rentrer chez vous. Saviez-vous que vos radiodiffusion et télédiffusion étaient magnétiques ? Des milliers d'images, de sons et de données passent à travers vous là où vous êtes assis, mais vous ne pouvez les voir à moins de posséder le dispositif qui reçoit et interprète le magnétisme. Les ordinateurs que vous utilisez chaque jour dépendent aussi d'un procédé magnétique de stockage d'informations. Le magnétisme est partout !

En vérité, vous avez appris à bien l'exploiter, mais vous ne pouvez le comprendre, car il est interdimensionnel et invisible. Nous vous le rappelons parce qu'il sera question d'autres choses invisibles, et puisque vous avez déjà expérimenté avec succès cette chose invisible nommée magnétisme, les autres sujets que nous vous réservons devraient être tout aussi réels pour vous.

Qu'est-ce que la gravité, très chers ? C'est une autre force invisible. Les scientifiques ne la comprennent pas. Même si, selon leurs théories, elle dépend de la masse et qu'ils peuvent en voir le résultat, ils ne peuvent l'expliquer. Je suis ici pour vous apprendre qu'elle n'a pas particulièrement rapport avec la masse. La masse est toujours présente pour que la gravité puisse exister, mais il s'agit plus de ce que nous nommons *action et équilibre*. Perplexes, les physiciens vont encore se gratter la tête si nous déclarons que la matière s'équilibre elle-même. Ce n'est pourtant pas très différent de ce que vous appelez l'osmose, définie comme « le passage de l'eau à travers une membrane semi-perméable, d'une densité à une autre ». La gravité est le résultat du besoin de la matière physique de s'équilibrer en présence d'une autre matière. C'est une question de déséquilibre de compacité et de besoin d'équilibre dans la *soupe* des énergies de l'espace. Il vous est très difficile de voir l'ensemble de ce processus, car cela met également en jeu le Treillis cosmique, rempli d'énergie invisible, qui nous entoure complètement et affecte la masse.

Pensez à cela comme à une partie de ce que l'Univers désire accomplir – une grande loi que personne n'a encore jamais étiquetée, nommée *propension à l'équilibre universel*. C'est ça, la gravité. Vous y êtes tellement habitués que vous n'y pensez plus, à moins d'être victimes d'une chute. Tout ce que vous faites est contrôlé par la gravité. Toute votre vie tourne autour d'elle ; pourtant, vous n'y pensez pas parce qu'elle est invisible. Quelle grande force que cette chose invisible qui contrôle votre vie ! Y aviez-vous jamais pensé en ces termes ?

L'air vous est invisible, pourtant il est dense. Quand le vent souffle contre un édifice, vous demandez-vous comment une chose invisible peut être aussi puissante ? Vous prenez des aéronefs géants, vous les envoyez dans le ciel, et ils volent ! Ils pèsent des tonnes, mais là-haut ils planent en douceur. C'est une question d'équilibre. Des armées de molécules d'air se précipitent pour remplir le vide artificiellement créé par l'intrados d'une aile d'avion. Cela crée une portance au moment où, en fait, le pouvoir invisible de l'air pousse et soulève l'aéronef vers le ciel. Donc, c'est cette propension à l'équilibre universel qui permet le vol ! Tout est question de compacité, de densité et de vitesse (bien que vous ne disposiez pas encore de la partie vitesse de la formule). Cela met également en jeu le temps, mais ça, c'est pour une autre discussion. Pour l'instant, pensez à cette loi universelle en tant que créatrice d'une force invisible que vous pouvez voir tout autour de vous chaque jour, spécialement dans la gravité, l'eau et l'air.

L'Univers détestant tout déséquilibre, il créera des forces pour rétablir l'équilibre. Nous aimerions préciser que c'est là une propriété que votre corps possède aussi. L'Univers s'autoéquilibre, la biologie s'autoéquilibre, et la conscience également. Quand vous formulez une intention envers quelque chose, bien que cela soit invisible, vous créez une énergie qui veut couler quelque part. Entre le flux et le reflux, vous obtenez synchronicité et action. Voilà pourquoi *l'intention* fonctionne, très chers ! C'est le catalyseur de l'équilibre. Si vous le permettez, nous compléterons plus tard cette question de l'intention, vous expliquant alors pourquoi et comment votre structure cellulaire y répond.

Oh, chamans, êtes-vous à l'écoute ? Nous allons vous révéler quelques faits interdimensionnels concernant l'équilibre et des informations sur quelque chose de puissant, bien qu'invisible. Très chers, quelque chose se passe pour beaucoup d'entvous. Nous en avons déjà parlé et nous l'avons appelé le Troisième langage. Maintenant, nous allons prendre un moment pour vous enseigner cette notion. Nous allons vous communiquer cinq de ses propriétés (même s'il en existe beaucoup plus).

Nous aimerions vous expliquer ce qui arrive à quelques-uns d'entre vous, et qu'ils ne comprennent pas. La nouvelle énergie vous entoure. Elle entre à flots sur la Terre et coexiste avec l'Ancien. Beaucoup d'entre vous la ressentent. Le temps s'accélère littéralement, et vous sentez le train de l'Humanité passer plus vite. Beaucoup d'entre vous sont conscients de l'accélération du temps, bien que leurs montres affichent le même temps qu'avant. C'est une sorte d'accélération interdimensionnelle qui est ressentie plutôt que vue.

D'autres ressentent comme un bourdonnement autour d'eux – il se passe simplement trop de choses en même temps. Ceci est de nature spirituelle, mais pour certains, cela semble biologique, et quelques-uns ont demandé que ça cesse. Vous ne comprenez pas ce que cela vient faire ici. Dans quelques cas, vous bloquez cela si totalement qu'il n'y a plus aucun bourdonnement. En fait, il n'y a pas de bourdonnement comme tel, et, pour une personne éclairée, c'est aussi irritant ! Mais il y a autre chose. Nous allons vous expliquer : une *station de diffusion* invisible portant le nom de Troisième langage envoie en somme des messages à ce que vous appelez votre *Soi supérieur*. La partie angélique, divine, en vous (dans le Maintenant), essaye de recevoir une émission – une quantité incroyable d'informations personnelles de nature spirituelle envoyées d'un seul coup, c'est ça le Troisième langage ! Voilà comment cela fonctionne. Il ne s'agit pas d'un courant linéaire de messages ; c'est plutôt une forme de communication qui pourrait être nouvelle, exigeant que vous fassiez le tri. Métaphoriquement, c'est comme si l'on vous demandait d'écouter seulement certaines émissions, comme si vous choisissiez vos stations parmi de nombreux choix. Et lorsque vous comprendrez que toute l'information est donnée en même temps, vous serez mieux en mesure d'effectuer un tri.

La question, bien sûr, est toujours « comment ? ». Je vais vous révéler ici cinq des *stations* les plus fréquentes que plusieurs d'entre vous commencent à recevoir simultanément. Je vais aussi vous remémorer l'énergie de l'intention. Une fois que vous aurez compris ce qui se passe, votre intention spirituelle vous aidera à trier les informations. C'est un peu comme si votre intention devenait soudain le truc qui vous permettrait de choisir. Vous vous souvenez ? Je vous ai parlé du pouvoir invisible de l'intention. Il est réel et ne se manifeste que d'une manière.

Le langage des guides

La première des cinq stations est ce que nous appelons le *langage des guides*. Beaucoup l'appellent intuition. Certains d'entre vous semblent l'avoir perdue et pourraient se dire : « *C'est bien le moment de perdre ça, au sein de la nouvelle énergie ! J'ai toujours su ce qui était bien et ce qui était mal ; je me sentais guidé. Maintenant, ça ne marche plus pour moi.* » Oui, ça fonctionne ! C'est juste que ça se trouve mêlé à toutes les autres informations.

« *Que puis-je faire ?* » demandez-vous. Branchez-vous sur l'intuition et débranchez-vous du reste. Pour l'instant, dites : « *Cher Esprit, étant conscient d'être linéaire dans ma façon de concevoir les choses, je te donne donc la permission de me brancher uniquement sur le canal intuition pour l'instant et de me débrancher des autres.* » Vous allez demander le type d'énergie qui correspond à ce que vous voulez recevoir. Cela concerne l'utilisation de l'intention et votre capacité de préciser ce que vous désirez obtenir.

Assistez au retour de votre intuition ! Ceux qui n'en ont jamais eu la verront se développer. Quant à ceux qui désirent savoir la tester, disons qu'il s'agit d'une réaction à la première chose à laquelle ils pensent (avoir confiance en leurs premières réactions). Faites donc un essai ! Si c'est une première fois, branchez-vous sur l'intuition dans n'importe quelle situation. Certains d'entre vous ont recours au pendule, par exemple. Cela fonctionne au moyen de votre communication personnelle avec vos guides. Testez-la. Habituez-vous à ce que vous ressentez lorsque la réponse est adéquate ou non par rapport à l'énergie de la situation du moment. Cela s'appelle de la guidance ; elle est branchée sur le langage des guides.

Nous voulons vous informer de ce qui se passe ici. F

quoi, soudain, un déluge d'informations d'un seul coup ? Pourquoi n'est-ce plus comme avant, où vous receviez tout d'après un mode linéaire ? C'est relié à vos nouveaux pouvoirs au sein de l'énergie nouvelle. Auparavant, vous méditiez puis receviez ce qui s'ensuivait. Aujourd'hui, vous pouvez choisir ce que vous voulez recevoir. Cela fait partie de votre expansion et de votre interdimensionnalité. En définitive, c'est une leçon sur la manière de traiter l'information nouvelle, de la trier et de ne retenir que ce que vous désirez.

Les câlins

Voici la deuxième station, celle de la communication par câlins. Vous a-t-on fait des câlins récemment ? Probablement que oui, mais vous ne les avez pas reconnus pour ce qu'ils étaient. Il s'agit d'une communication par câlins. Pour nous, c'est une preuve de la réalité de notre présence. Elle explique pourquoi tant d'entre vous se retrouvent juste au bon moment, les yeux guidés vers l'horloge qui marque 11:11 ! Pas 11:10 ou 11:12, n'est-ce pas ? Pourquoi l'avez-vous regardée juste à ce moment-là ? Qu'est-ce que cela signifie ? Eh bien, vous venez de recevoir un câlin ! Par quel autre moyen pourrions-nous attirer votre attention ? De cette façon, vous pouvez le constater de vos propres yeux et vous rappeler que nous vous aimons et que nous vous envoyons des câlins. Pourquoi avoir jeté un œil à l'horloge juste à cet instant-là ? Parce qu'un ange vous a tapé sur l'épaule et a chuchoté à vos oreilles : « Regarde maintenant ! Tout de suite, et tu auras la preuve que nous sommes ici avec toi ! » C'est ça, la communication par câlins. C'est une confirmation de l'existence du Troisième langage. La prochaine fois que cela surviendra, pourquoi ne pas vous arrêter un instant et célébrer l'événement ? Dans ce cas, nous recevrons aussi notre câlin ! Essayez, la prochaine fois !

Les Anges constructeurs

La troisième station est une énergie de construction. Vous la nommez synchronicité et cocréation. Ce domaine, vous le considérez comme le plus important, car vous y découvrez les réponses à vos grandes questions. Les Anges de la construction (ou Guides) représentent le groupe qui vous aide dans le plan d'ensemble, accomplissant les synchronicités et facilitant la cocréation. C'est l'endroit où les vies changent et le travail s'accomplit. Comment le trouvez-vous ? Il est temps de formuler l'intention de se brancher sur les Anges constructeurs. Quelques-uns parmi vous sont assis, posant toutes ces questions vitales, mais en guise de réponse, tout ce qu'ils reçoivent, c'est le bourdonnement ou le silence. Comment vous brancher ? Encore une fois, dites : « *Cher Esprit, je sais que vous êtes là, et je vous prie de me brancher sur l'énergie de ce groupe.* » Demandez à recevoir l'énergie de la solution sur un mode linéaire, une chose à la fois, et c'est ce que vous obtiendrez.

Pensez-y. Ne vaut-il pas mieux disposer d'un choix plutôt que de recevoir seulement ce qui se présente ? Être capable de créer une situation où vous vous branchez sur une énergie spécifique ne vous donne-t-il pas plus de puissance ? La réponse est oui ! Il est temps désormais que vous compreniez l'inter-dimensionnalité de ce processus nommé le Troisième langage.

Les retours de communication

Dans l'ancienne énergie, il fut un temps où vous pouviez vous mettre à genoux devant l'Esprit et vous sentir aimés, tout simplement. Le retour de communication était l'énergie reçue en retour, qui vous confirmait que vous étiez bien *en contact*. Vous vous étiez habitués à une certaine sensation spirituelle ou physique, et beaucoup d'entre vous maintenant rapportent qu'ils l'ont perdue ou la sentent beaucoup moins, et qu'elle leur manque. Eh bien, non, tout cela n'a pas disparu. Vous devez simplement apprendre à le choisir. Le Troisième langage étant en ondes 24 heures sur 24, vous pouvez vous y brancher n'importe quand. Maintenant, nous vous révélons que vous pouvez profiter d'un retour de communication, peu importe que vous soyez en train de manger, de conduire ou de méditer.

Vous n'avez pas besoin ici de créer un espace spécial devant un autel, puisque cet espace sacré est déjà créé par votre intention elle-même. Le caractère sacré ? C'est l'Être humain interdimensionnel, aimé sans limites, marchant sur la Terre, prétendant être un humain. Vous pouvez savourer cette énergie chaque fois que vous le désirez. Dites à l'Esprit : « *Branche-moi sur cette station-ci, ou sur celle-là.* » [rire]

Branchez-vous sur le retour de communication, et vous saurez que nous sommes tout près de vous. Vous retrouverez la sensation recherchée, qui vous rappellera notre présence. Voici venu l'âge du discernement. C'est à vous de choisir l'énergie dont vous avez besoin et le moment où vous en avez besoin. Ceci est nouveau et fait partie des attributs du Troisième langage. Si vous ne l'avez pas encore reconnu, vous allez être assaillis de bruit, et vous ne saurez que faire.

Les poignées de mains

La cinquième station peut sembler pareille à la seconde, celle des câlins, mais elle ne l'est pas. Il s'agit de « poignées de mains ». Quelques-uns d'entre vous en ont besoin en ce moment et pourraient vouloir s'y brancher ! Certains veulent même se brancher à plusieurs stations à la fois. Vous vous demandez tous si c'est possible. Laissez-moi vous dire quelque chose : oui, ça l'est ! D'abord, vous devrez vous habituer à les recevoir l'une après l'autre (à partir de l'ancien mode linéaire). Puis vous pourriez adopter le nouveau mode de réception interdimensionnelle, où vous serez capables d'en recevoir deux, trois, quatre ou même cinq simultanément ! Cela fait partie de l'apprentissage de l'expansion de conscience du Nouvel Âge.

Les poignées de mains, qu'est-ce que c'est ? C'est ce qui se passe dans votre placard lorsque vous vous croyez seuls. Vous ne recevez aucun message. Aucune énergie n'est transmise, sauf une : l'amour de l'Esprit pour un membre de la famille. C'est simple, et pourtant, c'est souvent la plus profonde énergie que vous puissiez appeler. Restez assis dans l'obscurité et, à travers le voile, sentez votre main tenue par la plus grande énergie de l'Univers – un membre de la famille qui porte un nom tout comme le vôtre. Il n'existe rien de comparable ! À vous, membres de notre famille, j'aimerais spécifier que c'est là notre station préférée, car au sein de l'énergie nouvelle, nous sentons votre poignée de main en retour ! En vérité, c'est la station qui nous procure désormais le plus de plaisir.

Nous vous avons présenté cinq stations parmi beaucoup d'autres, les cinq que vous aviez besoin d'entendre aujourd'hui. Elle peuvent changer le cœur, l'esprit et la vie de tant de gens parmi vous en train de se demander ce qui se passe.

Aujourd'hui, nous apportons quelque chose de nouveau, qui n'a encore jamais été présenté. C'est une nouvelle parabole de Wo, la première de l'énergie nouvelle. C'est le Wo du Nouvel Âge ! Nous commençons toujours une parabole de Wo en rappelant qu'il s'agit d'un être ni homme ni femme. Wo est un homme-Wo, un WO-homme. [NDT : Ceci est un jeu de mots intraduisible en français. En anglais, ***man*** signifie homme, et ***Wo-man*** femme.] Mais dans cet exemple, comme par le passé, nous emploierons *il*. Dans votre langue, l'appeler *ça* serait inconvenant.

Wo et le grand navire

Wo naviguait sur un grand vaisseau : le transatlantique de l'Humanité. Tout comme les milliards d'autres voyageurs à bord, il aimait la vie. Le vaisseau, immense et imposant, représentait l'Humanité, le lignage, l'histoire, et l'énergie de la Terre, soit tout ce qui était tenu en estime par les humains de la planète.

Le transatlantique était majestueux, et Wo l'aimait. Il n'avait pas besoin d'y faire grand-chose, le navire se gouvernant et se propulsant tout seul, les amenant, lui et les autres passagers, là où ils le désiraient. Il les mena d'ailleurs dans beaucoup d'endroits. N'ayant vraiment pas besoin d'y penser beaucoup, Wo se contentait d'apprécier. De plus, tant qu'il coopérait d'une certaine manière avec l'énergie du navire et qu'il restait sur son propre pont à se relaxer, il ne semblait pas courir beaucoup de dangers sur ce grand vaisseau nommé Humanité.

Ce qui rendait ce navire unique, c'était sa grande sécurité. On y trouvait un canot de sauvetage pour chaque homme, chaque femme et chaque enfant ! Pensez-y : un par personne ! Quoi qu'il puisse survenir, ils étaient pleins de provisions et en état de marche.

Tout allait pour le mieux. Wo avait passé sa vie entière sur le navire et il s'y était habitué. Tout était parfait… jusqu'au passage du nouveau millénaire. En janvier 2000, le navire

Humanité entra dans de nouvelles eaux. Wo n'avait jamais rien vu de tel, et le navire se mit à éprouver des difficultés. Le fer dont il était fait se corrodait sous l'action des eaux du nouveau millénaire dans lesquelles il venait de pénétrer. Le navire perdit son intégrité, faisant eau ; il donnait de la gîte d'un bord, puis de l'autre. Il était en train de faire naufrage !

Beaucoup avaient peur et se sentaient impuissants. Il devint évident que le vaisseau ne survivrait pas. Wo n'avait jamais rien entendu à ce sujet, ni dans les Saintes Écritures ni dans les nombreuses prophéties se rapportant à ce grand vaisseau. Il ne savait à quoi s'attendre. Nul prophète n'avait jamais parlé de son naufrage ! Ils l'avaient bien vu en train de demander de l'aide, ou de s'arrêter le temps d'une réparation ou de modifications, mais ce vaisseau de l'ancienne énergie était bel et bien en train de couler ! Tous les réconforts qu'il avait connus et les paradigmes expliquant comment les choses fonctionnaient dans la vie allaient disparaître avec lui. C'était incroyable ! L'Humanité allait-elle sombrer en même temps que le navire ? Wo avait l'intuition que non.

Doucement, on encourageait chaque être humain à monter à bord de son canot de sauvetage. Certains avaient quitté le navire bien avant, disant qu'ils s'attendaient à cela. Les canots de sauvetage s'éloignèrent lentement du bateau en train de sombrer. Quel spectacle ! Wo avait attendu jusqu'au dernier moment, dans l'espoir que le navire puisse reprendre vie. Il ne pouvait croire que celui-ci était bel et bien en train de couler.

En restant à bord, Wo vit des choses étonnantes : par exemple, des gens pleins de colère se répandant en invectives. Il n'était pas question pour eux d'embarquer dans les canots de sauvetage ! Ils allaient s'abîmer avec le navire parce qu'ils étaient en colère. Le naufrage n'avait aucun sens à leurs yeux, et ils s'en prenaient violemment à Dieu ou à celui qui avait gouverné le vaisseau vers ces eaux corrosives. Certains d'entre eux étaient si déchirés par les événements qu'ils affirmaient que le bateau, peu importe lequel, était chose du passé pour eux, qu'ils ne feraient même pas un autre essai. Après tout, c'était le seul navire qu'ils aient jamais connu, et ils n'en voyaient pas d'autres. Voilà pourquoi, dans leur esprit, monter dans les canots de sauvetage, c'était aller vers une mort certaine.

Wo grimpa dans la chaloupe, la fit descendre jusque dans les eaux corrosives apparemment dangereuses et s'éloigna du navire, qui disparut dans l'eau. D'autres tentèrent leur chance avec Wo à la dernière minute, descendant les canots à l'aide des cordes de sécurité. Horrifiés, ils regardèrent les gens en colère sombrer avec le vaisseau. Le grand navire confortable de l'Humanité s'abîma presque silencieusement dans les eaux profondes d'un vaste océan qui ne pouvait plus le mettre à flot ni l'y maintenir. Pour beaucoup, c'était la fin de tout. Mais pour ceux qui avaient couru le risque d'embarquer dans les chaloupes, d'autres surprises les attendaient.

Tout seul dans sa frêle embarcation, Wo allait à la dérive. Comme les autres, il possédait des rames et des provisions pour une journée, sans plus. Il regarda autour de lui et vit, tels des petits points blancs sur l'eau, tous les autres canots dispersés jusqu'à l'horizon. Il semblait y en avoir des millions ! Le métal du vieux navire n'avait pas supporté les eaux de l'énergie nouvelle. Les canots où prenaient place Wo et les autres étaient fabriqués de bois et, pour l'instant, au moins pour une journée, jusqu'à la fin des provisions, ils étaient en sécurité. Wo se demandait toutefois ce qui se passerait ensuite. Les chaloupes dérivaient lentement à perte de vue. Chaque Être humain étant maître de sa propre orientation, tout nouveau passager d'une chaloupe pouvait ramer dans la direction choisie.

Très vite, quelque chose sauta aux yeux de Wo : le canot n'était pas ce à quoi il s'attendait. Il pensait que c'était une chose, mais cette embarcation en devenait une autre ! De petite taille, mue à la rame, elle était faite de bois et n'offrait aucune protection contre les tempêtes ; son garde-manger renfermait des provisions d'eau et de nourriture pour une seule journée. Elle était à la merci du temps, et Wo, tout comme les autres, savait fort bien qu'un coup de gros temps pouvait la fracasser, alors qu'à bord du grand vaisseau de l'Humanité, en cas de mauvais temps, tous n'avaient qu'à rentrer à l'intérieur. Avoir une telle responsabilité, c'était très différent et quelque peu effrayant.

Le deuxième jour, Wo remarqua quelque chose. Ouvrant le garde-manger comme il l'avait fait trois fois le jour précédent, il constata que celui-ci était encore plein de nourriture ! Il se souvenait d'avoir pourtant tout épuisé la veille. Ne sachant trop comment, la nourriture s'était renouvelée. La promesse avait été : « des provisions pour une journée ». Oui, c'est ce qu'ils avaient dit. Alors Wo comprit que son canot de sauvetage lui fournissait la nourriture pour le jour qui était en cours !

Quotidiennement, en ouvrant le garde-manger, Wo y trouvait donc la ration d'une journée, ni plus ni moins. Il remerciait l'embarcation, saisissant bien qu'elle était magique, et chaque matin, pendant son repas, il célébrait. « Merci, l'Esprit, disait-il, il semble que je vais vivre un peu plus longtemps. » Wo barrait pour diriger le canot de sauvetage. Il ramait et barrait tour à tour, allant au hasard, et n'en prit pas moins une direction qui lui semblait intuitive. Plus il célébrait dans le canot, plus celui-ci lui répondait. Plus il l'aimait, mieux celui-ci fonctionnait !

Pendant sa deuxième semaine en solitaire, un événement incroyable se produisit. Wo se dirigea vers la barre, à l'arrière du canot, et là, oh ! surprise, il y découvrit quelque chose qu'il n'avait jamais vu auparavant – un moteur ! Là, posé au fond, l'attendait un moteur hors-bord avec, dans un bidon, une réserve de carburant pour une journée. Wo installa le moteur où il le jugea bon, le fixa en poupe sans difficulté, la réserve juste à côté, fit le plein et démarra. Dans un rugissement, le moteur s'anima, et tout le corps de Wo fut parcouru de frissons. Quelle magie ! Mais qui avait fourni le moteur et le carburant ? Était-ce un ange, ou Dieu ? Peut-être était-ce dû à l'interaction de Wo avec son canot ? Il ne savait pas, mais il bénit le moteur, le bateau, le garde-manger plein de nourriture et d'eau, puis, dans les heures qui suivirent, il apprit à utiliser le moteur pour gouverner le bateau et le faire avancer.

Après un jour de route, le moteur toussota avant de s'arrêter, et Wo vérifia le bidon qu'il avait vidé la veille. Il le souleva et, comme il s'y attendait, le trouva rempli pour une autre journée. En riant, il fit le plein et s'écria à qui pouvait l'entendre : « Dieu bénisse ce bateau ! » Plein d'admiration, il exultait !

Maintenant, Wo pouvait mettre le cap vers une direction soufflée par son intuition. Il remarqua que quelques autres embarcations suivaient le même chemin. Sans être en communication directe avec ces autres petits bateaux en vue, il avait pourtant l'impression de former une famille avec eux. Il s'aperçut également que d'autres étaient aussi équipés de moteurs ! Un instant, il se demanda, inquiet, qui suivait qui, et s'ils pouvaient tous être déçus, n'arrivant nulle part, ou tournant en rond, mais il semblait que tous se dirigeaient intuitivement vers la bonne direction.

[Mes très chers, saviez-vous que, lorsque les Autochtones de cette Terre se rassemblent pour célébrer les quatre points cardinaux, c'est le magnétisme qu'ils célèbrent ? En effet, tout comme les anciens Autochtones, Wo s'orientait sans boussole, aidé par une guidance intérieure.]

Une semaine plus tard, un vent s'éleva. Il dit alors au bateau : « C'est ce que nous redoutions le plus. Montre-moi ce que je dois faire ! » Il eut l'impression d'entendre le canot lui répondre : « Célèbre ta peur, Wo. » Il se mit à genoux et, au lieu de demander de l'aide en priant, célébra la tempête. Soudain, un autre fait surprenant se produisit. Ses yeux s'ouvrirent tout grand. D'une certaine manière, il s'attendait à ce que le pouvoir magique du bateau arrête la tempête. Mais au lieu de cela, il vit l'embarcation se recouvrir d'une protection. Plus la tempête empirait, plus cette protection s'avérait étanche, si bien que le bateau en sortit sans dommage et Wo, sans une éclaboussure !

Ainsi, Wo se rendait compte que plus il fêtait son canot de sauvetage, plus celui-ci s'améliorait, et plus lui-même était en quelque sorte une prolongation du bateau. Ce dernier possédait beaucoup de qualités que Wo commençait à reconnaître. Lorsqu'il était déprimé ou craintif, le bateau semblait s'affaiblir. Une fois, il eut même l'impression de distinguer des voies d'eau au fond de l'embarcation. Mais lorsqu'il était joyeux, un tas de choses miraculeuses survenaient. Wo avait même l'impression que la couleur du canot changeait !

Il n'était pas étonnant que le grand navire ait disposé d'une chaloupe par Être humain. Maintenant, Wo comprenait pourquoi : chacune, d'une certaine façon, était remplie de l'énergie de la personne à qui elle appartenait. Les canots de sauvetage étaient toujours restés inutilisés, puisque le grand navire prétendait ne pas avoir à s'en servir. En réalité, Wo aurait très bien pu débarquer quand il le désirait, mais à quoi bon, puisque le grand vaisseau faisait tout pour lui. Du moins le croyait-il. Il sut peu à peu que, même s'il ne voyait pas de quoi serait fait le lendemain, il était libre de diriger son embarcation vers l'incertitude. Il comprit aussi que son bateau était un bon bateau qui grandissait à mesure que lui grandissait en connaissances. Il commença à se sentir plein de pouvoir et de joie en raison des changements qui lui avaient été imposés. Il se mit à plaindre ceux qui n'avaient pas quitté le grand navire. Comment auraient-ils pu avoir vent de la magie des canots de sauvetage ?

Avec le temps, Wo entreprit d'examiner certains autres canots éloignés semblables au sien. Regardant tout autour, il vit que quelque-uns étaient également recouverts d'une protection. Plusieurs étaient aussi équipés d'un moteur, et leurs rames avaient été jetées par-dessus bord, ou rangées. Il remarqua très vite qu'ils se dirigeaient tous vers un point central qu'il pouvait apercevoir au loin… une île dans le brouillard.

L'un après l'autre, les canots se rapprochaient de l'île baignée de brume. Beaucoup tournaient en rond au plus près, à la limite de la nappe de brouillard, choisissant de ne pas s'y aventurer. Ils pouvaient entendre, en provenance de ce brouillard, énormément d'agitation, de bruit et de sons métalliques. L'indécision était palpable. Un grand nombre d'entre eux ne savaient pas à quoi s'attendre ni ce qu'il y avait au-delà de cet épais brouillard. Peu à peu, cependant, ils comprirent que rester en dehors, c'était refuser la découverte. Une par une, les petites embarcations blanches magiques disparurent donc dans ce brouillard, vers l'île qui, ils le savaient, s'y cachait. Wo, à son tour, décida de courir le risque de se lancer dans l'inconnu, bien qu'il fût invisible, et, se faisant confiance ainsi qu'à son bateau, il pénétra dans cet espace.

Pendant environ une heure, lui et les autres mirent lentement le cap sur le bruit, pleins d'incertitude et d'appréhension, ignorant s'ils voguaient vers leur perte ou leur salut. Le spectacle devant leurs yeux était surprenant ! En effet, il s'agissait bien d'une île, mais ils comprirent que le temps n'était pas encore venu d'y accoster. Presque à l'unisson, ils s'arrêtèrent pour garder une certaine distance, regardant fixement ce qui se déroulait sous leurs yeux.

Sur l'île se construisait le vaisseau interdimensionnel le plus énorme qu'ils aient jamais vu ! Sa forme n'était pas courante, car la proue pointait vers l'arrière ! Les moteurs n'étaient pas non plus au bon endroit. Chaque cabine destinée à un être humain possédait un abri, et il semblait qu'ils allaient tous gouverner le vaisseau ensemble, par consensus. C'était un bateau interdimensionnel qui se créait sous les yeux de Wo, comme pour sa chaloupe ; cependant, il ne pouvait voir à l'œuvre aucune entité ni aucun groupe d'entités en train de construire. On avait l'impression que le navire prenait forme tout seul, et plus les embarcations s'approchaient de l'île, plus vite le bateau se construisait.

C'est ainsi que Wo et les autres, avec à bord une réserve de nourriture, d'eau et de carburant pour une journée, se mirent à encercler l'île dans une ambiance de cérémonie et en se disant : « *L'heure venue, nous accosterons sur l'île. Quand ce vaisseau miraculeux au procédé de construction inédit sera terminé, nous y embarquerons. Ce navire voguera dans les eaux de l'énergie nouvelle, et lorsqu'il sera prêt, nous le saurons et nous nous y installerons tous. Puis, ensemble, nous le baptiserons, choisissant un nom qui rendra honneur à tous les êtres qui navigueront dans les eaux du nouveau millénaire.* »

Maintenant, très chers, combien d'entre vous naviguent dans leur canot de sauvetage ? Le vieux navire a sombré, et le mode de vie que certains connaissaient et auquel ils faisaient confiance, même sur le plan spirituel, semble avoir disparu. Dans certaines de vos situations, l'abandon de l'ancien a même été purifié par le feu : si vous êtes de ceux-là, vous savez de quoi je parle, n'est-ce pas ? Je vous demande de vous rappeler une chose : même si vous pensez être seul chacun dans votre bateau, vous ne l'êtes pas. Pas plus que vous ne l'êtes d'ailleurs dans ce placard auquel nous faisons souvent allusion.

Nous vous invitons à encercler l'île pendant un moment et à croire que le nouveau vaisseau est en construction. Nous voulons que vous soyez sûrs que l'amour de Dieu étend ses rayons de soleil sur votre vie. Nous vous prions de ne croire personne d'autre que vous-mêmes. Nous ne voulons pas que vous alliez interroger quelqu'un sur ce que vous devriez faire. Nous vous demandons d'entrer à l'intérieur de vous-mêmes, de vous connecter à la station la plus importante pour vous et de vous prélasser dans l'énergie de ce canot qui vous répond de si nombreuses manières. Laissez-nous tenir votre main, créer des synchronicités, pourvoir à la cocréation. Nous aimerions vous enlacer, si vous le permettez. Laissez-nous vous fournir sans relâche le nécessaire pour une journée. Ceci peut vous donner une tout autre définition de ce que vous appelez l'abondance !

Qu'adviendra-t-il de ce nouveau vaisseau ? Quand pourra-t-il flotter tout seul ? Cette entité ne le sait pas, car les canots évolueront, utilisant leurs propres miracles et, le temps venu, accosteront tous ensemble pour célébrer. La conscience humaine poursuivra son évolution, et le navire sera baptisé du nom de Humanité II – la Nouvelle Jérusalem. Ce vaisseau transporte la promesse d'une Terre de paix et d'une humanité pleine de sagesse voguant sur ses eaux puissantes !

Le plus difficile pour nous, c'est de vous quitter. Je vais vous dire ceci : les choses ne sont plus ce qu'elles étaient. L'énergie est différente. Ce sanctuaire où vous écoutez et entendez restera un sanctuaire aussi longtemps que vous en exprimerez l'intention. Créez-vous un espace de solitude paisible et repensez à ce qui a été dit aujourd'hui. Lorsque vous terminerez cette communication, restez calmes quelques instants avant de vous lever, car ceci est un temps précieux !

Nous ne nous trouvons pas dans le vide, vous savez. Nous connaissons votre vie, vos défis et vos épreuves. Si, en ce jour, vous n'avez pas ressenti l'amour de Dieu, il est peut-être temps pour vous d'ouvrir un peu plus votre cœur à la réalité des êtres spirituels interdimensionnels qui vous entourent ! Ils débordent d'amour et de cadeaux à l'intention de chaque Humain désireux de se brancher sur eux.

En vérité, très chers, nous vous aimons tendrement !

Kryeon

CHAPITRE TROIS

UN NOUVEAU COMMENCEMENT

Tel-Aviv, Israël, Octobre 2000

Le 27 octobre 2000, au milieu de la violence et de l'agitation de ce que les Israéliens appellent *la situation*, eut lieu à guichets fermés un séminaire de Kryeon. Tenu au centre de Tel-Aviv, il a attiré plus de 1 000 personnes, dont beaucoup avaient dû mettre de côté leur peur du terrorisme, associée aux grands rassemblements spirituels. Plusieurs avaient aussi fait preuve de courage en attendant avec impatience le channeling que voici. Toute la journée, Lee rappela à ses auditeurs ce que Kryeon lui avait transmis en mars 2000 – à savoir qu'au sein de l'Énergie nouvelle, les choses pouvaient donner l'impression de régresser.

En mars 2000, Kryeon avait communiqué les informations suivantes, publiées en septembre de cette année-là, dans le livre VI, *Franchir le seuil du millénaire.*

> « *Très chers, dans les prochaines années, vous assisterez à quelques revirements. Vous pourrez les observer et dire : "Vous savez, notre Terre semblait se porter plutôt bien jusqu'à ce que nous arrivions à ce point. Actuellement, on a l'impression que certaines choses qui allaient bien subissent quelques revers." Combien d'accords de paix prometteurs sont soudain gelés ? Combien de questions politiques et tribales se trouvent tout simplement dans l'impasse ? Avez-vous assisté à la remise en question récente de certains accords ? Que se passe-t-il ? Est-ce cela, l'énergie nouvelle ?*
>
> *Il va bien se produire quelque chose pour certains des dossiers en suspens depuis très longtemps. Des situations qui avaient l'air blo-*

quées vont se débloquer d'elles-mêmes, et d'autres paraîtront régresser dans le chaos ! »

Eh bien, les habitants de cette région très fragile sont bel et bien confrontés au même phénomène.

Nos cœurs furent très touchés par la chaleur qui émanait de ces gens. Bien que ce soit en majorité des Juifs, nous sommes également conscients de la présence de représentants de nombreuses religions et cultures, tous désireux de trouver enfin une solution à un des problèmes culturels les plus complexes et les plus anciens du monde. Pendant que Jan et moi, nous préparant à partir la semaine suivante, recevions des câlins de tant de gens, nous étions pleinement conscients du fait qu'ils appréciaient les visiteurs de l'extérieur, ceux qui essaient de comprendre une situation difficile – ne serait-ce que quelques heures.

En lisant ce qui suit, mettez-vous à la place de ces travailleurs de la lumière, dont beaucoup viennent de la lignée des grands Maîtres, ceux qui ont foulé le sol même de cette terre où nous avons parlé. Quantité d'entre eux vivent dans la peur et aimeraient s'assurer qu'avant d'aller dormir, chaque soir, vous leur envoyiez de l'énergie. Visualisez la paix. N'indiquez pas à l'Esprit ce qu'il doit faire, contentez-vous de visualiser le Moyen-Orient en train de s'autoguérir lentement, mais sûrement. Voyez les enfants jouant sans peur de tous côtés. Regardez l'amour à l'œuvre là où les diplomates ont échoué. Contemplez un miracle !

KRYEON EN ISRAËL

(traduction simultanée en hébreu pour l'auditoire)

Salutations, très chers. Je suis Kryeon, de l'Énergie magnétique. [Remarquez que Kryeon a modifié sa salutation habituelle, les mots « service magnétique » étant difficiles à traduire en hébreu.]

La voix que vous entendez actuellement est celle que vous avez entendue toute la journée [référence à la conférence donnée par Lee plus tôt]. Mais ceux d'entre vous qui sont parvenus à ressentir l'énergie de l'Esprit connaissent l'énergie de celui qui leur rend visite. Donc, au moment d'ouvrir la discussion, nous vous disons que c'est celle du frère, de la sœur, du membre de la famille nommé Kryeon – celui qui n'a pas plus de pouvoir que vous n'en possédez. C'est celui qui se présente à vous pour la première fois dans cette région et qui salue la Famille comme jamais auparavant.

Nous proclamons que ce rassemblement est d'un ordre des plus élevés ! Que voici un temps où l'Énergie peut être combinée d'une manière inédite dans ce grand pays. Que le cortège, qui nous a rejoints par une fissure du voile, se répand en cet endroit et le recouvre de la densité de l'amour. Si vous le désirez, sentez ces entités s'installer devant vous, qui entre les sièges, qui dans les allées, qui derrière vous, qui devant, pendant que l'amour envahit l'espace.

Gardez votre énergie, celle de l'Ange divin que vous êtes, et préparez-vous à accueillir ceux qui sont venus ici à votre demande. Certains d'entre eux qui pourraient vous rendre visite ce soir, dans l'amour, risquent de vous causer une surprise. Plusieurs d'entre vous avaient l'impression de venir s'asseoir dans cette énergie, mais sans avoir la moindre idée des rencontres qu'ils pourraient réellement y faire, car lorsque l'Ange déclare : « Je le ferai », des miracles surviennent. Dans un espace où sont réunies plus de 1 000 personnes, vous pouvez manifester tout ce que vous choisissez – d'une seule voix. Une conscience unique peut changer la réalité de tout ce qui Est.

Saluez ceux qui lisent ces informations, qui vivent peut-être dans un autre pays, car ils se joignent à vous dans l'énergie du *Maintenant* de cet événement hors du temps. Longtemps après l'extinction des lumières de cet édifice, l'énergie de ce moment sera revécue sans fin. D'une certaine manière, chaque fois que ces mots sont revus, l'événement est de nouveau *en direct*.

Beaucoup d'entre vous pensaient être venus aujourd'hui en vue de ressentir l'énergie de Kryeon – pour se prélasser dans l'amour de l'Esprit. Peut-être n'aviez-vous aucune idée de la façon dont cela fonctionne, car vous possédez la transcription des paroles de Kryeon [tous ses livres ont été traduits en hébreu]. Mais cela diffère d'une visite en personne. En effet, lorsque, dans cet espace, le cortège s'installe autour de vous et entreprend de baigner les pieds des anges assis sur les chaises, quelque chose d'autre survient, que les mots inscrits sur une page ne peuvent rendre. Vous avez exprimé l'intention que cette région se transforme, et elle est désormais en train de changer.

Permettez-nous de vous préciser ceci : « Vous n'avez aucune idée de Qui est venu voir Qui ! Nous sommes en admiration devant ceux qui sont assis ici. Nous connaissons le lignage de chacun d'entre vous. Nous nous adressons tout autant à ceux qui sont de la région qu'aux autres qui ont parcouru de longues distances pour nous rejoindre. Nous ne faisons aucune différence, car nous savons qui vous êtes. Nous connaissons votre nom spirituel. Nous savons tout de votre vie. Nous sommes conscients de vos peurs et de vos incertitudes. Si vous l'avez demandé, nous vous enveloppons depuis très longtemps d'un cortège d'amour. Maintenant, vous allez peut-être avoir l'occasion de sentir ce qu'est un tourbillon d'amour intense autour de vous, une caresse dans le dos ou sur les épaules, ce que c'est d'être aimé sans limites. Car c'est bien cela qui se produit lorsque vous vous rassemblez en exprimant l'intention de permettre que soit ressenti l'amour de Dieu. Vous arrivez vraiment à le *sentir*. Aucune organisation ni aucune religion ne sont à l'œuvre ici. Bien que vos organisations et vos cérémonies soient honorées devant Dieu, puisqu'elles incarnent votre recherche du Divin, c'est l'essence de l'Être humain qui vous parle ici – l'amour de Dieu qui vit dans chaque cellule de votre corps, où se cache la vraie Divinité.

Un jour, lorsque le temps de votre leçon terrestre sera terminé et que le corps aura fini de vous véhiculer, votre Ange intérieur rentrera dans cet endroit de l'Esprit qu'on appelle *le vrai foyer*. Vous ne trouverez là aucune organisation ni religion et ne constaterez rien d'autre que l'amour des membres de la Famille l'un pour l'autre. Nous vous y avons vus à maintes reprises. Votre visage nous est familier, et ce n'est pas celui que vous pensez avoir dans cette vie-ci. Nous vous reconnaissons lorsque vous nous chantez votre nom dans la lumière – et vous vous demandez qui vient voir qui ?

À cet instant, nous parcourons la salle des yeux en annonçant : « Nous vous attendions. » Nous savons qui vous êtes. Dès que vous avez exprimé l'intention de vous asseoir ici, nous avons su qui serait présent et nous vous avons attendus. L'énergie a commencé à grandir en cet endroit, et ceux qui, de mon côté du voile, avaient projeté de vous rendre visite, se sont mis en file indienne. Ne soyez pas surpris si, cet après-midi, certains d'entre vous ressentent une impression de lignage. Peut-être les êtres chers de votre vie qui sont décédés sont-ils ici ? Eh bien, oui ! Ils le sont ! Dans le cortège spirituel qui inonde cet endroit, il y a tellement de parenté !

Avant d'amorcer notre enseignement, nous devons vous rappeler à quel point vous êtes interdimensionnels. Parmi vous, nul ne vient seul sur terre, nul ne se débat seul face à ses problèmes et nul ne quitte cette Terre en solitaire. À aucun moment de votre séjour sur cette planète n'êtes-vous abandonnés. Nous vous rappelons ceci afin qu'aujourd'hui, pendant que nous parlerons de ce qui est nécessaire pour passer au prochain niveau, vous n'ayez pas l'impression que nous vous avons demandé des miracles. Et qu'au contraire vous compreniez que la main du Divin vous accompagne. Vous saurez que vous avez reçu le pouvoir de réaliser ce qui vous est demandé. Qu'autour de vous flotte une énergie interdimensionnelle qui ne demande qu'à répondre à votre appel, une énergie qui a changé et même augmenté ces derniers mois.

Oh ! Très chers, certains d'entre vous prétendent être seuls. Nous vous l'avons déjà dit, vous entrez dans votre placard, fermez la porte et éteignez la lumière. Et dans votre chagrin – peut-être dans votre peur la plus profonde – vous vous sentez seuls, sans vous douter même un instant qu'à l'intérieur de votre placard est réuni tout un cortège en train de fêter ! Vous ne pouvez pas être seuls. C'est spirituellement impossible. Oh !

Vous pouvez bien vous tromper vous-mêmes et simuler tout ce que vous voulez, mais pendant que vous faites semblant, le cortège vous entoure. Nous vous confirmons cela afin de réveiller votre paix et vous apporter une consolation pour tout ce que vous endurez, même lorsque nous sommes en visite chez vous.

L'interdimensionnalité humaine

Il est possible que vous ne soyez pas conscients de certains aspects de ce qui vous entoure. Par exemple, de ceci : je suis ici pour vous apprendre que l'entité prénommée Humain peut sembler complète, alors qu'il n'en est rien. Une partie de vous manque à l'appel ! Vous avez déjà entendu l'expression le *Soi supérieur*. Ceci est exact. Une partie de votre Soi supérieur est en pleine séance de *planning*, cocréant avec celui des autres afin de provoquer des synchronicités – de créer avec vous une nouvelle réalité.

Je sais que cela peut paraître un peu nébuleux et, pour cette raison, nous aurons une autre transmission sur ce sujet. Comprenez que durant cet enseignement, nous devons recourir à des métaphores pour parler de l'interdimensionnalité. Voilà pourquoi nous présenterons ce qui suit en insistant sur le fait que presque tout est interdimensionnel et, par conséquent, souvent métaphorique.

Écoutez avec attention, car certains concepts ne seront peut-être pas compréhensibles du premier coup. Une partie de vous est absente. Elle est avec ce que quelques-uns appellent « les Guides et les Anges » autour de vous. Nous appelons cela *l'énergie*. On ne peut les compter, car ils ne font qu'un, tout en étant infinis. Constamment présente autour de vous se trouve l'essence véritable de l'Esprit, qui est tout amour, prête à être activée avec compassion.

Votre famille élargie

Voici le second attribut : nous développerons encore cette question au cours du prochain channeling. Très chers, vous êtes-vous jamais demandé si ces Humains décédés vous regardent ? Et ce qui advient d'une âme ? Je viens de vous apprendre que vous êtes constitués de plusieurs parties qui ne sont pas toutes au même endroit. Cette notion est difficile à imaginer, car interdimensionnelle, donc difficile à expliquer dans les quatre dimensions de votre vie. Nous vous révélons aussi que, de la même façon que vous êtes constitués de plusieurs parties, les personnes qui ont vécu avec vous, puis vous ont quittés, le sont aussi – et même certaines qui furent vos ancêtres. Ce que nous tentons de vous expliquer, très chers, c'est que ceux que vous nommez les Guides et les Anges sont ces Humains de votre famille humaine qui se sont éteints. Ainsi, lorsque vous pensez les sentir et que vous vous demandez s'ils peuvent vous voir et avoir connaissance de ce que vous traversez, c'est vraiment le cas. Cela relève de l'information intuitive, pas seulement de votre imagination. Ceci n'est pas une métaphore. En vérité, ils sont avec vous, ou du moins une partie d'eux-mêmes.

Si vous invoquez vos parents décédés, il serait intéressant pour vous de savoir qu'une partie d'eux-mêmes vous accompagne. Cela vaut pour tout Humain décédé qui est passé dans votre vie en tant qu'ami ou membre de votre famille. Une partie de leurs attributs karmiques consiste à cheminer avec vous de cette manière. C'est ce qui vous arrive aussi lorsque vous quittez la Terre. Le plus difficile pour vous, c'est de comprendre que vous (ou une partie de vous) êtes alors encore actifs en tant que guides d'autres personnes !

Peut-être aimeriez-vous amener cette énergie de votre ancienne famille ici ce soir ? Combien d'entre vous sont conscients d'être leurs propres ancêtres ? Combien d'entre vous ont déjà marché dans le désert ? Ou savent depuis combien de temps ils possèdent cette terre ? Je m'adresse aux chamans, à ceux que nous appelons les hommes et les femmes médecine, aux anciens prêtres. À ceux qui sont déjà éveillés. Et nous parlerons de cela dans un moment. En effet, ce sont eux qui ont le pouvoir de changer la réalité d'un pays. Qui, par leurs pensées et leurs actions, faisant appel aux parties interdimensionnelles de leur propre divinité, peuvent transformer la réalité de la terre qu'ils foulent. Car l'énergie de cette terre, et ce qu'il en advient, dépend de leurs pouvoirs de cocréation.

Le changement d'énergie de la planète

Certains paradigmes de l'existence sur terre sont en train de changer. Encore une fois, nous avons recours à des métaphores se rapportant à l'énergie, car c'est le seul moyen d'aborder des questions interdimensionnelles. Votre biologie se transforme peu à peu. Certains d'entre vous savent qu'ils peuvent prolonger leur vie. Nous en avons déjà parlé. La science va renforcer cela pour vous, et un paradigme de l'ancienne énergie, selon lequel les humains connaissent des vies brèves, est en train de s'éteindre. Une énergie nouvelle, permettant l'émergence d'un autre type de biologie, est à votre disposition. Aussi lent que cela puisse paraître, vous allez commencer à constater cela dans votre propre corps, si vous le désirez. Car ceux qui font appel au divin en eux-mêmes recevront des réponses en raison de l'intention qu'ils expriment.

Vous êtes en train de passer du paradigme du système immunitaire à celui du thymus. Le système immunitaire a bien fonctionné pendant de nombreuses années et, en fait, il est sur le point de s'améliorer encore. Mais c'est un système qui intercepte un ennemi pour le combattre. C'est le paradigme de la biologie du système immunitaire, et c'est également la manière dont les humains ont, depuis qu'elles existent, réglé les conflits entre nations. Même s'il s'agit d'un vieux paradigme, il a été marié à la Conscience humaine depuis l'origine des temps. Même les Saintes Écritures traitent de cela, comme lorsqu'il est dit : « Quand l'œil t'offense, arrache-le ! » Il est important de vous rappeler la parabole que nous vous avions donnée concernant les Écritures, et le nombre de fois où elles ont décrit un humain endormi. Quand l'humain endormi se réveille, on doit écrire un nouveau livre de sagesse. Combien d'entre vous possèdent encore les livres de leur enfance ? Comprenez bien cette métaphore, et vous saisirez la place occupée par les vieilles Écritures par rapport à l'Être humain nouveau. Il n'a jamais été dans le dessein de Dieu que les instructions livrées dans l'énergie d'hier s'appliquent à l'énergie d'aujourd'hui, ni qu'elles soient utilisées à jamais. En réalité, c'est pour cela que le channeling existe. Est-il normal, selon vous, que les humains subissent une profonde transformation spirituelle et que leurs manuels spirituels restent inchangés ?

Nous passons désormais au paradigme du thymus. Quelque chose s'éveillera alors à l'intérieur de chacun pour créer l'harmonie au lieu de la confrontation ou du combat. Voici comment s'effectue ce changement : de l'interception/combat, nous allons vers l'harmonie. Songez au raffinement de tout ceci : l'harmonie ne recherche pas la destruction. Au contraire, elle recourt à l'énergie et à la sagesse pour créer un catalyseur qui entraînera l'ex-envahisseur vers un espace de but commun.

Vous assisterez à des modifications biologiques chez les enfants indigo atteignant l'âge adulte, soit au moment où prendra place une autre génération différente de la vôtre. Une partie de cette apparente métaphore se réalisera vraiment au sein de vos quatre dimensions. Ceci n'est pas une prédiction, mais un fait qui se produit actuellement. Déjà, les enfants indigo voient se développer dans leur corps des organes plus perfectionnés que ceux qui constituent le vôtre. La nouvelle espèce est ici, et nous reviendrons plus tard, au cours de ce channeling, sur cet aspect.

Voici une importante métaphore : vous passez du paradigme de l'énergie du Deux à celui de l'énergie du Trois. Ce n'est pas un discours sur les deuxième et troisième dimensions, il est plutôt question de l'énergie autour du chiffre deux en numérologie et dans le langage, et du trois, qui fait son entrée dans votre nouveau mode de vie. En numérologie, le trois réfère à un catalyseur. Par conséquent, il possède l'énergie de créer du nouveau. Voici venu l'âge du Trois, et certains d'entre vous savent de quoi je parle.

Le premier Trois

Le premier Trois constitue ce que nous avons décrit comme le *Troisième langage*. C'est un langage spirituel interdimensionnel que certains appellent la *nouvelle intuition*. Ce langage siège plus haut que vous, il est divin. Avec un autre être humain, vous pouvez parler la même langue, mais le Troisième langage, l'énergie du Trois, sert de catalyseur de la compréhension à un niveau beaucoup plus élevé que ce à quoi vous êtes habitués. C'en est un que les humains adopteront entre eux, et ils seront en mesure de connaître les véritables sentiments des autres, devenant conscients de l'énergie d'autrui. Il s'agit de la capacité qu'aura le Troisième langage de retenir ensemble l'Humanité comme jamais auparavant. C'est une nouvelle manière d'être interdimensionnelle qui doit être étudiée et mise en pratique – elle peut d'ailleurs vous être amenée en réponse à votre intention.

Un des attributs importants du Troisième langage est le suivant : vous ne pouvez ni tromper, ni mentir, ni échapper à vos vrais sentiments. C'est pourquoi c'est un langage de sagesse et de motivation spirituelle. Vous le trouverez chez les Indigos, car ils sont en train de le créer.

Qualifiez-le de nouveau cadeau accompagnant une nouvelle grille magnétique. Il y a onze ans, je vous avais annoncé cela ; je vous avais parlé des capacités inédites et des cadeaux inattendus de la nouvelle grille. D'ici à l'année 2002, il deviendra de plus en plus évident qu'il existe vraiment une autre manière de communiquer : celle du Troisième langage.

Le deuxième Trois

Voyons à présent la métaphore du Troisième exode. Le premier est celui d'Égypte ; le second est celui de gens de tous les coins de la Terre affluant vers cette région ; le troisième renvoie à la fuite d'une ancienne énergie d'esclavage, d'oppression et de peur, vers une énergie de sagesse et d'espoir. On se concentre moins sur le pays pour, au lieu de cela, se connecter davantage et s'améliorer à l'aide d'une énergie spirituelle, coulant en abondance, qui évincera l'*Ancien*. Font partie de l'*Ancien* les anciennes suppositions concernant ce qui devrait se produire ici – même les vieux concepts sur ce qui est attendu de vous. Ce sera profond, et la Terre le verra se réaliser à condition que vous en donniez la permission.

Telle est la promesse qui se présente à nous : *la situation* recèle un joyau. Dans *la situation* se cache une promesse, et, comme tant de fois par le passé, nous vous affirmons que le bon sens et le raffinement de l'énergie en plein essor sont si parfaitement cachés que vous ne pouvez les voir. Selon une approche linéaire, il est possible que cela prenne plus de temps que vous ne le souhaitiez, et c'est pourquoi nous allons vous suggérer quelques aspects à considérer à ce propos. Voici un autre Trois, qui pourra en surprendre plusieurs, mais pas tous.

Le troisième Trois

Maintenant, pas d'excitation, pas d'inquiétude, car je vais vous entretenir du Troisième temple. [Référence au mont du Temple, où furent construits les deux premiers temples juifs, avant d'être détruits au cours de l'histoire. Il se trouve dans la Vieille Ville de Jérusalem.] Certains prétendent que pour que la Terre réussisse son ascension, le troisième temple doit être reconstruit à l'endroit même où étaient les deux autres. Eh bien, je suis venu vous annoncer ceci : sa reconstruction est déjà commencée ! Interdimensionnel, il n'est fait ni de briques ni de mortier – ni de pierre du pays, comme c'était le cas avant. Il est le fruit de l'intention des guerriers de la lumière qui se trouvent dans cette pièce ou dans votre région. Il peut vous paraître choquant d'apprendre que des travailleurs de la lumière construisent ce temple à l'intérieur d'eux-mêmes – et ceci des deux côtés de la frontière engagés dans la situation. Ce sont des gens que vous n'auriez jamais soupçonnés de faire cela, et pourtant, c'est le cas.

En effet, pour remédier à cette situation, deux consciences devront se mettre d'accord en vue d'une entente et d'un consensus, créant ainsi le Trois. Nous sommes conscients que cela peut sembler mystérieux, mais en temps voulu, vous comprendrez comment ces deux éléments réunis peuvent créer le Trois. Le troisième temple est en reconstruction sur un plan métaphorique, et c'est celui-là qui représente la sagesse dans le cœur des habitants de ce pays. C'est un pas essentiel reposant sur une magnifique fondation possédant elle-même un fort potentiel. Il resplendit de son or, de son espoir ; il appartient à votre lignée. C'est ce à quoi référaient les Écritures et ce qu'elles ont signifié de tout temps. Voilà pourquoi il était insaisissable, et même ceux d'entre vous qui ne sont pas religieux comprendront alors ce que l'ancienne foi disait. L'ancienne énergie n'aurait jamais permis le troisième temple. Regardez la racine du mot Jérusalem en hébreu : elle exprime l'énergie du Deux. Le troisième temple est en voie de réalisation ; il sera différent de tous les autres. C'est le temple qui vous permettra de faire vos dévotions à l'intérieur de vous-mêmes, accompagnés d'une famille que vous ne vous attendiez pas à y rencontrer. C'est là la demeure de l'ange, de celui qui emprunte le Troisième langage. En vérité, ceci est une partie de la Nouvelle Jérusalem, le commencement du Trois. N'est-il pas logique que, si l'Ange de Dieu réside à l'intérieur de l'humain et que celui-ci est en train d'en prendre conscience, il s'y trouve aussi un temple ?

Les Juifs, et la métaphore de la maison

Nous avons déjà fait allusion à la métaphore de la maison humaine. Chaque pièce représente une culture différente – une conscience autre de l'Humanité dans le monde entier. La maison est complète et a résisté à l'épreuve du temps. En tant que Juifs, vous pourriez vous demander où se trouve votre pièce dans cette maison métaphorique. « *Où pourrait-elle bien être ? Peut-être est-ce une pièce offrant une vue magnifique, car nous aimons beaucoup l'eau. [rire] Peut-être est-ce la cuisine, car notre sol renferme des nourritures admirables. On dit qu'elle est située sur le toit ! Oui, c'est bien là, sur le toit – l'endroit le plus élevé. Elle doit bien être là, puisque Kryeon a révélé que la lignée des Juifs était très importante pour la Terre.* »

En réalité, elle n'est dans aucun de ces endroits. Laissez-moi vous livrer une métaphore sur la place qu'occupe votre pièce dans la maison de la Terre. Ce n'est pas une pièce que vous avez. Plus précisément, vous représentez la fondation. Oh, peut-être n'est-ce pas aussi prestigieux, mais permettez-moi de vous rappeler ceci : lorsque les fondations craquent, la maison tombe en poussière. Pour vous donner une idée de l'importance de votre pièce, nous vous répétons sans fin ceci : le monde se porte de la même manière que ce lieu que vous nommez Israël. Vous pouvez appeler ça de la comptabilité spirituelle, si vous le désirez, mais on vous a déjà maintes fois montré et expliqué la connexion.

Cela révèle l'importance de la région. C'est pourquoi tous les yeux sont actuellement tournés vers vous, le monde entier est au courant de la situation, et toutes les instances de pouvoir les plus puissantes sur la Terre font leur possible pour aider. Depuis toujours, on a connu cette région et son importance sur le plan spirituel. Depuis longtemps, on connaît le peuple hébreu, et beaucoup se sont acharnés à détruire les fondations, à démolir la maison, pour qu'eux-mêmes deviennent les nouvelles fondations. Nous vous l'avons dit au niveau cellulaire : vos ennemis passés et présents savent que, s'ils veulent obtenir le pouvoir qu'ils convoitent, ils ne doivent rien laisser de la fondation juive. Vous pouvez même le constater dans la situation actuelle. Sur la planète entière, il n'existe aucune situation semblable. C'est un jeu d'énergie qui évolue petit à petit. Or, tout changement engendre de l'anxiété.

Vous vous demandez pourquoi vous avez choisi d'être ici ? Vous étiez très impatients de revenir, tout en sachant ce qui pouvait survenir, car vous êtes la fondation ! Vous êtes la force, les habitués du retour – vous faites partie du sol de ce pays. Vous comprenez la Terre. Vous ne faites qu'un avec elle. Plusieurs d'entre vous ont même essayé d'habiter sous d'autres cieux, mais ne peuvent s'empêcher de revenir, comme mus par un élastique, sans savoir pourquoi.

Le sol même de la Terre vous appelle ici. Votre place est ici ! Mais vous le saviez, n'est-ce pas ? Ce n'est pas nouveau ! En quatre points, nous allons vous indiquer comment résoudre cette situation. Certains diront : « *Vous savez, la situation ne se serait jamais produite si nous avions fait quelque chose de différent. Nous avons déjà eu plusieurs chances. Nous aurions pu faire ceci ou cela. Nous n'avons pas fait les choses comme il le fallait. Autrement, la situation actuelle ne serait jamais née. Si nous avions pris soin de régler certaines choses plus tôt, dans le passé, nous ne serions pas en train de vivre dans cette incertitude*. »

Je suis ici pour vous affirmer, très chers, que rien, mais vraiment rien n'aurait marché, car ce que vous vivez aujourd'hui est le cadre que vous avez créé, celui qui provoque des troubles. Vous l'avez conçu vous-mêmes. C'est ainsi que vous l'aviez planifié et maintenant, soudain, se lève une nouvelle énergie que personne n'avait prévue, au sein de laquelle vous pouvez enfin arranger les choses. Rien de ce que vous auriez pu faire n'aurait jamais remédié à la situation. Elle s'est déroulée parfaitement jusqu'à la fin, mais au cours de la dernière décennie, la Terre a changé de destinée et vous voici maintenant prêts à remanier le plan. Mon partenaire [Lee] a mentionné précédemment que ce que vous voyez, ce sont les « grondements de la solution », aussi étrange que cela puisse paraître.

Nous allons donc vous dévoiler quatre choses à faire, toutes difficiles. Nous n'allons pas vous divulguer quelle stratégie politique adopter, ni quel chef d'État élire, car ces questions sont d'ordre tridimensionnel. Non. Nous allons vous révéler ce que vous devez faire personnellement pour susciter un changement collectif. Il s'agit d'exercices profonds, et lorsque vous les ferez, ce sera plus que des mots. Si vous les mettez en pratique, très chers, vous transformerez votre région, et ceux qui vous entourent le sentiront aussi. Vos adversaires auront l'impression d'être différents. La conscience changera. Dans d'autres parties du monde, là où des ennemis ont abattu les murs, c'est-à-dire qu'ils se sont pardonnés et ont réalisé des choses inattendues afin de créer l'harmonie, ils ont réalisé à pas lents les miracles de l'impossible changement culturel. Cela peut se reproduire également ici : les gens se transforment lorsque la conscience est centrée sur la partie divine de l'Être humain.

La célébration

C'est là le premier point. Regardez la situation. Regardez-la vraiment. Voyez-la dans toute sa laideur. Ressentez la peur, pour ensuite la célébrer. Célébrez-la ! Le pouvez-vous ? N'avais-je pas spécifié que ce serait difficile ? Pouvez-vous célébrer un défi ? Oui, vous le pouvez, dans le maintenant. Le voilà, le catalyseur, le Trois ! Il enveloppe la région d'une couverture de compassion signifiant : « Nous pouvons plus. Ce que nous voyons n'est pas l'énergie finale. Nous célébrons le changement de solution. Notre cœur pleure les morts, mais sur le plan divin, nous célébrons les nouvelles solutions en gestation. » Ceci est dur, la peur doit être transformée en création. Cela doit vous faire passer du Deux au Trois.

La visualisation

Deuxième point : mentalement, visualisez la solution parfaite sans avoir aucune idée de ce qu'elle est. [l'auditoire rit.] Comment y arriver ? Eh bien, visualisez-vous remplis de paix, comme si tout était fini, non pas juste effacé, mais ter-mi-né. Sortez le Maintenant de la linéarité. Voyez le temps progresser vers un avenir où vous pourrez vous exclamer : « Ça y est, nous en sommes sortis ! » Ressentez la paix sans vous préoccuper des événements à venir. Ressentez la paix d'une solution à l'œuvre pleine de sagesse et vouée au succès. Point n'est besoin de vous rappeler comment cela est survenu. Contentez-vous de le ressentir !

Je le répète, vous êtes en train de produire la compassion – le catalyseur du changement. Vous remplissez des espaces énergétiques vides avec une énergie de solution que vous ne pouvez même pas appréhender. Pour les Juifs, ce ne sera pas la première fois ! Votre histoire en est pleine : survivre à l'insurmontable – garder confiance, tenir la main de ceux qui savent plus que vous sur le plan spirituel, se relier à Dieu et se sentir aidé pour se relever. L'expérience est de nouveau à votre porte. Il n'est pas nécessaire que ce soit d'ordre religieux pour être digne de votre regard. En effet, le Divin se trouve à l'intérieur, nous l'avons déjà dit. À titre personnel, chacun est aussi spirituel que n'importe quel temple. Vous tous assis devant moi êtes la quintessence de Dieu.

La responsabilité

Ce troisième point est peut-être le plus difficile : regardez la situation et rappelez-vous que vous seuls l'avez créée. Aussi sûrement que vous êtes assis sur ces chaises, vous l'avez créée durant les séances de planification ayant eu lieu lorsque vous étiez de l'autre côté du voile ! C'était le plan. « *Oh, Kryeon, je ne sais pas. Ça, c'est difficile ! Pourquoi ferais-je une telle chose à moi-même et à ma famille ?* » Permettez-moi de reprendre une expression que nous avons déjà employée : le fer affûte le fer. Vous vous trouvez entre le marteau et la pierre qu'on aiguise. Chaque fois que le marteau frappe, ce n'est pas facile. Les défis semblent augmenter, mais il en émerge un instrument précis si pénétrant de sagesse et raffiné dans sa solution, qu'il constitue un tout nouveau concept. Le fer aiguise le fer. Ainsi, à un niveau dont vous ne soupçonnez même pas l'existence en vous, vous choisissez de revenir et d'être *aiguisé* par la sagesse de Dieu. Ce n'est pas la première fois que vous effectuez ce genre de choix.

Vos serments : un nouveau regard

Le quatrième point n'est peut-être pas aussi difficile que les autres ; toutefois, il n'en est pas moins profond. Vous, les chamans, écoutez bien : nous avons dévoilé à d'autres autour de la Terre quelque chose que vous avez aussi besoin d'entendre. Vous avez déjà vécu ici. Vous vous êtes déjà éveillés dans le passé. Vous avez déjà pris la plume et transcrit les Écritures. Vous êtes vos propres ancêtres ! Ce n'est pas la première fois que vous avez senti l'amour de Dieu parmi les vôtres ou le cortège autour de vous. Dans toute cette énergie, tant d'entre vous avaient prononcé des vœux envers Dieu. Certains d'entre vous, par exemple, s'étaient même mariés avec Dieu afin de pouvoir se consacrer complètement aux questions spirituelles, et ils avaient passé leur vie en tant que prêtres, à genoux et vêtus d'une bure. Certains d'entre vous l'ont fait ici même. Peut-être l'ignorez-vous, mais nous sommes ici pour vous apprendre que les serments faits à Dieu se reportent d'eux-mêmes d'une vie à la suivante. Le saviez-vous ? Chamans, laissez-moi vous demander ceci : combien d'entre vous ont fait vœu de pauvreté ? Combien ont fait vœu de vivre solitaires ? Vous voulez savoir pourquoi les relations entre les gens ne fonctionnent pas ? Parce que chaque fois qu'elles vont bien, vous vous sentez coupables ! Il existe, enraciné en vous, un vœu qui vous rappelle que pour bien servir Dieu, vous devez rester chastes ! Les anciens serments vous collent à la peau comme des reliques, et vous les combattez chaque jour, même au sein de l'énergie nouvelle.

Peut-être est-il temps de les abandonner ? Nous vous révélons ceci afin que tout doucement, sur votre chaise ou à la maison, plus tard si vous le désirez, vous envisagiez de vous libérer de ces vœux datant de l'ancienne énergie. Vous pourriez dire, par exemple : « *Cher Esprit, je renonce aux vœux pronon-*

cés au sein de la vieille énergie. Je mérite de vivre dans l'abondance, dans l'amour, d'être entouré de ceux qui m'aiment. Je mérite un nouveau commencement, de faire partie d'une nouvelle énergie de solution qui aidera à transformer le pays. » Rappelez-vous l'axiome spirituel qui dit : prenez d'abord soin de vous-même... et les choses autour de vous changeront.

Pour quelques-uns d'entre vous, ces quatre points ne sont que des mots en l'air. Pourtant, ils créeront plus d'énergie qu'aucune épée ne l'a jamais pu. Ils ébranleront le pays de leur profondeur. Ils éclaireront les ténèbres. Ils élèveront en vous un temple qui guérira votre terre. Et, sur ce chemin, ni vous ni les autres ne ferez aucune conquête. En fin de compte, le processus vous donnera la possibilité de découvrir la famille et de surmonter vos différences.

La propriété des Lieux saints

Discutons d'une autre question : Dieu n'est la propriété de personne ! Nous sommes une famille, une Terre, une Humanité, chacun ayant différentes tâches à accomplir. Aucune tribu ne possède l'essence de Dieu. Nous vous le disons parce que cela fait aussi partie de la solution. Enfin, on commence peut-être à reconnaître que le Saint des Saints ne pourra jamais appartenir à quiconque, jamais ! Peut-être les Lieux saints ont-ils besoin d'un régisseur, pas d'un propriétaire ? Pour que cela puisse se produire, il faudra s'octroyer la responsabilité d'honorer l'intégrité de la famille, de respecter les choses importantes pour l'un et l'autre. Personne ne possédera jamais les Lieux saints. Sur l'ancien mode du *système immunitaire*, il fallait toujours se battre pour ce qu'on tenait pour sacré. Désormais, nous invitons la nouvelle énergie du *thymus* à créer l'harmonie en refusant dorénavant d'ourdir des combats pour les mêmes choses sacrées.

L'ouverture

Ce n'est pas fini. Il y a plus encore : nous allons accomplir quelque chose de nécessaire, maintenant que nous vous savons en possession des outils. Certains d'entre vous s'y attendaient parce qu'ils savaient qu'un changement devait survenir en cet endroit. Nous allons vous transmettre de l'énergie, mais en même temps, nous demandons à l'Humanité rassemblée dans cet espace et à tous ceux qui, de par le monde, sont en train de prier, la permission de le faire. Beaucoup parmi vous attendaient ce qui suit au niveau cellulaire.

Au nom de l'Esprit et de la Famille, nous ouvrons ici et maintenant un portail spirituel dans ce grand pays. [pause] Définissons ce que cela signifie : au sein de l'énergie nouvelle, un portail n'est pas un passage par lequel Dieu évolue dans sa splendeur. Non, c'est plutôt une nouvelle porte d'énergie – une ouverture qui permet à l'être humain de se relier à la sagesse. Chaque être humain, de lui-même, par son intention, peut y avoir accès et franchir la nouvelle porte. En passant ce seuil chacun vit un progrès, un catalyseur, un Trois de sagesse, de solution, de paix intérieure et, oui, même de joie. Le portail reconnaît la sagesse des humains et l'accès de l'Humanité à son pouvoir. En ouvrant ce portail, nous allons dévoiler certaines informations pour la première fois, car c'est maintenant le bon moment. Cette information sur l'énergie nouvelle concerne toute la planète, elle sera transcrite et dévoilée à des milliers de personnes dans les prochaines semaines. Le temps est venu.

Le retour des Maîtres ascensionnés

Nous nous adressons aussi aux lecteurs qui parcourent ces lignes, ainsi qu'aux adeptes de nombreuses croyances spirituelles anciennes très puissantes. Cette année amorce le retour, à l'échelle planétaire, de l'énergie des Maîtres ascensionnés.

Vous pouvez affirmer que ceci est une métaphore, mais écoutez bien : la plupart des anciens systèmes de croyances sur la Terre ont connu des Prophètes ascensionnés, et c'est pourquoi beaucoup de leurs adeptes s'attendent à leur retour. Eh bien, ce retour est imminent, mais pas de la manière anticipée. Comme pour le temple, nous déclarons que l'essence des Maîtres ascensionnés, si tel est votre choix, s'insinuera dans le cœur et l'esprit des humains. Et aux personnes ici présentes [s'adressant aux Juifs], nous affirmons que celui dont vous laissez la chaise vide au cours de vos cérémonies se prépare à s'asseoir à table avec vous ! Il est grand temps, n'est-ce pas ? L'énergie de l'ascension surviendra dans de nombreuses cultures, chez un humain à la fois. Nous nous adressons aux membres des autres cultures qui ont attendu un premier, un deuxième, ou même un troisième retour : la même chose s'applique aussi à eux. La joie ressentie lorsque vous adorez vos anciens Maîtres se manifestera, au sein de l'énergie nouvelle, à l'intérieur de *vous-mêmes* ! En effet, si vous examinez le centre de tous vos systèmes de croyances, vous y trouverez l'amour de Dieu. Si vous êtes surpris, nous répondrons : si, pour vous, cela ne ressemble pas à l'amour, c'est à cause de ce que les humains en ont fait, et non pas Dieu.

Soyons clairs : l'énergie du retour est à votre portée, et ce, dans le monde entier. Certains disent : « *Je ne pense pas que vous puissiez prendre la profonde énergie divine d'un Maître ascensionné et la transmettre à un être humain* », mais c'est bien de cela qu'il s'agit. Un protocole est en jeu ici. Permettez-moi de ramener à votre mémoire la foi dans votre propre histoire [parlant encore aux Juifs]. Élie avait un partenaire, Élisée. Si vous vous rappelez bien, Élisée, ayant été mis au courant de l'ascension imminente du prophète, lui demanda : « Cher Maître, lors de votre montée au ciel, pourrai-je recevoir votre manteau de sagesse ? » La réponse fut la suivante : « Oui, Élisée, si tu peux me voir pendant l'ascension, tu pourras recevoir ce manteau. » C'était un test de changement vibratoire – un test d'illumination, n'est-ce pas ? Si vous relisez votre histoire ancienne, vous découvrirez que non seulement Élisée l'avait bien vu et rapporté, mais que le manteau de sagesse d'Élie lui avait bien été remis. Il revêtit donc le manteau spirituel du prophète et accomplit par la suite de grandes choses. Et partout où il passait sur la Terre, les humains sentaient l'amour de Dieu.

Le manteau du Maître ascensionné fut passé à l'être humain qui poursuivait sa vie. Bon, est-il très difficile pour vous, d'une manière interdimensionnelle, de comprendre que cet événement est en train de se reproduire ? C'est ce que les prophètes de la Terre voulaient dire lorsqu'ils parlaient de leur retour. Nous répétons que ceci ne se veut pas une proclamation religieuse. Il est simplement question de la Famille ! Nous exposons comment les choses fonctionnent selon le mode interdimensionnel. Cela fut de tout temps, très chers, mais comment aurait-on pu, au sein de la vieille énergie, exposer des concepts interdimensionnels ? Chaque Maître ascensionné connaissait le potentiel de ce temps sur la Terre. On le mentionne dans de nombreux textes religieux : le retour de ces Maîtres avait été prédit pour ce temps, ce Maintenant où vous écoutez ces paroles.

Ceux qui arrivent

Ce n'est pas tout. Il est un groupe d'humains qui arrive. Ils ne seront pas faciles à contrôler, car ils ne penseront pas comme vous. Vous n'aimerez pas certaines des choses qu'ils feront, mais ne pourrez rien y faire ! Ces enfants apparaîtront dans toute la région, pas seulement en Israël. Ils se trouvent sur toutes les frontières, dans toutes les tribus, tous les pays, toutes les communautés. Ne soyez pas choqués si, dans les temps à venir, les enfants se mettent ensemble pour apprendre aux adultes une ou deux choses sur la paix. Lorsqu'ils auront plus de pouvoir, la réalité sera autre. Nous vous l'affirmons, car il en sera ainsi. C'est une partie de la promesse, de la solution. Un nouveau type d'êtres humains est en train d'approcher. Dans les deux camps en conflit, ils marcheront main dans la main avec la divinité de Dieu. Ils comprendront que le cœur est le centre et connaîtront la différence entre le système immunitaire et le thymus.

Cher être humain, vous quitter est toujours la chose la plus difficile pour nous. En vérité, l'enseignement a bien eu lieu aujourd'hui, et nous vous avons exposé beaucoup de notions. Certains d'entre vous partiront différents d'avant leur entrée ici. Vous porterez l'intention du manteau, sachant fort bien qu'en quittant cet endroit, vous pourrez revêtir le manteau du Maître ascensionné – vous mouvoir autrement parmi ceux avec lesquels vous travaillez ou jouez – et ressentir une paix intérieure au sujet de votre pays et de ceux qui font partie de *la situation*. Ici s'est produit plus qu'un simple enseignement.

Avez-vous senti la caresse de ceux que vous aviez connus avant et qui vous ont quittés ? Ils sont là, vous savez, car ceci est une importante réunion. Nous vous l'avons précisé à notre arrivée. Nous ne voulons pas vous quitter. Tout le temps que nous fûmes ici, vos pieds ont été baignés. Certains d'entre vous ont ressenti la pression de l'Esprit sur leurs épaules. D'aucuns ont vu les couleurs ornant la scène. Plusieurs partiront d'ici conscients qu'aujourd'hui l'Esprit s'est adressé à eux comme à des membres de la Famille. Et quelques-uns d'entre vous se demanderont si tout cela s'est bien réellement passé.

Chacun est aimé également. Très chers, il ne s'agit pas de ce que vous faites ni de votre travail. Il s'agit du voyage ! Vous êtes des membres de la Famille, et nous allons continuer de vous voir et vous revoir tout comme nous l'avons fait dans le passé.

Un jour viendra où nous nous verrons les yeux grand ouverts, et lorsque cela sera, vous chanterez votre nom pour moi dans la Lumière, dans le Hall d'honneur. Vous l'avez déjà fait, vous savez. Et lorsque je vous verrai, nous évoquerons ce temps où les humains s'étaient rassemblés à Tel-Aviv, prétendant ne pas se connaître. Et nous vivrons une autre réunion, celle que les mots ne pourront pas rendre, tant elle sera magnifique !

Si vous pouviez voir ce que je vois, vous verriez le potentiel de ce que nous avons décrit sur cette planète auparavant. Depuis onze ans, nous nommons le potentiel qui se trouve maintenant sous vos yeux. Pour les Juifs et les gentils, nous nommerons cette énergie l'aube de la Nouvelle Jérusalem.

La Nouvelle Jérusalem n'est pas située en Israël. C'est la description d'une cité de la paix appelée la Terre. Et c'est approprié ! Est-ce vraiment ici, son centre ? Sur la seule planète de l'Univers où règne le libre arbitre, est-ce vraiment ici, le centre ? Oui, ça l'est ! Vous le saviez, n'est-ce pas ?

Ainsi, très chers, le cortège se retire de ce groupe, repassant par la fissure du voile. Quel honneur pour nous d'avoir pu vous entourer pendant ces brefs instants ! Quel honneur de visiter la fondation qui est au centre de l'Univers !

Et il en est ainsi.

Kryeon

CHAPITRE QUATRE

L'HUMAIN INTERDIMENSIONNEL

New Hampshire, Novembre 2000

Salutations, très chers. Je suis Kryeon, du Service magnétique. Nous l'avons déjà répété tant de fois : ayant franchi le voile, un cortège est en train d'inonder cet endroit, et il va se révéler à vous aujourd'hui.

Quelques-uns parmi vous ont choisi de sentir l'énergie du divin autour d'eux et ont entrepris quelques pas dans cette direction. Voici l'année où cela pourrait être mené à bien sur une plus vaste échelle. Nous vivons actuellement dans une énergie dont nous aurions été incapables de vous parler avant son avènement, qui eut lieu peu de temps après notre dernière réunion avec vous. Très chers, aucune entité sur cette planète n'aurait été capable de vous expliquer ce qui allait se passer au passage du millénaire. Peut-être serait-ce le commencement d'un changement de conscience ? En effet, vous êtes la planète du libre arbitre. Vous auriez pu faire n'importe quoi, mais ce que nous avons vu à l'œuvre, c'était l'intention – une célébration du Nouveau.

L'ancienne énergie n'aurait pu réussir cette célébration – elle n'y aurait pas survécu. Or, l'événement fut grandiose, en vérité ! Cela peut sembler inouï, tout comme les choses incroyables que nous allons vous transmettre ce soir [petit rire de Kryeon], mais ce passage du millénaire fut célébré dans tout l'Univers par les membres de la famille du Grand Soleil Central. Dans tout l'Univers, on savait ce qui s'était passé ici. Nous ne parlons pas nécessairement d'autres formes de vie pouvant exister sur d'autres planètes, mais bien de la famille ! De ceux qui vous ressemblent et qui se trouvent de l'autre côté du voile. Une célébration s'est déroulée d'un bout à l'autre de l'Univers ; elle était [et ***est***] grandiose, en vérité ! Vous pourriez répliquer : « *La Terre n'étant qu'une petite graine d'illumination au sein d'une immense plage de lumière, comment pourrait-elle être* *grandiose ?* » Bien que ce soit votre perception, la Terre est la seule planète où ce test est réalisé.

Ce soir, nous allons exposer des aspects interdimensionnels. Nous allons nous entretenir de choses que nous n'avons encore jamais partagées, et d'autres que nous avons déjà évoquées. Mais c'est la première fois que toutes ces informations seront transcrites et, par conséquent, accessibles au plus grand nombre !

Les extraterrestres et l'an 2000

Des gens demandent : « *Et les extraterrestres ? Que pensent-ils de tout cela ?* » [En référence à ceux qui ne sont pas de conscience hautement évoluée NDE] La réponse ? Ils sont médusés ! Saviez-vous que chaque fois que vous manifestez le pouvoir de modifier votre réalité, cela les effraye ? Que beaucoup d'entre eux sont partis consternés ? Que certains sont partis terrifiés ? Pourquoi ? Parce que l'être humain a peu à peu changé de réalité. Vous savez que les extraterrestres visitent cette Terre. L'Univers grouille de vie. Comment pourrait-il en être autrement ? Aucun extraterrestre ne peut vous toucher sans votre permission, nous vous le répétons depuis des années. Certains d'entre eux ont vécu dans un espace où ils se sentaient en sécurité, car, d'une manière, celui-ci était interdimensionnel. L'être humain tel qu'ils le connaissent évolue dans un monde à quatre dimensions*. Leur présence s'exprime en cinq dimensions, peut-être six. En physique, cela signifie qu'ils sont capables de faire des choses qui vous sont impossibles. Cependant, ceci N'EST PAS une mesure de leur degré d'illumination mais bien d'une capacité technologique. Leur cadre temporel diffère du vôtre, leur réalité physique aussi. Soudain, ils se rendent compte que vous pouvez les voir, contrairement à avant ! Ils découvrent qu'en physique, vous vous rapprochez de leurs possibilités, et ça ne leur convient pas du tout. Le saviez-vous ? Laissez-moi vous poser cette question : comment se fait-il qu'ils cherchent si

* Lorsque Kryeon mentionne les quatre dimensions, il fait allusion à nos dimensions connues (à savoir la hauteur, la largeur, la profondeur) et à la dimension du temps. Il est également admis aujourd'hui par la science que la structure atomique comprend au moins onze dimensions.

sérieusement, souvent au péril de leur vie, à découvrir ce qui fait marcher les humains ? Ils réalisent tout à coup qu'ici, en l'espace de soixante ans, les choses ont changé et qu'ils ne peuvent plus *travailler dans l'ombre*.

Nous abordons rarement cet aspect, car ces informations sont souvent spectaculaires et ne réfèrent pas à l'amour de Dieu, au cœur même du message de Kryeon. Elles renvoient à la pertinence pour les Anges de la Terre [vous] de se mouvoir dans d'autres dimensions en prétendant être des humains. Nous vous en informons parce que plus rien n'est pareil. Toutes les énergies qui vous entourent se sont modifiées. Quelques-uns des principes les plus stables de la physique sont même en train de fluctuer parce que vous avez donné la permission de les exposer.

L'ordinaire interdimensionnel

Permettez-moi de vous révéler ce que vous êtes. Il est temps de dévoiler un peu plus au sujet de l'interdimensionnalité de l'être humain. Ce sera la continuation de l'enseignement donné il y a quelques mois [voir le chapitre 10 de *Franchir le seuil du millénaire*], lorsque nous avons fourni des informations sur l'énergie des Guides. Le temps est venu d'en dire plus sur l'énergie des humains.

Les informations qui suivent seront difficiles à assimiler. Comment parler à une créature quadridimensionnelle d'une dimension à deux chiffres ? Comment amener une créature linéaire à saisir que ce qu'elle fait **MAINTENANT** peut modifier son passé ? Ce qui est déjà fait semble coulé dans le ciment, mais ce n'est pas le cas. Est-ce logique, cher être linéaire ? Pourtant, c'est bien comme ça. La réponse est que cela se comprend bien à l'aide du Troisième langage – ce que nous avions appelé « le catalyseur de communication divine ». Beaucoup d'entre vous, qui écoutent ou lisent ces lignes, recevront images et concepts au niveau cellulaire – le niveau divin de ce que nous vous communiquons le plus possible d'une manière linéaire, un mot après l'autre.

Très chers, vous qui êtes assis et écoutez dans ce grand espace, êtes rejoints par les dizaines de milliers d'êtres humains qui, à cet instant même, sont en train de lire ces mots. Nous savons qui sont les lecteurs, car ils ont exprimé leur intention de poser les yeux sur cette page – qui n'existe pas encore, pourriez-vous ajouter, selon votre perception linéaire du temps. Nous vous demandons de vous placer dans le temps circulaire. Comprenez que pour vous, le passé s'est manifesté dans le Maintenant, ce qui en fin de compte cocrée la manifestation de votre futur – ce que vous pensez ne pas avoir créé encore, mais qu'en fait vous avez déjà créé. Toutes les potentialités de manifestation sont présentes, n'attendant que le moment où vous exprimerez les énergies adéquates. Ceci peut sembler un recul pour beaucoup d'entre vous. Vous feriez mieux de vous y habituer, car ce que nous sommes en train de faire, c'est vous amener dans un cadre temporel du MAINTENANT constitué de faits interdimensionnels. C'est ce dont nous devons vous entretenir.

Demandez tout de suite aux lecteurs, ceux qui apparemment se situent en dehors de votre cadre temporel, s'ils voient vraiment cette page *non existante* ! Bien sûr qu'ils la voient ! Pouvez-vous les rejoindre par votre amour, même si vous les percevez dans votre futur ? Lecteurs, pouvez-vous rejoindre ces auditeurs présents ici MAINTENANT ? La réponse est OUI. Cela étant, vous venez de participer à un événement temporel interdimensionnel.

Nous avons déjà spécifié qu'une grande partie de ce qui vous serait exposé de manière interdimensionnelle pourrait vous sembler curieuse, bizarre et inquiétante, puisque vous ne l'avez encore jamais vue. Nous vous rappelons cependant que, si vous avez cette impression, c'est seulement parce que vous n'êtes pas habitués à ce qui est pourtant ordinaire. Ce n'est pas parce que vous n'avez encore jamais expérimenté une chose que celle-ci n'existe pas.

Dans le passé, nous vous avons raconté la parabole de l'Autochtone primitif vivant à l'abri, sur une île tropicale. Il est heureux, il a toujours vécu sous les tropiques et y restera. Cet Autochtone, qui aime l'endroit où il demeure et apprécie son merveilleux climat toujours chaud et humide, fait soudain face à un bloc de glace. Il n'a encore jamais vu de glace. Il n'a aucune idée de ce que ça pourrait être. Il ne comprend pas que c'est de l'eau ordinaire – quelque chose qui entoure son île et qu'il connaît très bien. Il la voit sous une autre forme physique fréquemment rencontrée sur la Terre, mais dont lui n'a jamais fait l'expérience. Naturellement, la glace a toujours existé en physique, mais, voyez-vous, il ne l'a jamais côtoyée dans sa réalité. Une des premières réactions de l'être humain devant ce genre de chose consiste à la craindre ! Ainsi en est-il de ce que nous exposons ce soir : vous pourriez en avoir peur parce que c'est très différent à vos yeux, bien que dans le grand plan d'ensemble, ce soit ordinaire, tout comme l'était en réalité la glace pour cet Autochtone.

L'Humain interdimensionnel

Il est temps de révéler comment les choses fonctionnent, et nous allons commencer avec l'être humain. Puis nous aborderons des domaines biologiques pour présenter des informations n'ayant encore jamais été transcrites à ce jour.

Êtres humains, vous n'êtes pas entièrement ici, sur ce plan ! [rire] Vous vous en doutiez, n'est-ce pas ? Certaines parties de ce qui représente l'être humain complet à vos yeux manquent à l'appel. Dans un espace quadridimensionnel nommé *votre réalité*, vous avez habillé un être de peau, l'avez fait naître sur le plan terrestre, lui avez donné un nom et l'avez qualifié d'*être humain complet*. Complet, il ne l'est pas. En fait, même dans une dimensionnalité multiple il commence à peine à l'être.

Voici des informations que certains d'entre vous ont toujours soupçonnées. Elles expliquent le fonctionnement de bien des choses, les filaments magnétiques qui relient les parcelles et les parties de ce que vous êtes individuellement. Chacun de vous n'est pas tout entier ici ! Une partie de chaque être humain assis dans cette pièce est dispersée dans l'espace interdimensionnel, et les diverses parties ont de nombreux objectifs.

1) Parlons de la première partie interdimensionnelle qui habite à l'intérieur de votre corps. La divinité que vous appelez le Soi supérieur n'est pas le but suprême de votre partie spirituelle. Elle n'est que celle qui suit votre corps et que vous pouvez sentir. C'est la partie à laquelle vous vous accrochez. C'est la partie magique, spirituelle, celle avec laquelle vous essayez de converser et de communiquer. Mais elle ne constitue

qu'un fragment de ce que vous appelez *vous-même*.

Je veux vous révéler les autres parties, le lieu où elles se trouvent et ce qu'elles font aussi. Si, à la fin de mon exposé, vous vous exclamez : « C'est incroyable ! », j'aurai atteint mon but. C'est l'amour de Dieu qui a permis une telle communication à l'aide du Troisième langage, et plusieurs le *verront*. Finalement, tout le monde comprendra que ce qui fut énoncé ce soir, de cette tribune, est vrai – que vous êtes tous ô combien plus grands, spirituellement, que vous ne le pensez.

2) Une parcelle de vous-mêmes est actuellement de l'autre côté du voile en tant que votre Guide. « *Quoi, voulez-vous dire, Kryeon, que je suis mon propre Guide ?* » Oui, une parcelle de vous l'est. Nous avons déjà décrit les Guides, et nous allons y revenir. Une parcelle de *vous* constitue une partie de l'énergie que nous appelons la *soupe de Guides*. Encore une fois, vous voulez mettre des nombres sur les Guides et les Anges, les parer de peau et d'ailes, les nommer et affirmer : « *Il y en a trois, il y en a quatre, il y en a huit.* » En réalité, ils sont infinis, et ils sont UN, comme l'océan qui est UN, même s'il est rempli de millions de gouttes d'eau. Vos Anges et vos Guides sont des formes d'énergie et non pas des morceaux de votre existence à quatre dimensions. Nous vous l'avons déjà expliqué : une partie de vous se trouve dans votre « groupe de guides » ! Que pourriez-vous souhaiter de mieux qu'une parcelle de l'Ange que vous êtes, assise de l'autre côté du voile, à titre de guide ? Un guide qui est cimenté à vous, où que vous alliez sur cette planète, qui vous connaît intimement et sait pourquoi vous êtes ici. Il connaît d'ailleurs votre mission de vie ainsi que vos prédispositions. Que pourriez-vous vous offrir de meilleur que *vous-mêmes*, en termes d'énergie ? Il vaut mieux vous y habituer ! C'est la seconde partie de vous-mêmes. Cela vous arrive-t-il de vous parler à vous-mêmes ? Il y a longtemps, nous avions décrit la possibilité que vos guides puissent prendre congé de vous temporairement. Lorsque cela se produit, c'est dévastateur pendant un certain temps, car vous vous êtes quittés vous-mêmes !

3) Voyons ici la troisième partie de vous, de l'autre côté du voile, en train de planifier avec le reste de vous-mêmes !

Comment pourrait-il en être autrement ? Pensez-y ! Vous êtes-vous jamais demandé comment fonctionne la cocréation, la synchronicité ? Êtes-vous conscients de ne pas pouvoir créer la synchronicité tout seuls ? Elle doit tenir compte de ceux qui vous entourent. Êtes-vous conscients que vous faites partie de la synchronicité de quelqu'un d'autre ? Cela doit relever d'un calendrier complexe !

La cocréation n'a pas lieu dans un placard. Elle suppose un mouvement dans la vie, des intentions, un contact énergétique avec chaque personne que vous touchez – que vous éclairez de votre lumière. Quelle sorte de planification cela exige-t-il, pensez-vous ? Elle se situerait en tout cas sur une échelle qui dispose du temps zéro et du temps *infini*. De l'autre côté du voile, une partie de vous-mêmes et de chaque autre être humain vivant sur la Terre s'occupe de planification. Peut-être aviez-vous l'impression que cette planification avait été réglée avant votre venue sur terre et que vous étiez désormais laissés à vous-mêmes ? Mais non ! Ô êtres humains, Anges, êtres divins, quelle impression cela vous fait-il ? De l'autre côté du voile vit une parcelle, une partie de vous-mêmes occupée à coordonner avec les autres les synchronicités, les cocréations ainsi que vos intentions. Pensiez-vous vivre dans un vide ? Que les choses se contentaient de *se produire* ? Non. Planification et guidance se poursuivent, et c'est vous, ainsi que les autres qui vous entourent, qui vous en occupez – faisant tout dans l'espoir que votre recherche vous amène à cet endroit où vous comprendrez que la glace n'est pas du tout bizarre. [rire]

Nous avons mentionné que le défi de votre vie était d'être mis à l'épreuve. Nous vous avons entretenus de ce plateau d'or plein de vos solutions autant que de vos défis. Nous avons répété que tout se maintenait en équilibre et par le passé, nous vous avons dit que vous créez vos solutions au moment même où vous créez vos défis, bien avant d'y être parvenus. Dorénavant, vous savez que vos défis sont d'ordre quadridimentionnel, mais que les solutions sont multidimensionnelles !

Comment les choses se passent-elles pour vous pendant votre séjour ici ? Et pour les autres êtres humains ? Certains d'entre vous s'inventent une prière en quatre dimensions. Ils s'agenouillent devant l'Esprit pour lui demander : « *Dieu, s'il te plaît, fais-les changer ! Fais en sorte que les membres de mon entourage fassent ceci ou cela !* » Je vais vous exposer la manière interdimensionnelle : au lieu de supplier Dieu de changer autrui, commencez donc par vous-mêmes ! Transformez-vous autant que vous demandez aux autres de le faire. Lorsque vous montrez ainsi votre lumière, cela donne le coup d'envoi d'une séance de planification pour les autres ! Voici ce qui se passe : bien que ce soit par le biais des choix individuels des autres êtres humains autour de vous, votre propre changement crée de l'énergie. Dans les séances de planification, certains s'en rendent compte et apportent aux autres un choix d'intentions. Du fait que vous créez une réalité de votre choix en fonction de votre divinité, le Soi supérieur, le Soi des Guides, le Soi planificateur et tout être humain interdimensionnel peuvent être touchés. Ils ne sont pas changés, mais reçoivent l'énergie de nouveaux choix. Parfois, on leur donne même un défi... juste parce que **vous** avez changé. Le résultat : souvent des recherches, de la compassion, et le début de réels changements dans toutes vos vies.

Et vous voudriez recouvrir l'humain de peau, lui donner un nom et le faire marcher tout seul sur la Terre ? Impossible ! Ce n'est pas ainsi que cela fonctionne, très chers. Et je n'en ai pas fini.

4) Ce qui suit va vous paraître curieux, incroyable, et très étrange. Une partie de votre contrat ici-bas, autant qu'on puisse le décrire en votre mode linéaire, consiste à guider les personnes ayant composé votre famille dans votre vie précédente. Le saviez-vous ? Tout simplement, vous faites partie du groupe de Guides de ceux que vous aviez quittés lors de votre dernière vie antérieure ! Vous pourriez rétorquer que cela n'a pas de sens au point de vue du temps du calendrier, et vous auriez raison. Habituez-vous ! Cela n'a pas de sens pour vous, mais dans le MAINTENANT, tout ceci est possible. « *Voulez-vous me laisser entendre que je peux être à deux endroits en même temps dans des cadres temporels différents ? À la fois dans le passé et le futur ?* » Oui. Et vous ne pourrez jamais le comprendre tant que vous serez un être humain. Cependant, au niveau du Troisième langage, c'est l'amour de Dieu qui offre ce cadeau de com-

préhension, et, dans un moment, vous saisirez mieux le vrai sens de ce cadeau.

Ainsi, Ô être humain, vous êtes occupé en un autre lieu à aider la famille qui fut la vôtre dans le passé ! Voyez la profondeur de ceci ! Les auditeurs et les lecteurs diront : « *Je ne comprends toujours pas un mot de tout ça !* » Mais le langage du Trois vous présente cela sur le mode interdimensionnel : alors que vous êtes assis, croyant ne rien faire, vous êtes en réalité en train de travailler. Peut-être vous demandiez-vous quand vous alliez continuer ce pour quoi vous étiez venus ? C'est ce que vous avez toujours fait, en d'autres temps et d'autres lieux. Certains d'entre vous ont fait des rêves leur montrant ce qu'ils étaient en train de faire. Ils les ont écartés, pensant que ce n'était là que pure fantaisie, mais maintenant, ils savent que ceux-ci étaient réels. Ainsi, l'état de rêve est souvent un état interdimensionnel pendant lequel le cerveau se déconnecte et part en vol libre. Dès lors, les énergies du MAINTENANT peuvent entrer ; vous pouvez les voir et les sentir. Cela explique qu'autant des rêves que vous faites aient si peu de sens dans le temps linéaire, n'est-ce pas ? Ils se situent hors du temps et de l'espace, changeant sans cesse de costume. L'avez-vous remarqué ? Vous êtes plus près de votre véritable réalité pendant vos rêves qu'à l'état de veille.

Le désir de connexion

Je vais exposer ici un autre attribut. Beaucoup parmi vous n'y ont jamais pensé, et il est temps de le présenter. Nous venons de vous apprendre que la structure de l'être humain ne se situait pas seulement dans le corps physique, qu'une partie se trouvait de l'autre côté du voile, une autre avec le groupe des Guides, et la dernière dans le passé. Bon, si vous êtes à ce point fractionnés, dispersés, ne devriez-vous pas sentir quelque chose ? Oui. J'aimerais vous livrer un attribut que les travailleurs de la lumière commencent à entendre, à reconnaître et à comprendre. Depuis longtemps, certains d'entre vous regardent et cherchent, espérant qu'un jour leur *âme sœur* se présentera à eux. Un jour, l'âme sœur, qui existe quelque part, vous le savez, reviendra.

Oh ! Si vous aviez pu savoir ce que cela signifiait ! La voilà, la vérité : vous n'attendez aucun autre être humain, très chers ; au lieu de cela, vous demandez que toutes ces parcelles interdimensionnelles de vous-mêmes reviennent ne faire qu'Un avec votre Soi quadridimensionnel. Vous ressentez le désir et l'amour ; vous le voulez tellement ! Nous vous annonçons qu'il s'agit du désir de voir réunies toutes les parties de vous-mêmes !

En définitive, qu'est-ce que cela vous révèle sur nos enseignements au cours de ces onze années ? Nous vous avons guidés et amenés à la découverte du Soi – c'est là toute la magie, c'est là qu'est l'amour ! Et maintenant, vous vivez au sein de l'énergie qui favorise cette ré-union, une ré-union si grandiose que toutes ces parties peuvent se toucher sur le plan interdimensionnel. Elles peuvent se saluer ainsi : « *Il est grand temps que nous découvrions notre valeur immanente. Que nous tombions amoureuses de nous-mêmes. Il est grand temps que nous foulions la Terre dans la grandeur, la prospérité, l'abondance et la fierté d'être ensemble.* » C'est là le sens de ce sentiment. Cela fut de tout temps, et au sein de cette énergie, nous pouvons désormais révéler ces informations. La quête de l'amour de votre vie est souvent l'appel de reconnexion de toutes les parties de vous-mêmes qui sont dispersées. Béni soit l'être humain qui découvre le Soi, car il connaîtra l'amour intérieur – sans dépendance, sans soif aucune, satisfait de sa vie, phare grandiose d'énergie.

Les Guides et les Anges

Il y a quelques mois, nous vous avions appris que les Guides constituaient une *soupe d'énergie*. Vous savez qu'il n'y en eut jamais seulement deux ou trois. Il y a onze ans, nous avons employé des métaphores, tout comme les Saintes Écritures le font depuis des éons. L'information sur le Trois du groupe des Guides réfère en premier lieu à l'énergie du Trois. Cela ne représente aucunement trois Guides parés de noms, de peau et d'ailes. Qu'est donc l'énergie du Trois ? C'est celle du catalyseur. C'est la situation où une énergie en crée une autre, tient ses promesses, se manifeste, et crée. Nous avions alors indiqué que sur la Terre, les énergies, et vous-mêmes, évolueriez du Deux au Trois. Maintenant, vous comprenez le sens de ces métaphores. Les Guides sont innombrables, mais ne font qu'Un. Il est difficile de vous expliquer comment une telle énergie peut vous entourer lorsque, dans votre placard, vous éteignez la lumière, prétendant être seuls, et pleurez en douce. Mais nous sommes tous là, tous que nous sommes !

Chaque être humain arrive sur la planète entouré d'un cortège de Guides. Vous pouvez essayer d'en faire la liste et leur attribuer des noms au cours de vos méditations, si cela vous amuse. C'est un acte très linéaire, que nous comprenons bien. Toutefois, je vous annonce que votre groupe de Guides est innombrable, mais pourtant Un. « *Kryeon, combien de guides y a-t-il exactement ?* » La réponse est OUI. [rires] Lorsque vous branchez un appareil électrique, vous demandez-vous combien d'électricité passe dans le fil ? Comment pourriez-vous vous brancher à la Source [l'Esprit] avec des questions de ce genre ? Pourtant, dans votre monde à quatre dimensions, c'est exactement ce que vous faites !

Nous avons déjà décrit comment cela était possible, mais laissez-moi également vous donner une idée de Qui est là. C'est peut-être hors du temps, hors de l'espace, mais nous voulons que vous compreniez et que vous célébriez Qui est là. À l'ouverture de la soirée, nous vous avons annoncé qu'un cortège allait s'installer ici et entourer vos chaises, que certains d'entre vous sentiraient des câlins. Lecteurs, nous vous avions également inclus, rappelez-vous ! Quelques-uns parmi vous auront ressenti une pression sur les épaules, les genoux, peut-être même sur la tête. Je vais vous spécifier qui permet une partie de cela : très chers, il est vrai que vous vous trouvez dans un espace interdimensionnel et que vous êtes fractionnés, qu'une partie de vous est en train d'aider dans le passé ceux qui faisaient partie de votre famille avant votre réincarnation. De ce fait, vous pouvez déduire ceux qui font partie de votre propre groupe de Guides.

Les personnes décédées de votre famille sur cette planète sont à cet instant même assises sur vos épaules. Ceci est la vérité, très chers. Une parcelle de ces personnes, qu'elles soient réincarnées ou non, est avec vous en ce moment. « Hors de l'espace, du temps », pourriez-vous ajouter, pourtant elles sont bien là. Il y a la mère, le père, la sœur, le frère, et l'enfant. Ils sont tous là. Vous êtes-vous jamais demandés si ceux que vous aimiez tant et qui vous ont quittés, ceux pour lesquels vous ressentiez une telle souffrance, pouvaient « baisser leur regard vers vous, de leur hauteur », et vous voir ? Eh bien, ils n'ont pas besoin de « baisser les yeux ». Ils n'ont qu'à jeter un coup d'œil à droite. Une parcelle de chacun d'eux réside avec vous en ce moment.

Nous invitons quelques-uns d'entre vous à ressentir et à comprendre ce que nous sommes en train d'exposer. Une partie de l'amour de Dieu vous offre cela pour que vous ne soyez plus jamais seuls. Ceci n'a encore jamais été transcrit – une partie de l'énergie qui vous accompagne est constituée des défunts bien-aimés de votre vie présente.

Maintenant, qui, pensez-vous, tape sur votre épaule lorsque votre horloge indique 11:11 ou 12:12 ? Pourquoi avez-vous regardé juste à ce moment-là, et non quand elle indiquait 11:10 ? Tout simplement parce que ceux qui vous aiment et vous entourent ont tapé sur votre épaule pour vous dire : « Je veux te montrer quelque chose d'unique et d'intéressant. Regarde l'horloge tout de suite ! » La prochaine fois que cela surviendra, au lieu de vous en laver les mains en demandant : « De quoi s'agit-il ? » ou en lançant « N'est-ce pas intéressant ou étrange ? », répondez « Je vous aime aussi, je vous aime aussi ». Tel est le défi que nous vous invitons à relever. Car c'est bien de cela qu'il s'agit : d'une tape amicale sur l'épaule. Vos bien-aimés sont en train de vous envoyer un message : « Nous sommes vraiment ici ! Regarde l'horloge ! Regarde l'horloge ! Nous sommes ici et si tu ne nous crois pas, nous allons répéter cela tant que tu n'auras pas compris que ces choses ne sont pas des coïncidences. Nous voulons que tu saches que nous sommes fiers de toi et que nous t'aimons. »

La lumière cachée

Les auditeurs de cette salle et les lecteurs chez eux aimeraient bien entendre ceci. Voulez-vous savoir ce que vous faites dans la vie ? Vous attendez, n'est-ce pas, quelque chose de spécial ? [petit rire de Kryeon] « *Cher Dieu, quand vais-je enfin découvrir ce que je suis censé faire ?* » Combien de fois l'Esprit n'a-t-il pas entendu cela au cours de vos moments secrets ?

J'aimerais vous parler d'un endroit très sombre, le fond de

l'océan. Une ancre y est enfoncée dans la boue, remplissant sa tâche. Tout au fond, il n'y a pas beaucoup de lumière ; c'est plutôt froid et sombre. L'ancre, incrustée de boue et de bernacles, est reliée à une chaîne sale. Sur des centaines de mètres, la chaîne remonte à la surface, où un paquebot héberge des milliers d'êtres humains. Bon, si vous deviez interviewer l'ancre, voici ce qu'elle pourrait vous répondre : « *Je suis affligée, car je suis dans le noir. Je ne vais nulle part. Je suis incrustée de boue et de bernacles. Je ne suis pas belle. Cher Esprit, quand pourrai-je enfin faire ce que je suis censée faire ?* »

Puis-je m'adresser aux ancres de cette salle, s'il vous plaît ? Puis-je vous dire à quel point vous êtes belles ? Puis-je vous révéler qu'il existe dans votre vie une chaîne reliée à chaque être humain ? Êtes-vous en train de vous demander ce que vous faites et quand vous allez pouvoir accomplir votre mission ou votre travail spirituel ? Eh bien, vous êtes en plein dans le feu de l'action, mais sans le savoir ! Maman, papa, que faites-vous dans la famille ? Travailleur, que faites-vous sur le marché du travail ? Vous vous déplacez en tenant la lumière. Ce phare se met à éclairer les endroits qui étaient obscurs avant votre arrivée, et vous vous demandez quand vous allez pouvoir accomplir votre mission ? Ô, ancres, permettez-moi de vous indiquer que des chaînes vous relient à beaucoup de gens. Vous ne les voyez pas ; vous n'en êtes même pas conscients. Vous demandez de poursuivre votre route, alors que nous sommes en train de célébrer votre vie parce que vous y êtes une ancre merveilleuse, stable, empêchant ce navire de s'écraser sur les récifs. Vous ne savez pas tout, et c'est pourquoi nous sommes venus vous rappeler que vous êtes tendrement aimés. Vous êtes en plein milieu de votre contrat, mais demeurez encore à genoux, suppliant Dieu de vous préciser la teneur de ce contrat ! Pensez-y ! Voulez-vous vraiment perdre cette place ? Lorsque vous fermerez la porte derrière vous, la pièce redeviendra sombre. Nous n'avons pas prétendu que ce serait facile, chères ancres. C'est pourquoi nous vous appelons les Travailleurs de la lumière. Beaucoup d'entre vous se trouvent dans des lieux qui seraient bien sombres sans la lumière qu'ils y apportent ! Alors, pourquoi ne pas plutôt adresser cette prière interdimensionnelle : « *Cher Dieu, dis-moi ce que je devrais savoir.* »

Nouveaux faits au sujet de la biologie humaine

Nous ne pouvons venir dans cette région [le New Hampshire] sans partager quelques notions de science avec vous. Quelques-uns d'entre vous ont demandé : « *Pourquoi cela, Kryeon ? Cette région est-elle différente des autres ?* » Oh oui, elle l'est ! Chaque région a ses propres attitudes sur le plan énergétique. Celle-ci a été maintes fois choisie pour recevoir des révélations ayant trait à ce que vous appelez la science et au *comment des choses*. Nous allons cette fois dévoiler, en toute simplicité, un fait déjà révélé à l'un des chercheurs présents dans cette salle. D'ores et déjà, cela peut être transcrit afin d'être lu ou entendu.

[À l'attention des auditeurs dans la salle. De l'énergie va être créée à partir du potentiel des yeux posés sur la page, à cet instant. Nous parlons du MAINTENANT, mais également de ce que vous appelez votre futur, et tout en vous parlant, nous voyons les lecteurs. Ceci n'a rien à voir avec le fait de lire la bonne aventure à quelqu'un, ni avec la prédestination. Ce que nous voyons, c'est l'intention de ceux qui, même maintenant, dans leur cadre temporel, ont décidé de lire les mots écrits sur la page devant eux, qui est aussi, d'une certaine façon, la page devant vous. N'oubliez pas qu'à nos yeux, selon nous, ils sont aussi avec vous dans cette salle à cet instant même.]

Le magnétisme n'a jamais été compris par vos savants. La raison pour laquelle il est resté insondable, c'est qu'il est interdimensionnel, c'est-à-dire seulement partiellement quadridimensionnel. Sur la Terre, vous vivez chaque jour avec deux éléments que vous ne pouvez ni voir ni comprendre : le magnétisme et la gravité. Si vous pouviez percer les secrets du premier, vous seriez en mesure de mieux saisir qu'il s'agit d'une force interdimensionnelle. Vous avez travaillé avec les résultats du magnétisme, puisque vous savez de quelle manière la physique réagira, jusqu'à un certain point, à l'intérieur des champs magnétiques. Et vous avez fait bon usage de ce que vous saviez être les effets du magnétisme, mais il n'y a pas un humain qui comprenne tout à fait de quoi il retourne ni qui sache vraiment comment cela fonctionne. Le champ magnétique de votre planète imprime littéralement des informations en communiquant avec la structure cellulaire de votre corps, ce que nous avons déjà maintes fois mentionné. Vous aurez sous peu la capacité de voir et de comprendre comment cela agit. Alors, enfin, la compréhension prendra place. Vous saisirez aussi pourquoi vous seriez incapables de voyager d'une planète à l'autre sans vous entourer de votre champ magnétique personnel ; en effet, le champ magnétique de la Terre supporte la vie. Cela fait partie du plan d'ensemble et de votre biologie.

Au cours de cette année (2000), vos scientifiques ont reconnu la nature interdimensionnelle de ce qu'ils étudiaient depuis des années. Mon partenaire a soulevé ce point aujourd'hui même, lors de sa conférence. Vous pourriez cependant remarquer qu'ils ont dénombré onze dimensions au cœur de l'atome, ce qui est faux. En fait, ils se sont trompés d'un chiffre. Aux personnes responsables par les mathématiques de ces décisions concernant les filaments, j'annonce qu'elles ont négligé de compter le zéro comme un chiffre ! Par conséquent, si vous l'incluez, il y en a douze. Les spécialistes qui travaillent à cette étude sauront ce que cela signifie. Le cœur de toute matière sur cette planète comprend douze dimensions. Dans tout l'Univers, il existe douze dimensions au centre de toute la physique – 12. Nous avons vu et revu les 12 pour vous, afin de vous rendre conscients de cela. Le magnétisme met en jeu le 12. Il est en base 12. En ce qui touche le magnétisme et la biologie que nous allons bientôt discuter, nous vous rappelons de chercher les 3, les 4 et les 6, qui tous se combinent avec le 12. Vous pouvez continuer à utiliser la base 10 en mathématiques pour résoudre des problèmes en bases 10 et 12, mais dans ce cas, vous ne mettez pas à profit l'élégance ni la vitesse du système en base 12.

Écoutez : combien de méridiens parcourent le corps ? Douze. C'est ce que les Anciens vous avaient affirmé. Actuellement, certains guérisseurs, au sein de cette nouvelle énergie interdimensionnelle, en découvrent plus. Même ceux d'entre vous qui utilisent la science des douze méridiens du corps en ont décelé d'autres au-dessus des premiers, situés à la surface de la peau. Nous vous annonçons que ces nouvelles énergies vont se présenter par groupes de trois. Le fait que vous en ayez repéré quelques-unes n'est pas accidentel, très chers : elles sont localisées en dehors du corps, et maintenant vous commencez à traiter l'être humain complet, incluant ses parties interdimensionnelles.

Il y a d'autres éléments à ajouter. Certains pourraient dire : « *Kryeon, vous tournez en rond.* » Oui, c'est vrai. [rire] Votre ADN est constitué de 3 et de 4. Regardez, nous l'avons déjà mentionné ; cherchez les 12, ils sont partout. Et nous dévoilons ceci : dans les filaments d'ADN existe une symétrie qui donne la base 12.

Cette année, le génome humain a été exposé pour son raffinement, et sa carte a été révélée à vos yeux. Cela marque aussi le début de la découverte des 12 ; mais il n'a pas encore été codé ni décodé. La découverte et le dévoilement du génome humain comprennent trois étapes – l'établissement de la carte, le codage et le *chant*. C'est de ce *chant* que nous allons maintenant vous entretenir. Écoutez bien ceci : nous allons traiter des attributs cellulaires vibratoires d'une toute nouvelle manière. Pour finir, nous présenterons ce que nous appellerons le *chœur cellulaire*, ce qui revient à peu près à ceci : « le magnétisme chante un chant au magnétisme », tout cela dans cette *soupe* interdimensionnelle que vous croyiez être seulement la biologie. Nous allons vous expliquer du mieux que nous pouvons ce que tout cela signifie.

Lorsque le génome humain sera enfin décodé, on pourra découvrir le chœur cellulaire – c'est-à-dire que la structure cellulaire humaine *chante* une certaine mélodie, et qu'elle le fait très bien. Bien que cette présentation puisse sembler quelque peu métaphorique et simpliste, cette mélodie est synonyme de santé humaine. C'est elle qui maintient le corps en vie. Mais ce qui manque encore à l'étude du génome, c'est le *maître de chant*. En effet, dans cette métaphore se cachent certaines révélations selon lesquelles le corps humain pourrait sans doute entonner plusieurs mélodies, mais n'en chante qu'une seule, tout à fait inefficace ! Qui a écrit ces mélodies ? Qui a programmé les codes ? Qui est responsable des *paroles* ? Ceci est en quelque sorte une métaphore sans en être une.

Il existe un chœur cellulaire biologique. Le corps humain, au niveau cellulaire, chante réellement. Ses mélodies sont riches et s'harmonisent de manière complexe. Vous avez certainement déjà entendu parler de ces guérisseurs qui s'efforçaient de repérer des fréquences en résonance avec certaines parties ou certains systèmes du corps, afin d'obtenir des résultats positifs. C'est bien de cela qu'il s'agit, mais ce qu'ils ont trouvé est incomplet, et c'est pourquoi le succès de la seule méthode des fréquences est difficile à répéter.

Les corps humains chantent tel un chœur. La structure cellulaire résonne à des centaines de milliers de vibrations par seconde ; or, nous voyons la seconde, cette unité de temps, comme faisant partie d'une base 60, mais également d'une base 12, comme sur vos horloges. Le corps possède aussi une horloge, très solide, en base 12. Le chœur laisse entendre un chant complexe pour les autres cellules, et celles-ci, à des niveaux que vous ne pouvez pas encore appréhender, comprennent ce chant et y répondent comme si elles avaient reçu des instructions. « *Kryeon, voulez-vous dire que si nous détenions un moyen de le mesurer, nous pourrions réellement l'entendre ?* » Oui, il se situe au-delà de votre seuil auditif, bien sûr, mais peut vous être révélé. Cette partie de la découverte est à vos portes. Le corps humain résonne à des fréquences complexes situées au-dessus de 100 000 vibrations par seconde. Non pas en un unique ton, un ton par organe ou par système, mais en de multiples tons. Il chante aussi d'après une harmonie complexe, mais spécifique à chaque organe ou système. De plus, il chante en rythme avec l'horloge biologique, elle-même en synchronisme avec le magnétisme de la Lune, créant ainsi des signaux qui font vieillir votre structure. D'ailleurs, cette métaphore empruntée au domaine de la musique est parfois plus qu'une métaphore. Combien de notes y a-t-il dans la musique occidentale standard, en n'incluant pas le *do* de l'octave suivante ? La réponse est douze.

Certains peuvent l'entendre

Laissez-moi vous révéler une chose dont personne n'a jamais entendu parler. Cela a trait au délabrement du corps humain – au vieillissement – et au chœur. Avec le temps, le corps diminue souvent, petit à petit, la capacité qu'ont les oreilles humaines de bloquer les basses fréquences du chœur cellulaire. Certains d'entre vous n'entendent-ils pas parfois une sorte de sifflement dans leurs oreilles ? Les savants ne pouvant expliquer ce phénomène, je vais vous en révéler la raison. Bien que vous n'entendiez que quelques-uns des tons très bas (comparés à ceux de la structure cellulaire), le chœur cellulaire est ce qui commence à pénétrer, à un certain degré, dans des oreilles vieillissantes. Saisissez-vous ce que je suis en train de vous expliquer ? Vous commencez à vraiment entendre une partie du chœur. Cela est dû à la rupture, lorsque l'oreille vieillit, d'un système localisé dans l'oreille interne, qui permettait de le filtrer. La prochaine fois que vous entendrez ces sifflements et les jugerez angoissants, je vous demande de tenter de comprendre de quoi il s'agit. Ainsi, cela ne vous inquiétera plus, puisque vous saurez alors que cela fait partie de la santé. Vous commencez à peine à pouvoir entendre quelque chose qui était complètement occulté quand vous étiez plus jeunes.

Cela fait partie du coffre à outils interdimensionnel que vous créez depuis peu, de mesurer l'harmonie du chœur et d'y ajouter aussi des outils qui le compléteront. « *Voulez-vous dire, Kryeon, que nous pouvons chanter à nos cellules ?* » Oui, vous le pouvez. À l'instant même, selon une approche interdimensionnelle que nous nommons « découverte de votre divinité ». C'est l'essence de tous les miracles, de celui qui a lieu lorsque l'être humain exprime son intention et déclare : « *J'ai le pouvoir de modifier ma structure corporelle. Je peux ajouter un os là où il n'y en avait pas. Je peux me débarrasser de la maladie. Je n'ai qu'à demander à mes parties divines de chanter interdimensionnellement pour mes cellules, et je vais récolter des miracles.* » Et vous le faites bien ! Ce n'est pas nouveau, vous en êtes capables depuis longtemps, et vous pouvez nommer cela comme vous le voulez, mais c'est votre Ange intérieur qui chante les bonnes *mélodies* aux cellules.

Si vous choisissez de le faire, vous pouvez, avec votre science, concevoir des appareils. Certains d'entre vous pourraient prendre peur, nous l'avons déjà souligné. Cette science raffinée, capable de guérir le corps humain et de comprendre le fonctionnement du chœur cellulaire, pourrait aussi s'avérer destructrice si elle était mal employée. Encore une fois, ce sera votre choix. Je vous mets cependant en garde contre ce qui suit : dans certaines structures très importantes se trouvent des notes du chœur susceptibles (restons dans la métaphore) de perturber la structure cellulaire humaine à un point tel que l'ADN se déferait de lui-même et que la mort s'ensuivrait instantanément – il suffirait de chanter les mauvaises mélodies.

Qu'allez-vous faire de tout ceci ? Allez-vous prendre peur si vous le voyez venir ? Quelques-uns vont-ils se servir de ces informations à mauvais escient ? Tout dépend de vous, très chers. Mais une fois ouvert, le sac de l'interdimensionnalité ne peut plus être refermé. Selon l'amour de l'Esprit, la paix et l'intégrité peuvent accompagner tout ceci. Vous n'avez pas à craindre que ces informations soient piratées et utilisées contre vous si elles devenaient publiques et que tout le monde était au courant. Dans les années passées, lorsque vous avez décidé de modifier votre avenir, vous vous êtes donnés la permission de rester, de rendre inopérantes les prophéties et de créer sur la Terre une autre révolution scientifique semblable à celle des cent dernières années (sauf que celle-ci se réaliserait en 24 années seulement). Cette permission accordée s'accompagnera d'un autre niveau de responsabilité et d'intégrité en ce qui a trait aux découvertes que vous ferez. Beaucoup redouteront la technologie que votre divinité même aura appelée, technologie qui, au départ, doublera votre espérance de vie.

De grandes guérisons pourront se produire, à la mesure de celles qui avaient lieu dans le Temple du rajeunissement en Atlantide. Vous avez sûrement déjà décidé que la première mélodie que vous essaieriez de découvrir serait celle qui se rapporte à votre horloge biologique. Au chercheur présent dans cette salle, cette information ne vous a pas encore été donnée : aimeriez-vous découvrir quelques-unes des notes et certains accords ? Vous pouvez le faire en temps réel. En effet, un moment viendra où vous pourrez présenter ces accords à la structure cellulaire humaine sur le mode interdimensionnel. À ce moment-là, recherchez et observez les vibrations bienveillantes lorsque vous aurez joué la bonne note. En temps réel, la structure cellulaire réagira de manière évidente, et vous saurez alors que vous êtes tombé sur le bon groupe de fréquences. Cela vaut aussi pour toute maladie connue chez l'humain : de la même façon, les maladies réagiront positivement ou négativement aux différentes fréquences. Le dévoilement au public en temps réel réduira les pertes de temps dues aux essais et aux erreurs.

« *Kryeon, nous laissez-vous entendre qu'il suffira que des appareils de son envoient à notre corps de multiples fréquences pour que survienne la guérison ?* » Oui, mais une chose manque ici : l'instrument qui le fera, qui l'enregistrera, qui le jouera – l'instrument qui chantera devra être au moins en sept dimensions ! Rien de ce qui existe actuellement sur la planète ne correspond à cela. Mais le fait de connaître les exigences vous aidera à le concevoir.

Laissez-moi rappeler à ceux d'entre vous qui ne veulent pas attendre les appareils, qu'ils ont en eux ce pouvoir. C'est la partie divine en vous, qui est interdimensionnelle. Votre corps héberge un appareil en sept dimensions, et même plus, mais nous retenons ce chiffre 7 comme un nombre-énergie. Il n'entre même pas dans le 12, n'est-ce pas ? Ce que nous citons là, c'est le nombre de la divinité, la numérologie divine apte à chanter les notes du chœur pour la guérison.

Plusieurs diront : « *Je ne comprends pas un mot de tout ça pour le moment !* » À l'aide du Troisième langage, nous déclarons ceci : aujourd'hui, l'amour de Dieu vous a donné des informations que les chercheurs, sans même les avoir entendues, ont le potentiel de découvrir. Nous avons tendance à vous annoncer les choses à l'avance, de telle sorte que lorsque la science les découvrira, lorsque ce sera validé et publié, vous vous souviendrez alors où vous en aviez entendu parler pour la première fois ! Et vous comprendrez que cette transmission d'aujourd'hui était bien réelle. Le temps passé avec vous n'a pas pour objectif la connaissance scientifique. C'est le moment où la Famille se rassemble. Jamais au grand jamais ces éléments ne vous auraient été divulgués, si vous n'aviez été à la recherche du Divin et ne vous étiez assis pour écouter ou lire dans l'énergie d'un membre de la Famille : la sœur, le frère, Kryeon.

Avant de partir, nous allons effectuer un rappel de ce que nous avons répété à tant d'autres. Ô travailleurs de la lumière, nous vous demandons encore une fois de regarder qui vous êtes. Maintenant que vous vous savez constitués de multiples parties, nous vous invitons à les activer toutes. Et, au cours du processus, pourquoi ne pas renoncer à vos vœux anciens ? Pourquoi attendre ? C'est l'attribut du chaman et de l'homme médecine assis à écouter ou à lire. Si vous vous intéressez à ce genre de chose, même si c'est un ami qui vous a entraînés jusqu'ici, je vous annonce qu'il y a une raison pour que vous soyez assis sur cette chaise. En effet, vous pouvez renoncer à ces vœux anciens qui se transmettent à votre ADN et vous assujettissent à la solitude et la pauvreté, à l'anxiété et la culpabilité, et, surtout, vous empêchent de vous aimer. Connaissez-vous l'attribut commun des ancres assises ici ? Elles ne s'aiment pas. Combien parmi vous se tenaient devant Dieu dans une vie antérieure en prononçant ces mots : « *Afin de me concentrer sur Dieu, je vais vivre en solitaire et ramper dans la poussière. Je vais baisser la tête encore plus que les autres. Je vais vivre en sandales et ne posséder jamais rien de bien, car je ne le mérite pas. En faisant cela, je me concentrerai sur Dieu.* » Combien ont prononcé ces paroles ? Je vais répondre pour vous : à peu près tous ceux qui écoutent ces mots et qui ont été guidés jusqu'à la fin de ce document font partie de ce groupe.

Dans cette salle se trouve une âme précieuse qui habite cette planète depuis seulement huit semaines [à propos d'un bébé dans la salle]. Cet enfant est exempt de tout vœu. Les enfants indigo ont déjà renoncé à leurs vœux à la naissance. Ceci constitue une partie du changement de divinité dans l'évolution de l'Humanité. Vous, vous les traînez encore avec vous. Qu'allez-vous faire ? Au moment où la Famille vous étreint et vous enlace, peut-être pourriez-vous dire : « *Je sens la présence de mes chers disparus, je les sens autour de ma chaise. Au nom de l'Esprit, je renonce à mes vœux anciens. Ils ne sont plus appropriés au sein de l'énergie nouvelle. À la place, je fais le vœu de retrouver les morceaux éparpillés de mon Soi ascensionné, de les rassembler pour connaître à nouveau le sens de ma valeur, d'établir et de créer des relations avec des partenaires qui ont, eux aussi, conscience de leur valeur, qui ont rassemblé les parties dispersées d'eux-mêmes. Je fais à l'Esprit le vœu de trouver dans ma vie, en toute justesse, soutien et subsistance, de ne manquer de rien et de ne jamais me soucier de l'argent. Devant l'Esprit, je fais le vœu de trouver ma divinité et l'amour du Soi.* » Et alors, très chers, cette ancre dans la boue laissera éclater toute sa divinité – toute sa splendeur.

Une grande différence, n'est-ce pas ? Tout cela a trait à la réalisation du Soi, à la reconnaissance de sa divinité, de tout ce dont nous avons parlé. J'ajouterai ces mots que mon partenaire ne veut pas m'entendre prononcer : vous n'avez pas à revenir ici, jamais ! Vous n'avez pas à être présent dans une autre réunion de Kryeon. En effet, toute cette énergie et cette communication sont possibles alors que vous vous trouvez dans votre placard, prétendant être seuls. Recréer cette énergie ne nécessite aucun rituel. Il ne vous est pas nécessaire de vous joindre à quoi que ce soit, car l'élément central est le prophète à l'intérieur de vous, complet et total, et nous ne vous le dirions pas si cela n'était vrai.

Tels se portent les humains de cette salle, telle se porte la Terre. Pouvez-vous répandre l'amour de Dieu en marchant sans rien dire ? Vous le pouvez, vous qui êtes les Ancres et les Lumières. J'espère que certains d'entre vous ont vraiment senti autour d'eux ces entités venues du passé. Vous êtes-vous jamais demandé si elles étaient fières de vous ? Eh bien oui, elles le sont. Parce que vous êtes ceux qui avez accompli des choses. Vous êtes ceux qui vivent sur une Terre qu'aucun prophète n'a jamais décrite ni prédite – qui ont un potentiel d'avenir encore jamais entrevu.

La dernière fois que nous sommes venus ici [novembre 1999], ce que vous alliez faire était incertain. À l'heure actuelle, nous baignons dans une énergie toute nouvelle évoluant vers le prochain seuil. L'étape suivante est l'année du Trois. Vous pensiez que l'an 2000 avait apporté des changements ? Attendez un peu ! L'année 2001 constitue l'étape suivante, elle représente le mouvement vers l'énergie du Trois, le catalyseur.

Et c'est ainsi que nous vous disons au revoir, mais pas pour la dernière fois, car il n'y a pas de dernière fois. Nous vous reverrons tous dans le Hall d'honneur, où nous nous adresserons à vous par votre nom. Nous échangerons des clins d'œil en nous rappelant ce jour passé ensemble dans cette région que vous appelez le New Hampshire, où vous vous étiez tous rassemblés, prétendant être quelque chose d'autre.

Et il en est ainsi. Nous éprouvons de la difficulté à nous retirer. À mesure que vous vous rapprochez de la découverte de ce que vous êtes, il devient chaque fois plus difficile de terminer ces communications. Nous attendons les visites de la famille de ce côté du voile d'une manière que vous ne pouvez pas imaginer ! Nous vous le répétons, vous n'avez pas idée de Qui est venu voir Qui en ce jour ! Nous savions que vous viendriez, et vous êtes venus. Et par votre intention, vous avez permis à l'énergie de l'Esprit, à vos bien-aimés, de vous entourer. Et nous nous sommes tous réjouis de cette énergie d'amour, nous vous avons tous aimés et avons baigné vos pieds ce soir.

Et il en est ainsi.

Kryeon

CHAPITRE CINQ

LE RETOUR

Buena Park, Californie, Décembre 2000

Cette rencontre représente la réunion annuelle de Kryeon en Californie du Sud, lieu de résidence de Lee Carroll et Jan Tober. Se tenant chaque année en décembre, elle est l'occasion d'une revue de l'année.

Salutations, très chers. Je suis Kryeon, du Service magnétique. En même temps que cette voix, une énergie se précipite en ce lieu, que ce cortège de Lémuriens (référence à l'auditoire) a choisi de créer. En fait, il n'y a rien de magique ici cet après-midi. Il n'est rien qui sorte de l'ordinaire. C'est simplement ce qui se produit lorsqu'un si grand nombre d'Anges se rassemblent ! Nous devons dire, comme nous le faisons chaque fois que nous nous présentons devant cette assemblée, qu'il y a ici grand honneur. Dans ce lieu s'écoulent les énergies que vous savez et entrent ceux que nous avons appelés les aides et les Guides. Cet après-midi, la famille inonde cet endroit.

Lecteurs, vous n'avez pas à rester isolés sur vos chaises. Vous pensez être seuls ou prétendez l'être en parcourant cette page ? Je tiens à vous rappeler que devant moi, dans le Maintenant, se trouve un rassemblement de gens qui vous souhaitent la bienvenue ici. Si, peut-être, vous pensez que le temps linéaire rend impossible une telle réunion, nous vous assurons que c'est ce qui fait la différence entre l'Ancien et le Nouveau.

Très chers, permettez-moi de vous livrer un message qui mérite d'être répété et que vous devez entendre. Vous n'avez aucune idée de votre rôle dans tout cela, votre rôle interdimensionnel. Auditeurs, vous êtes assis ici, sacrifiant votre journée afin d'évoluer. Lecteurs, vous y consacrez votre temps, tout comme les auditeurs présents. Tous, vous êtes à la recherche de votre Soi supérieur. Cela nous en dit long sur votre intention. Vous n'avez aucune idée de ce qui se passe. Sur votre chemin de vie, beaucoup de choses vous sont cachées, et pourtant vous aidez cette grande planète !

Votre intention d'être ici, auditeurs et lecteurs, nous envoie le message qu'à cet endroit prennent place des gens engagés dans une quête et qui viennent tantôt pour célébrer l'énergie, tantôt parce qu'ils sont inquiets. Beaucoup arrivent la tête pleine de questions. Parmi ceux qui écoutent ou lisent, certains gardent des secrets. Permettez-moi de vous dire ceci : si vous cachez des secrets – certains si graves que vous ne les avez jamais partagés avec quiconque –, en réalité vous n'en avez aucun. Ne pensez-vous pas que votre entourage spirituel sait tout ce qui vous pèse ? Dieu n'est pas le vide, très chers. Votre famille spirituelle connaît votre vie.

Tout ce qui sera dit ce soir, comme la métaphore qui va suivre, est exposé avec amour, notre amour pour vous, les humains. Vous êtes des membres de la famille, des parcelles de Dieu, des Anges déguisés en êtres humains. Vous êtes ici maintenant, tout comme avant, et avant, et encore avant.

Dans cette assemblée, seulement trois personnes sont présentes pour la première fois, et je pense qu'elles savent qui elles sont. Toutes les autres sont les chamans, les hommes et les femmes médecine, les moines et les religieuses, les prêtres, et tous ceux qui se sont déjà éveillés. Certains d'entre vous ont perdu leur vie en service spirituel ; d'autres se sont sacrifiés, limités par les vœux qu'ils avaient prononcés, et nous savons qui ils sont.

Quelques-uns sont leurs propres ancêtres ! Nous savons aussi qui vous êtes. Vous avez peuplé la terre ! C'est pourquoi vous ne pouvez pas la quitter. [rire] Essayez si vous le pouvez, mais vous ne pourrez pas partir ! Certains d'entre vous l'ont tenté et passent leur temps à revenir, comme mus par un élastique. Vous vous demandez comment cela peut être possible ? C'est que vous y avez cultivé la terre alors qu'elle était vierge. Là où il n'existait aucune ville, vous y étiez. Lorsque les animaux sont venus dans la tribu pour s'offrir à vous, vous y étiez. C'est vous qui avez fabriqué les poteries qui sont maintenant exposées dans les musées de votre ville. Allez les voir ! Beaucoup d'entre vous sont leurs propres Autochtones. Chamans, vous êtes revenus tant et tant de fois !

La revue spirituelle de l'année 2000

Cette revue est agrémentée de commentaires sur les transmissions de l'année 2000. C'est aussi l'examen de nombreux événements de cette année, mais nous désirons présenter cela avec une approche nouvelle, comme un rappel des faits suivi d'un peu de prospective. À la fin, nous livrerons une révélation et vous inviterons à créer quelque chose.

Le mouvement du Deux vers le Trois

Toute l'année, nous avons parlé du mouvement de l'énergie du Deux vers le Trois. Mais beaucoup ne comprennent pas encore ce que cela signifie. Se réfère-t-il à des différences dimensionnelles ? Non, c'est une référence à l'énergie du Deux, de l'Ancien, évoluant vers celle du Trois, le Nouveau. Il n'y a pas longtemps, nous avons évoqué la reconstruction du Troisième temple de Jérusalem, quelque chose qui serait réalisé sans mortier ni briques. Nous avons mentionné le Troisième exode et parlé de la Nouvelle Jérusalem résonnant avec le Trois. Nous avons présenté le Troisième langage, et vous voici rendus au terme de cette première année du nouveau millénaire – celle du début réel d'un changement.

Quelques-uns d'entre vous ont cru que nous nous adressions aux Juifs. Mais non, il s'agit de toute l'Humanité ! Nous l'avons déjà dit : comme se portent Israël et la Palestine, ainsi va la Terre. Par conséquent, ce qui est bon pour eux l'est aussi pour vous. Ainsi, leur leçon, qui consiste à rejoindre leurs anciens ennemis, est aussi la vôtre. Si, sortant de l'obscurité, de la haine et des luttes, ils sont capables de construire une Nouvelle Jérusalem, vous le pouvez aussi, et toute la Terre le peut.

Différence entre l'ancienne et la nouvelle énergie : l'interdimensionnel devient banal. C'est ce à quoi nous faisons allusion depuis onze ans. La *nature humaine* peut-elle subir un profond changement sans des siècles d'évolution ? Non seulement la réponse est oui, mais en plus, c'est ce qui vient juste de se réaliser.

En 1999, aucune entité assise de l'autre côté du seuil (le passage du millénaire), n'aurait pu prédire ce qui allait survenir.

Vous avez gouverné le vaisseau de l'Humanité vers le port de l'énergie nouvelle, et nous allons vous expliquer la différence entre l'endroit où vous vous trouviez alors et celui où vous êtes arrivés.

Comment pouviez-vous vous attendre à créer sur la Terre quelque chose qui n'avait jamais été conçu au sein des quatre dimensions du passé ? C'était impossible ! Maintenant, nous contemplons les êtres humains interdimensionnels assis dans cette salle (vous), évoluant du Deux au Trois. L'année 2000 renvoie au Deux, l'année 2001 au Trois. L'avez-vous remarqué ? Nous avons évoqué le passage du 11:11 au 12:12. Si vous ne l'avez déjà fait, je vais réduire le 12:12 ; ça donne 3/3. Si vous n'y avez pas encore pensé, je vous rappelle que passer du Deux au Trois signifie devenir interdimensionnel, se mettre à penser autrement, empruntant ce que nous appelons le Troisième langage. Ceci constitue une métaphore, très chers, car l'énergie du Trois est un langage spirituel au sujet duquel certains d'entre vous nous questionnent même aujourd'hui (au cours de cette conférence).

Vous voulez savoir quand vous serez en mesure de parler à vos Guides. Cela fait longtemps qu'eux s'adressent à vous ! Votre question devrait plutôt être formulée ainsi : « *Quand aurai-je le pouvoir d'entendre mes Guides ?* » La réponse est : tout de suite si vous le voulez. Vous pouvez le faire au moyen du cœur. Ce Troisième langage est fait d'émotions, de compassion, de retrouvailles avec votre enfant intérieur. Il est même un retour à certaines énergies de la création.

La science

Nous répétons qu'il n'est pas facile d'expliquer le 5, le 6, ou le 7 à un auditoire évoluant dans un monde à quatre dimensions, n'est-ce pas ? Nous avons parlé de ce qui était en gestation ; maintenant, tout cela s'est réalisé. Nous vous avons aussi parlé de dimensionnalité, révélant qu'il existait bien plus que les quatre dimensions au sein desquelles vous vivez. Il y a quelques années, dans la ville de Sedona, nous avons livré une transmission scientifique, vous révélant que votre Univers était multidimensionnel et en création constante. Nous avons aussi abordé le Treillis cosmique, cette Énergie dans l'Espace qu'il vous reste à découvrir. Nous vous avons expliqué comment fonctionne le monde, la vitesse de la conscience dépassant largement celle de la lumière.

En 2000, les savants qui avaient pu observer l'incroyable accélération de la lumière en présence d'un gaz magnétisé **voyaient** *vraiment* ce qu'ils croyaient voir. Ils venaient de découvrir que la vitesse de la lumière n'était que la limite de vitesse de la matière relative dans un monde à quatre dimensions. Ce n'est pas tout. Les savants rassemblés dans la ville que vous appelez Salt Lake City, en vue de mener une expérience digne de recevoir le nom de Saint-Graal de la science – vous l'avez nommée fusion à froid –, ont été ridiculisés pour n'avoir jamais pu la reproduire. Pourtant, ces scientifiques très expérimentés ont bel et bien vu ce qu'ils ont vu, mais demeuraient sceptiques, incapables de recréer ces résultats et frustrés de ne savoir pourquoi.

Ces exemples ont un point commun avec celui de l'un des plus grands savants de toute l'histoire, Nikola Tesla. Lui non plus ne pouvait obtenir les mêmes résultats en répétant certaines expériences identiques. Il voyait ce qu'il voyait et l'écrivait. Une fois de temps en temps, une continuité se produisait et l'expérience se répétait comme la première fois. Mais cet homme ne fut jamais capable d'obtenir une cohérence dans ses résultats parce qu'il avait affaire à des aspects interdimensionnels qu'il ne pouvait pas contrôler. Il se sentait également frustré de voir les choses se dérouler de cette manière merveilleuse, miraculeuse, sans être jamais certain de les voir se reproduire.

Nous vous annonçons que tous ces éléments qu'on avait cachés ont de grandes chances de réapparaître dans les années à venir. En effet, cette année marque le début de la compréhension interdimensionnelle. Si vous en décidez ainsi, les travaux de Tesla seront présentés et deviendront réalité. Les expériences de fusion à froid seront répétées, car les expérimentateurs – qui jusque-là ne savaient pas par où commencer puisque tous ces phénomènes étaient inobservables en quatre dimensions – trouveront la pièce manquante du casse-tête.

Ainsi en est-il ! Vous êtes des êtres interdimensionnels et vos savants ont admis le penser aussi (référence à la reconnaissance par la science de l'existence de l'interdimensionnalité, annonce faite en l'an 2000). Nous devons vous demander ceci : que pensez-vous que cela puisse indiquer sur votre ADN ? Depuis un certain temps, nous répétons que l'ADN comprend douze filaments, dont deux sont visibles et dix, invisibles. Cela ressemble beaucoup au message reçu de vos savants, selon lequel onze dimensions sont inhérentes à toute matière, dont quatre sont visibles et sept, invisibles !

Votre ADN fut de tout temps interdimensionnel. Les structures interdimensionnelles apparaissant sur vos « filaments invisibles d'ADN » sont celles du karma, des résidus karmiques, de vos leçons de vie ; elles représentent aussi une empreinte de ce que vous avez été, votre contrat spirituel et l'énergie des vœux spirituels hérités de vies antérieures. Et ce n'est pas tout.

En effet, vos attributs magnétiques astrologiques en font aussi partie : l'énergie de votre naissance, le jour, l'heure, la période de l'année et l'état du système solaire ont tous laissé une empreinte sur les parties de votre ADN qui ne sont pas chimiques, mais magnétiques. Nous avons déjà expliqué que le mystère du magnétisme résidait dans le fait qu'il n'était pas en quatre dimensions. Il tourne autour de la gravité et du temps, ce que votre science va découvrir et ce qui explique aussi pourquoi Tesla fut incapable d'obtenir deux fois les mêmes résultats. Lorsque les mathématiciens se mettront à créer et à expliquer l'invisible, soit les cinquième, sixième et septième dimensions jusqu'à la douzième, alors vous pourrez travailler dans ces nombreux endroits mystérieux et multidimensionnels dont vous n'avez même jamais reconnu l'existence. Cela constitue la véritable ouverture, le commencement, la révélation du travail sur l'énergie qui est remarquable.

La science amène avec elle la compréhension de la vérité cachée derrière les guerriers de la lumière, à savoir que vous avez toujours travaillé avec cette énergie interdimensionnelle, mais qu'au sein de l'énergie nouvelle, elle est favorisée. Tout ce que nous affirmons, c'est que votre science va désormais avancer avec vous. Elle est en train de rattraper en théorie ce que vous avez toujours mis en pratique.

La vie interdimensionnelle sur la Terre

Nous parlons de la vie interdimensionnelle, mais personne ne l'a encore vue ni prouvée. Oh ! elle existe pourtant bien ! Nous sommes en désaccord avec vos savants. Il n'y a pas que onze dimensions dans le cœur de l'atome, mais bien douze (référence au channeling antérieur effectué au New Hampshire). Si le cœur de l'atome comprend douze dimensions et que vous êtes faits d'atomes, cela ne vous rend-il pas interdimensionnels ? Si la science reconnaît au sein de toute matière la présence de multiples dimensions, est-il logique que TOUTE la vie sur cette planète soit en quatre dimensions ? Non ! La vie et la matière se fondent l'une dans l'autre ; elles se serrent la main au cœur de la création.

Vous trouverez bientôt ce qui manque – non pas des êtres comme vous, mais une vie de soutien, une vie plus petite qui vous soutient ainsi que votre environnement. Une partie de cette vie peut être magnétisée, tout comme le cœur de votre propre biologie (l'ADN). Des êtres de cette vie attendent que vous les découvriez à l'aide du magnétisme, car ils y sont sensibles ! Magnétiser certaines de ces formes de vie interdimensionnelle permettra d'améliorer l'eau ; d'autres formes seront même dotées de pouvoirs de guérison. De même que l'écosystème de la planète en équilibre permet aux arbres de vous fournir l'oxygène, il existe une force de vie interdimensionnelle qui soutient votre santé et une partie de cette force se cache dans votre ADN.

Faut-il attendre qu'on découvre l'ADN intelligent ? Docteur, êtes-vous à l'écoute ? (allusion au chercheur assis dans l'auditoire avec qui Kryeon travaille). Ceci vous concerne. Nous n'avons encore jamais abordé ce sujet. Il existe une forme de vie prête à être découverte ; c'est plus que de la chimie, c'est la conscience. Une conscience capable de répondre aux influences magnétiques vibratoires appropriées, comme un interrupteur qu'on peut actionner. La vie interdimensionnelle se trouve même en vous, intelligence qui habite votre ADN, partie constituante de votre biologie. Votre ADN est bien plus important que ce que vous avez jamais pu imaginer, et je ne parle pas du génome humain en quatre dimensions dont vous venez juste de réaliser la carte, bizarrement trois ans avant terme. Je fais allusion au reste du complément interdimensionnel de l'ADN humain, qui abrite en lui-même une vie interdimensionnelle intelligente.

L'Être humain interdimensionnel

Lors d'une rencontre précédente, nous avons évoqué les multiples parties de vous-mêmes. Nous avons mentionné à quel point une grande partie de vous était dispersée dans l'Univers sans que vous le sachiez, que vous n'étiez pas entièrement contenus dans cette enveloppe que vous nommez l'être humain. Des parcelles de vous vivent de l'autre côté du voile, ce dont vous n'aviez pas le moindre soupçon. Nous avons expliqué qu'il devait en être ainsi. Qui pensez-vous qui soit assis *au ciel*, planifiant tout cela ? [rire] Mais c'est vous ! La cocréation, la synchronicité, que pensez-vous que ce soit ? Il s'agit du travail de planification conjoint entre les êtres humains et leur Soi supérieur sur un plan interdimensionnel. Vous comprenez bien, n'est-ce pas, que vous constituez la synchronicité de quelqu'un d'autre ? Cela doit se passer de cette manière.

Nous avons fait allusion aux multiples parties de votre groupe de Guides et aux parcelles de vous-mêmes qui vont rejoindre ce que nous appelons la *soupe* d'énergie des Guides. Nous avons affirmé qu'il ne servait plus à rien d'essayer de les dénombrer, puisque c'est un concept de l'ancienne énergie. Ils sont infinis, mais ne font qu'Un. Il est temps de leur enlever leur nom, leur enveloppe imaginaire, et même leurs ailes. Voyez les choses comme elles sont : une énergie pleine de grandeur et de gloire qui vous appartient. Si vous le désirez, donnez-lui le nom de chœur d'énergie, vous ne serez pas loin de la vérité.

Ouvrir le gouffre entre l'Ancien et le Nouveau

Au cours de cette année 2000, nous avons évoqué le potentiel de certains événements qui se déroulent actuellement sous vos yeux. Nous avons fait allusion à l'ouverture du gouffre – et c'était bien l'année pour cela –, aux personnes coincées dans l'ancienne énergie et à celles qui se dirigent vers le Nouveau. Certaines, remplies de *rage spirituelle*, seront obligées de choisir, et c'est ce que vous vivez actuellement. Cette rage spirituelle touche tous ceux qui, brandissant leurs vieux systèmes de croyances, estiment qu'il est normal et convenable de tuer, de mutiler, de faire tout ce qui leur passe par la tête, au nom de l'Esprit. Ils ne sont que la minorité, très chers.

Sachez cela : en raison de l'ouverture du gouffre, vous allez assister à plus de réunions que de séparations. La raison en est simple : plus le gouffre se creuse, plus on reconnaît partout que, pour la survie de la planète, les humains devront accepter de se tolérer les uns les autres. Comme le train quittant la vieille gare, l'ancienne énergie restera derrière, telle une chose du passé. Beaucoup attendent encore sur le quai, en colère contre ceux qui partent, faisant tout leur possible pour arrêter le train. Puisqu'ils n'y réussissent pas, le résultat sera tumulte et chaos, jusqu'à ce que finalement, ils cèdent. Et à ce moment-là, le train les aura déjà quittés.

Les divisions religieuses

Nous avons déjà évoqué les divisions religieuses, et maintenant, c'est ce qui arrive. Certains d'entre vous regardent le Moyen-Orient en déclarant que, de toute évidence, le cœur du problème est là. Vous vous dites : « Cela se passe entre les juifs et les musulmans. » J'aimerais prendre un instant pour vous rappeler une chose que vous avez peut-être négligée : celle de mettre le nez dehors un moment en pensant à honorer les deux systèmes.

Il n'y a pas de différence, très chers, entre Moïse s'adressant au Buisson ardent et Mahomet parlant à l'Ange dans la grotte. Nous désirons vous apprendre qui était l'Ange dans cette grotte : de son propre aveu, Mahomet s'agenouilla et reçut des informations qu'il allait transcrire plus tard dans ce qui deviendrait le centre du système de croyances de l'islam. Qui était cet Ange ? C'était l'Ange Gabriel, le saviez-vous ?

Le message reçu par Mahomet était plein d'amour et parlait du Dieu unique. Lorsque Moïse s'approcha du Buisson ardent, la même voix lui répéta le même message. Moïse, le père de ce que vous appelez le monothéisme, reçut le même message sur Dieu que Mahomet… et du même Ange. Aussi, ce que vous voyez actuellement au Moyen-Orient est un problème humain, non un problème relié à Dieu et, en tant que tel, il peut être résolu dans les limites de l'être humain, qui devient interdimensionnel.

Ne soyez pas surpris si cela prend un peu plus de temps au Moyen-Orient que dans les autres régions de la Terre, parce que ces problèmes existent depuis des éons enfermés dans une boîte d'énergie spirituelle de conception humaine dont les murs mesurent un kilomètre de hauteur. Abattre ces murs prendra beaucoup de temps. Cela exigera une nouvelle conscience, peut-être même une nouvelle génération.

Célébrez la naissance

« *Kryeon, qu'est-ce que cela a à voir avec moi ?* pourriez-vous demander. *Oh, vous nous avez parlé de l'Ancre, de notre place en tant que Phares, mais quel rapport avec moi ? Quelle est la question la plus importante au moment d'aborder l'année 2001 ?* » Nous allons vous répondre. Même si cela ressemble à une révision, il est bon que vous l'entendiez de ce côté de l'océan.

Votre culture est actuellement en fête (mois de décembre). Chaque année en cette période, la musique change, les lumières s'allument, et cette culture se surpasse à l'occasion de la naissance d'un bébé, celui que vous avez appelé le Maître d'amour. Vous vous offrez des cadeaux et fêtez en famille. Certains, d'une autre culture, passent à côté de cette fête, mais elle est tout de même là, n'est-ce pas ? Je vais vous faire une révélation et vous lancer une invitation : il est temps de célébrer la naissance d'un bébé, mais ce n'est pas celui que vous pensez.

Quelque-uns d'entre vous soupçonnent ou sentent quelque chose au sujet des vieilles prophéties. Certaines informations religieuses profondes, transmises à l'Humanité en quatre dimensions il y a très longtemps, sont vraiment interdimensionnelles. Je les appellerai « ré-union », ou même « ré-union finale ». Voici venu le temps où le Soi supérieur a la permission de se fondre à la biologie. C'est le moment où vous mettez ensemble toutes les parties de votre divinité, où l'interdimensionnalité se met à augmenter chez l'être humain, c'est le moment du retour des Maîtres ascensionnés !

Un des événements attendus par beaucoup de cultures au

sein de l'énergie du nouveau millénaire était le retour des Maîtres. Lesquels ? Cela dépendait de votre conception de Dieu. Ce que nous essayons de dire, c'est que le fait que tant de cultures aient attendu le retour de leurs Maîtres à peu près au même moment de l'histoire de l'Humanité, soit au changement de millénaire, n'était pas accidentel ! En réalité, l'énergie du Maintenant est mûre pour le retour des avatars, des Maîtres divins – le groupe chamanique de tous ceux dont le retour était attendu à peu près maintenant, de tous systèmes de croyances et toutes cultures. Mais ce n'est pas exactement ce à quoi vous vous attendiez en quatre dimensions.

Écoutez : ce bébé que nous vous invitons à célébrer, *c'est la conscience des Maîtres ascensionnés venant se rejoindre de nouveau dans l'énergie d'un enfant,* cet enfant nouveau-né célébré dans le cœur de tant d'humains. « *Quel Maître ?* pourriez-vous demander. *Après tout, ils représentent tous des systèmes de croyances différents.* » Vraiment ? Jetez un coup d'œil au message central de chacun d'eux. Regardez la source des informations qu'ils vous ont données. Vous découvrirez une seule divinité et un seul et même message ! Le message du Buisson ardent ? Celui de la grotte ? Le Sermon sur la Montagne ? Le message transmis aux Maîtres de l'Asie ? C'est chaque fois le même message, en provenance de la même source, révélé aux humains de diverses cultures en différents espaces-temps de l'histoire. Mais ce message parle d'un Dieu, d'une divinité et du pouvoir des humains de réaliser l'union de tout parce qu'ils sont Dieu ! Regardez ! Soyez conscients que les doctrines et les dogmes qui en sont issus sont l'œuvre des hommes, non celle de Dieu. Comprenez que la séparation est née de la peur, non de l'amour. Si vous aviez pu vous trouver à portée de voix des paroles prophétiques les plus grandes révélées aux Maîtres dans de nombreuses langues à travers les âges, vous auriez entendu la même voix, le même ange, livrant un message identique !

Chaque fois que ce temps de l'année approche, j'aimerais que vous pensiez à l'enfant en vous qui possède maintenant l'essence du Buisson ardent, de l'Ange Gabriel assis devant Mahomet, des Maîtres ascensionnés et des grands prophètes. On avait appris qu'Élie reviendrait préparer le chemin pour le Messie. C'est arrivé ! Célébrez l'enfant Élie dans votre cœur.

Pour ceux d'entre vous qui fêtent Pâques, il est temps d'inviter à se joindre à eux celui pour qui ils préparent la chaise, car il est ici, de même que le Messie qu'il était censé précéder !

Celui dont les chrétiens ont demandé le retour est là ! Même l'ascension de Mahomet sur le mont du Temple est inversée, et cela fait aussi partie des énergies du bébé divin. Il s'agit d'amour, de retour, de réunion. Ce mouvement du Deux vers le Trois représente ce que vos prophéties avaient prédit. Cela initie le potentiel d'un cycle de mille ans, un règne de paix, une Nouvelle Jérusalem. Mais cela ne ressemble pas à ce que vous attendiez, n'est-ce pas ? Il s'agit d'union, pas de séparation. Il s'agit de rassemblement, du retour de la famille divine. Pouvez-vous regarder les choses sous cet angle ? Êtes-vous capables de transcender vos préjugés culturels et d'accepter l'énergie divine qui inclut tous ceux qui ne faisaient pas partie de *vos* prophètes ? N'est-ce pas là un beau défi, tout comme votre nouvelle voie en politique ou le train quittant la gare, ses wagons bien attachés, et se dirigeant vers une nouvelle énergie ?

Je n'aurais pas dit cela si cela n'avait pas été vrai. Les implications en sont profondes : ce n'est pas la personne en chair et en os, mais les énergies, la conscience, qui pénètrent le cœur de l'humain en ces temps nouveaux, remplies des Maîtres ascensionnés de la Terre. Cela touchera chaque humain qui s'est éveillé et en a formulé l'intention, mais ne sera imposé à personne.

Passer du Deux au Trois représente pour vous une grande différence. Ce changement vous invite à dire : « *Je suis prêt pour la naissance de l'enfant nouveau, l'énergie de tous les Maîtres ascensionnés, des avatars qui ont promis de revenir, tous marchant unis, la main dans la main.* »

Pendant que tant d'humains de la Terre combattent pour savoir qui a raison, le bébé naît dans la conscience de beaucoup d'autres, unis dans l'amour de Dieu. Et c'est ce qui est en train de se produire, très chers ! C'est vraiment ce qui est en train de se passer.

Célébrez l'enfant ! Célébrez le retour ! Certains d'entre vous vibrent d'impatience. Vous êtes venus, connaissant le potentiel. Vous avez franchi le seuil (l'an 2000), et ce ne fut pas la fin du monde. Vous étiez impatients d'avancer et de vous ancrer.

Certains commencent seulement à s'éveiller, à se rappeler pourquoi ils sont ici.

Chers Anges déguisés en humains, vous n'avez pas besoin de revenir à une réunion comme celle-ci. Vous pouvez recréer cette énergie à la maison, et ce n'est même pas dangereux [rire général]. Maintenant, c'est le moment de contempler les couleurs qui se répandent sur vous tous dans un incroyable bain d'amour de l'Esprit (s'adressant à ceux qui peuvent voir les couleurs de l'énergie autour de Kryeon).

Certains d'entre vous ont exprimé ce soir l'intention de célébrer le retour de l'enfant. Qu'ils sachent que nous sommes au courant ! Et nous déclarons : « Que la guérison commence ! » C'est le bon moment pour cela, car à ce point de notre programme, vous avez rejeté tous les murs qui vous incitaient à dire : « Cela ne peut pas être vrai ! » À l'heure qu'il est, auditeurs et lecteurs, vous savez que c'est vrai. Peut-être comprenez-vous enfin que nous connaissions votre nom. Incrédules ? Laissez-moi vous assurer de ceci : vous êtes aussi tendrement aimés que chaque être humain ici présent. Vous êtes libres de quitter cet endroit en riant de tout ce qui s'y est passé. Vous n'en ferez pas moins partie de la famille ! Nous vous l'affirmons : l'amour de Dieu prend la porte avec vous, comme avec chacun des autres.

Si vous ne prenez jamais aucune décision de quelque côté que ce soit, nous nous retrouverons tous un jour pour célébrer votre vie sur la planète, comme nous fêtons celle de chacun de nos guérisseurs, de nos guerriers de la lumière, de nos Ancres et de nos Phares, car vous êtes tous de la même famille, tous créés égaux, chacun de vous étant une parcelle de Dieu, aucun n'étant plus grand que l'autre. Est-il surprenant que notre cortège vous aime autant ? Ô vous, les incrédules, et vous, les guerriers de la lumière, le cortège baigne vos pieds !

Il y a un an, au cours d'un week-end comme celui-ci, mon partenaire s'était assis ici. Juste avant de partir, nous avions prononcé des paroles que je n'oublierai jamais. Il me semble que c'était hier, ou il y a quelques minutes. Nous avions révélé le potentiel du passage du seuil, puis prononcé ces mots : « Merci ! Merci ! Merci ! » Pourquoi l'Esprit devrait-il remercier les êtres humains ? Pour ce qu'ils ont réalisé ici. Vous avez créé quelque chose de grandiose, mais vous n'en avez aucune idée !

Pour la plupart d'entre vous, le plan d'ensemble manque toujours. Vous vous demandez encore : « Pourquoi ? Pourquoi suis-je ici ? Pourquoi dois-je vivre cela ? De quoi s'agit-il ? » La prochaine fois que vous traverserez le voile, vos yeux brilleront, car vous saurez, vous saurez. Et vous me chanterez votre nom dans la lumière, et nous nous étreindrons. Car alors, tout sera clair.

Pour l'instant, toutefois, le voile est encore là, la dualité aussi. Nous vous disons : « Croyez ce que votre cœur vous souffle sur l'importance de prendre soin de vous sur le plan spirituel. Plus vous vivrez sur cette planète, chers travailleurs de la lumière, plus grande sera votre ancre, plus brillante sera votre lumière, et plus la Terre changera. Réclamez les maillons manquants de l'ADN, dont certains se mettent déjà en place. Vivez longtemps et en paix. Durant tout ce temps, ressentez l'amour de la famille qui vous entoure. Et la prochaine fois que vous verrez les chiffres doubles, les lettres doubles, pourquoi ne pas dire : « Je vous aime » (référence à ceux qui continuent de voir 11:11, 12:12 ou 4:44 sur leurs horloges) ? Ce sera une reconnaissance de l'interdimensionnalité de l'Esprit qui vous entoure, vous tapant sur l'épaule comme pour vous dire : « Regarde l'horloge ! Nous sommes là ! Regarde ce signal ! Nous sommes là ! »

En aucun temps dans l'Histoire, de ce côté-ci du voile, n'avons-nous été aussi proches de ce groupe interdimensionnel appelé *l'Humanité du millénaire*. La preuve en est la conscience et la compréhension des yeux posés sur cette page et des oreilles qui écoutent ce message.

Et ainsi, très chers, le cortège se retire de cet endroit.

Et ainsi, l'amour de Dieu fut aujourd'hui partagé avec la famille.

Et il en est ainsi.

Kryeon

CHAPITRE SIX

LES NEUF ATTRIBUTS DE LA CROISSANCE SPIRITUELLE

Toronto, Canada (Ontario), Mars 2001

Salutations, très chers. Je suis Kryeon, du Service magnétique. Plusieurs croient que Dieu connaît tout de l'avenir. Qu'ils se détrompent ! Dieu, c'est vous, cette famille assise en ma présence, qui crée la réalité du temps à mesure qu'elle progresse selon sa perspective et qu'elle cocrée. Le pouvoir de Dieu réside dans la pièce où vous êtes assis. Cela a toujours été.

Il y a trois jours, ce cortège, qui se tient tout près de vous, a mené une répétition. Oui, il a répété ! Bizarre, pour l'Esprit, n'est-ce pas ? Avez-vous jamais entendu une telle chose ? Pourquoi agirions-nous ainsi ? Aux premières heures de votre dernier matin, nous étions présents dans l'obscurité de cette salle, imaginant l'endroit où vous pourriez vous asseoir. Bien que cela ressemble à une métaphore, c'est la pure vérité. À quoi bon répéter ? La réponse paraît simple, et vous allez bientôt la connaître : s'il était question de LA réunion de votre vie, ou si vous vous prépariez à rencontrer un héros, n'agiriez-vous pas ainsi ? Nous nous sommes exercés parce que cette réunion était très importante.

Et maintenant, nous voici rassemblés. Embrassant la salle des yeux, nous remarquons : « Regardez qui est là ! Qui a décidé de venir passer des heures ici, dans son désir de mieux comprendre sa famille, ses enfants et d'avoir une meilleure connaissance de soi ! Voyez qui est en train de découvrir sa divinité, qui vit un éveil spirituel ! » Voilà pourquoi il était essentiel pour nous de répéter un long moment, préparant l'énergie qui vous accueille à présent.

Pour quelques-uns, ceci aura l'air d'une fable. Pourtant c'est la vérité : toute cette préparation leur indique l'importance de l'énergie présente. Certains d'entre vous peuvent ressentir les entités qui ont répété en cet endroit ; celles-ci ont deviné leur place et s'apprêtent à baigner leurs pieds en prévision de l'enseignement. À un moment précis, d'aucuns pourront percevoir les couleurs sur la scène, puis celles du groupe [allusion à ceux qui ont le don de discerner les couleurs sur le plan éthérique ou physique pendant le channeling], mais tout d'abord, que commence l'enseignement !

Durant cette communication, nous traiterons de la croissance spirituelle, ce que nous n'avons encore jamais fait dans une progression linéaire. Nous présenterons neuf points, dont certains sont nouveaux et d'autres vous sont déjà connus. À l'écoute de quelques éléments, vous vous direz : « *Je savais cela* » ou bien « *J'avais bien besoin de l'entendre !* » ou « *Bien sûr, c'est pour cette raison que je suis ici !* » Dans ce cas, vous nous entendrez répondre : « Voilà pourquoi nous avons tant répété ! »

La croissance spirituelle

Pourquoi êtes-vous ici ? Pourquoi des êtres humains devraient-ils se déguiser ? Comme nous l'avons déjà affirmé, l'être humain représente une partie de Dieu. Votre vie ne constitue pas un test de l'être humain ; plutôt, vous subissez un test d'énergie que l'Univers n'aurait pu réaliser tout seul. En tant que parties de Dieu, vous êtes, collectivement, tellement influencés par l'amour que ce test particulier devait se dérouler de votre plein gré. Les volontaires furent les parcelles de divinité qui acceptèrent d'apparaître sur la planète déguisées en humains, ignorant tout de leur identité. Un voile d'énergie allait les empêcher de connaître la réalité de leur véritable Soi, de leur Soi passé et de leurs vies antérieures. En effet, vous voici présents, encore immergés dans cette réalité spirituellement fabriquée, possédant même son propre cadre temporel.

La Terre est un endroit unique dans l'Univers, que nous appelons *le Centre-Terre*. Elle représente le centre symbolique du potentiel d'une réalité autre. Pourquoi ? Afin, très chers, que ce que vous vivez ici de votre plein gré, ce que vous accomplissez dans un terrain de jeu neutre d'énergie serve à illuminer les autres parties de l'Univers. Ceci engendrera un équilibre entre l'ombre et la lumière dans certaines contrées que vous ne pouvez même pas imaginer. Cela ne sera réalisé que lorsque vous repasserez de l'autre côté du voile, lorsque nous vous reverrons. Alors, tout vous reviendra en mémoire. Il s'agit d'un cycle magnifique, mais il vous est occulté par le voile.

Pour l'instant, le terme *voile* est adéquat, car il voile vraiment la réalité de ce que vous êtes. Par conséquent, comme beaucoup d'entre vous le savent, vous êtes tous ici afin de découvrir ce que vous allez faire du défi de cette vie-ci. Pour compliquer encore un peu les choses, vous ne pouvez voir que chacun d'entre vous a déjà vécu de multiples vies. Encore plus fascinant pour votre compréhension humaine est le fait qu'en temps réel, certains d'entre vous sont encore en train de vivre leur vie antérieure ! Comment est-ce possible ? C'est pourtant bien le cas. Plus tôt cette année, nous avons présenté les notions interdimensionnelles selon lesquelles vous pouviez vous trouver simultanément en deux endroits, l'un exerçant une influence sur l'autre. Cela éclaircit les concepts d'intention, de cocréation et d'aptitude à modifier la réalité.

Vous vivez sans comprendre tout ce qui se déroule. Et pourtant, vous seuls avez donné votre accord pour venir, malgré le voile, faire l'expérience d'une dualité qui est si forte que lorsque vous vous regardez dans un miroir, vous ne pouvez voir chacun que l'être humain, jamais l'ange. Malgré cela, quand les membres du cortège se sont installés près de vous tous, ils ont bien vu des anges ! Voyez-vous, la dualité fonctionne dans une seule direction, la vôtre. Nous sommes assis près de membres de la famille que nous connaissons depuis toujours dans les deux directions [c'est ainsi que Kryeon exprime le caractère éternel des humains, à la fois passé et futur]. En définitive, le *pourquoi* est donc présenté afin de vous rappeler le test d'énergie de la planète et le rôle de l'être humain qui s'incarne afin, peut-être, de s'éveiller à la divinité en soi.

L'attribut principal de ce test est le suivant : aucun jugement n'est porté sur vous ou vos actions, vous jouissez d'un libre arbitre total. Comme nous l'avons maintes fois répété, lorsque vous retraversez le voile, ce n'est que célébrations, quoi que vous ayez accompli. Contrairement à ce que certains enseignent, peu importent vos réalisations, nous nous occupons seulement du voyage ! Sur la Terre, lorsqu'une pièce de théâtre est finie, peu importe qui avait le couteau planté en pleine poitrine au moment où le rideau est tombé, tous les acteurs sont debout et fêtent ! C'est la même chose de notre côté du voile ! L'important, c'est votre façon d'employer l'énergie pendant votre séjour sur terre. Il s'agit de mesurer à l'échelle planétaire ce qu'il advient de l'énergie lorsque les humains en ont fini avec elle. Voilà en quoi consiste le test. Nous avons présenté un résumé du *pourquoi*. Abordons maintenant ces neuf points dont il a été question plus tôt.

1. Quand la croissance spirituelle commence-t-elle ?

C'est là le premier attribut de la croissance spirituelle. Où et comment débute-t-elle, et comment se poursuit-elle ? Quels en sont les mécanismes ? Voici quelques informations déjà connues, et d'autres nouvelles. Vous savez depuis toujours qu'une quête spirituelle prend naissance lorsqu'un être humain se demande « Pourquoi ? » ou « Qu'y a-t-il de plus ? ». Il s'agit alors d'un éveil à une partie du Soi supérieur. Certains emploient l'expression *Soi intérieur*, d'autres *l'Autre soi*. Cela devient une réalisation, une partie de l'être humain ; sa biologie s'interroge sur la divinité.

Ce questionnement ne signifie pas que cette personne devient un travailleur de la lumière ni même un être spirituel. Cette quête concerne le pourquoi de l'Humanité sur un plan personnel. Beaucoup de gens à la recherche de leur Autre soi ne viendraient jamais à ce genre de réunion ni ne liraient jamais les pages que parcourent vos yeux. Pourtant, ils sont aussi beaux et dignes d'hommages que vous l'êtes. Certains pourraient vous surprendre par l'endroit où ils se trouvent ou la forme de spiritualité dont ils sont les adeptes, dépassant ainsi vos préjugés (car peut-être ceux-ci vous limitent-ils plus que vous le croyez). Savoir qui vous considérez comme spirituel fait également partie de votre test, car cela permet de vérifier ce que vous ressentez, en comparaison de ce que vous avez appris.

Toute personne en quête du divin, peu importe le nom utilisé, est un être humain en état d'éveil. Voilà le début : l'intention d'en savoir plus. Combien d'entre vous, lecteurs ou auditeurs, sont venus à cette énergie en raison de cet attribut ? Beaucoup ont entrepris leur croissance spirituelle il y a seulement quelques années. Cela fait suite à nos déclarations concernant le potentiel pour l'Humanité de modifier le voile, réalité qui prévaut en cette période de votre nouveau millénaire. Des milliers de personnes se posent actuellement la même question : « Qu'y a-t-il de plus ? »

Maintenant, voici quelques informations portant sur la quête elle-même, la vraie nature du processus de croissance spirituelle. Nous y avons déjà fait allusion au cours de channelings antérieurs.

2. La croissance spirituelle est-elle continue ?

En spiritualité, et aussi dans la conscience humaine, existe un axiome selon lequel on ne retourne jamais à un état de moindre conscience. En d'autres mots, un humain ne peut jamais désapprendre quelque chose. Y avez-vous jamais pensé ? Une fois intégrés à votre conscience, les éléments y demeurent pour toujours. Vous pouvez les supprimer, mais ils restent dans la mémoire sous forme d'engrammes, ces chemins neuraux de votre existence. Tout ce que vous avez jamais vu, ressenti ou appris s'y trouve. Il vous est impossible de vous en défaire par votre seul désir. Les circuits magnétiques ont agi au sein de votre cerveau, et vous ne pouvez rien désapprendre. C'est tout simplement impossible.

Ensuite, ce qui vaut pour la conscience humaine est aussi l'axiome de la spiritualité, qui s'énonce comme suit : vous, les guérisseurs, et vous, âmes illuminées, fortes de l'amour de Dieu, baignant dans l'énergie spirituelle, vous êtes-vous déjà demandé ce qui se passerait après cette vie-ci ? Quelques âmes très sages, qui en ont vu de toutes les couleurs, demandent : « *Cher Dieu, si je reviens, devrai-je tout reprendre depuis le début ?* » Vous êtes-vous posé cette question dans l'obscurité, pensant que Dieu lui-même n'était pas à l'écoute ? Certains des anges ici présents sous une forme humaine ont même décidé de ne plus se réincarner parce qu'ils ne voulaient plus avoir à refaire tout le chemin. C'est plutôt comique !

Nous avons de bonnes nouvelles pour vous tous. Il est grand

temps de vous rappeler ceci : vie après vie, *vous ne pouvez jamais revenir à un état de conscience inférieur* à celui des vies précédentes. Tout ce que vous avez glané et appris au cours de cette vie peut être repris et poursuivi au cours de votre prochaine vie. Cela signifie qu'ici sont présents des moines et des chamans, des hommes et des femmes médecine autochtones, ceux qui ont nourri cette terre depuis le tout début ! Vous le savez comme nous, vous êtes ici chez vous. Chamans, entendez-vous ?

Certains d'entre vous en sont si conscients qu'à peine arrivés sur cette planète, le temps de grandir et ils relevaient déjà le gant, revêtant le manteau de leur croissance spirituelle antérieure pour continuer le travail, et vous savez de qui je parle. Vous pourriez répliquer : « *Kryeon, cela semble aller contre le libre arbitre. Lorsque nous revenons sous la forme d'un nouvel être humain, même si nous possédons la même âme, n'avons-nous pas le choix ? Sommes-nous obligés de devenir des travailleurs de la lumière ? Est-il écrit que nous continuerons ce que nous avions entrepris dans la vie précédente ?* »

Voici un attribut que nous n'avons jamais présenté : celui du travailleur de la lumière dans le placard. La réponse à votre dernière question est **non**. Bien sûr, la prédestination n'existe pas, nous l'avons déjà mentionné, mais replaçons ceci dans le contexte de votre culture [celle du Canada]. Imaginez un homme ou une femme vivant dans une maison. Dans un placard sont rangés une paire de patins et un uniforme. La personne qui habite là, un grand athlète, fait partie de la plus grande équipe de hockey du pays. Il ou elle demeure là, mais cela n'apporte rien à l'équipe tant que les patins et l'uniforme restent accrochés. Il importe donc d'avoir l'intention d'ouvrir le placard.

De quelle personne est-il question ? De celle qui, lorsqu'elle comprend l'étendue de son talent, ramasse le manteau, le reconnaît et le revêt dans l'allégresse. Mais beaucoup n'en veulent pas, car elles en ont peur. Quelques-unes se trouvent même ici, d'autres viennent tout juste de lire ceci. Très chers, connaissez-vous un être humain que vous regardez en pensant : « *Quelle âme précieuse ! Si seulement elle savait ce que je sais, son existence serait plus paisible ! Elle serait moins inquiète, moins souvent fâchée, et sa vie ne serait pas un tel drame ! J'aimerais tant pouvoir lui transmettre mon savoir, lui apprendre comment se créer un endroit sûr, comment trouver sa divinité ! Je vois en elle l'âme d'un guérisseur, mais elle reste dans le placard.* » Peut-être est-ce un compagnon, un frère, une sœur. Comme nous l'avons déjà mentionné, il n'y a rien que vous puissiez faire, sinon prendre soin de votre propre espace et tenir haut votre lumière, phares que vous êtes pour les autres.

Si vous connaissez une telle personne, dites-vous que vous êtes en train de contempler un athlète spirituel géant, un chaman tout comme vous. Seulement, pour cette vie-ci, il a décidé de ne pas regarder dans le placard, de ne pas reconnaître ses patins et son uniforme, et de ne pas les mettre. C'est le type du travailleur de la lumière dans le placard. Tout ce qu'il a travaillé durant sa vie précédente attend seulement le moment où il enfilera ses patins, mais pour cela, le premier attribut est nécessaire, à savoir l'intention. Vous connaissez tous ce type de personne, il y en a même parmi les auditeurs ici présents et les lecteurs occupés à lire ces lignes. Oh ! Si vous saviez comme vous pourriez bien patiner ! Voilà pour l'attribut numéro deux.

3. Comment puis-je savoir si je grandis spirituellement ?

Cela est facile à vérifier. Permettez-moi de vous poser une question : comment percevez-vous votre passé ? Nous, nous le voyons dans le maintenant. Donc, l'énergie du passé est maintenant. Comment vivez-vous cette énergie passé/présent ? Pensez aux événements qui ont formé chacun de vous. Continuez-vous à véhiculer certaines énergies qui n'ont plus leur place ? Peut-être est-il déplacé d'éprouver encore aujourd'hui de la colère ou de la haine envers une personne de votre passé, mais certains le font. Peut-être refusez-vous même d'en parler. Que faites-vous de votre passé ? Il n'est pas du tout passé, il se déroule à l'instant, et c'est pourquoi vous le transportez encore avec vous. Lorsque vous pensez à des événements antérieurs, aux situations que vous avez contribué à créer, que ressentez-vous ? Votre cœur bat-il plus vite HIER. Non ! Il se manifeste à L'INSTANT MÊME. Ainsi, le travailleur de la lumière en croissance spirituelle en a déjà fini avec l'énergie de ce que nous appelons le maintenant du passé. Comment percevez-vous votre passé ?

Autre chose : si dans votre vie surviennent des choses vous concernant, donnez-vous prise au drame ? Êtes-vous en mesure, au beau milieu d'une situation qui vous inclut, de vous dissocier de l'énergie du drame ? Quelques-uns parmi vous sont en pleine pratique de ces tests. Comment vivez-vous le maintenant ? Que faites-vous de la peur ?

La peur offre plusieurs visages. Elle provient toujours d'un chakra inférieur, l'avez-vous remarqué ? Vous avez la possibilité de la comprendre et de la neutraliser avant qu'elle ne cause des blocages intellectuels et émotifs dans les chakras supérieurs. N'acceptez pas qu'elle vous contrôle, cela n'a jamais été son but. La peur appelle toujours une invitation à la dépasser. Comment vous débrouillez-vous avec la peur, avec l'inquiétude ? On y est, n'est-ce pas ? Où réside le facteur de croissance spirituelle ? Ce sont quelques éléments d'évaluation, et vous êtes les seuls à pouvoir répondre à ces questions. C'était l'attribut numéro trois.

4. La croissance spirituelle a-t-elle toujours des côtés négatifs ?

Pour des gens, croissance spirituelle est toujours synonyme de défis malheureux, d'aspects négatifs de la vie. Certains me demandent : « *Cher Kryeon, si j'atteins le niveau supérieur, si j'exprime l'intention de grandir spirituellement, de découvrir ma divinité, est-ce que cela signifie que je vais tomber malade ? Est-ce que ce sera mon défi ? J'ai souvent entendu qu'on n'obtenait rien sans souffrir. Ce n'est pas ce que je désire.* » Ou bien : « *Cher Kryeon, si je formule l'intention d'introduire dans ma vie une dimensionnalité supérieure, est-ce que je vais perdre un membre de ma famille ? Est-ce que cette sorte de défi horrible va me toucher ?* » Mais non, pas du tout ! Pourtant, il existe un sentiment tellement répandu selon lequel cela devrait survenir, que beaucoup génèrent ces situations afin de ressentir l'impression d'avoir grandi ! Dans ces conditions, il n'est pas étonnant que l'être humain éprouve une telle peur viscérale de l'illumination, que les personnes en quête de leur divinité aient une petite arrière-pensée : « *Oui, je le veux, mais peut-être bien que non.* » L'idée selon laquelle on doit souffrir pour aider Dieu trotte dans la tête de bien des gens.

Qu'est-ce que cela veut dire ? Je ne l'ai encore jamais mentionné, et vous devriez tous bien écouter. Chacun, au cours de ses multiples vies, choisit son lot de défis difficiles. Certains conservent de ces vies antérieures des empreintes de chagrins et de peines incroyables. Ces sentiments sont encore présents de manière résiduelle, puisque nous sommes toujours dans le maintenant. Au cours de cette vie-ci, vous allez vous en débarrasser, et aucun plan ne vous obligera à revivre des expériences passées.. Tout cela a déjà été accompli ! Pour votre information, il n'y a aucun axiome selon lequel les travailleurs de la lumière engagés dans la croissance spirituelle devraient supporter des défis pénibles ! Vraiment aucun !

Tous les tests ne peuvent être qualifiés de négatifs. Plusieurs types de tests sont offerts à cet auditoire. Oh ! Chers travailleurs de la lumière, nous vous connaissons. Que faites-vous de la joie ? Vos amis passent vous prendre : « *Nous sortons danser, nous voulons nous donner du bon temps, rire, blaguer et nous amuser ensemble !* » Comment réagissez-vous ? Peut-être est-ce une métaphore, mais pour bon nombre d'entre vous, cette situation est bien réelle. Ils répondront : « *Non, je suis un être spirituel, vous savez, je ne peux faire ça. Allez-y sans moi !* » [rire]

Les êtres spirituels se révèlent souvent très austères et entendent passer pour les *sérieux de Dieu*. Si c'est votre cas, vous venez d'échouer le test de la joie ! Celle-ci se représentera dans votre vie, puisque tel est le mécanisme des défis, et alors, combien la repousseront du revers de la main, arguant qu'ils ne la méritent pas ? Lorsqu'une énergie prometteuse entre dans la vie des gens, combien la rejettent sciemment ou en secret ? Échec au test de la joie ! Tous les défis ne peuvent être négatifs. Ceci est un exemple très révélateur. Combien d'entre vous arborent naturellement un sourire ? Souriez-vous lorsque vous êtes seuls ? La joie constitue-t-elle votre manière d'être naturelle ? Si ce n'est pas le cas, pourquoi ? Ceci représente un important test de croissance spirituelle.

Causons maintenant d'abondance, thème déjà abordé. Combien d'entre vous, guérisseurs, ne font pas payer leurs services ? Comprenez-vous que l'argent n'est qu'une forme d'énergie, l'énergie de subsistance propre à votre culture ? Il ne comporte rien de mauvais ni de sale. Ce qui importe, très chers, c'est la manière dont vous l'utilisez, et là réside votre responsabilité, votre test. Pourtant, ce n'est pas la perception la plus répandue.

Certains diront avoir lu dans les Écritures que le Maître chassait du temple les financiers et que l'argent, passant pour mauvais, n'était pas du côté de Dieu. En fait, il s'agissait d'un exemple montrant quel état de conscience régnait dans le temple, et révélant que les activités qui s'y déroulaient devaient tendre à préserver sa pureté. L'argent n'était pas en cause. La métaphore concernait le corps humain, l'avez-vous jamais compris ? La plupart des faits essentiels abondant dans les Saintes Écritures recèlent des messages destinés à vous amener à la sagesse spirituelle. Très peu doivent être adoptés au sens littéral.

Combien parmi les guérisseurs ici présents préfèrent recourir au troc plutôt que d'accepter de l'argent ? Vous allez dire : « *Je vais donner des soins et échanger ce service contre du bois.* » Si c'est votre cas, vous avez échoué le test de l'abondance, un autre défi relié à la peur de l'argent. On a toujours prétendu que l'argent était responsable de tous les maux. Observez un peu ! Cela semble être la réalité, puisque tant de gens entretiennent avec l'énergie de l'argent un rapport incompatible avec leur croissance spirituelle. N'est-ce pas une preuve que le test de l'abondance est essentiel ? Même les paroles de sagesse des humains reflètent ce défi.

Vous vivez au sein d'un système qui utilise l'énergie de l'argent, et voyez l'ironie : vous travaillez avec l'énergie, et pourtant vous refusez celle qui a pour nom l'argent ! Certains pensent que recourir au troc vaut mieux qu'accepter de l'argent ! Dans votre culture, c'est incorrect. La vérité, assez difficile à admettre pour des êtres spirituels, est la suivante : c'est une manière d'échapper à toute la question. En suivant les chemins d'antan, vous ne pouvez vous attendre à rendre efficace votre spiritualité au cœur d'une société moderne. Vivez donc à l'heure de votre culture ! Notre conseil ? Adoptez l'énergie nommée *argent*, et amenez-la à fructifier comme vous le faites avec l'énergie de guérison, la joie et la croissance spirituelle !

Il n'y a rien de mal à ça. Si vous refusez de recevoir de l'argent pour vos services, vous clamez à l'Univers que votre talent ne vaut pas grand-chose. Vous envoyez ce message de l'autre côté du voile. Lorsqu'ils reçoivent ces signaux, les énergies et les guides spirituels font tout leur possible pour honorer ce que vous avez déclaré. Considérez les signaux que vous émettez. Vous êtes trop spirituels pour faire la fête, pour accepter de l'énergie en échange de votre travail ? Dieu se chargera de « vous en donner pour votre argent », c'est promis !

Tous les tests ne sont pas ce que vous pensez. Que dire du test de la paix ? Combien de fois, étant en mesure de régler un des drames de votre vie, avez-vous plutôt choisi de vous y complaire ? Vous ne croyiez pas que nous savions qui allait lire ces pages ? Tels sont les mécanismes de la croissance spirituelle. Cela vous ressemble-t-il ?

5. Comment tout cela fonctionne-t-il ?

Quel est la mécanique de la croissance spirituelle ? D'abord, il ne s'agit pas d'un processus croissant en pente douce, mais d'un voyage se déroulant telles les marches d'un escalier. Avez-vous jamais vu les choses sous cet angle ? Une période d'étude, de croissance, est suivie d'un temps d'arrêt, de repos. Beaucoup envisagent leur cheminement de façon linéaire : « *Je vais devenir un être humain illuminé, suivre le sentier qui mène à l'ascension. Je vais exprimer mes intentions, et une longue pente d'apprentissage m'attend avant que je n'atteigne le sommet.* » Mais cela ne se passe pas ainsi.

Laissez-moi d'abord vous demander ceci : vous rappelez-vous votre premier examen à l'école ? Lorsque vous l'avez réussi, êtes-vous passé directement à la dernière classe ? Évidemment, non. À ce moment-là, après une période de repos, vous vous êtes tout simplement préparé à l'examen suivant sur votre chemin d'étudiant. Il en va ainsi de la croissance spirituelle. Cela peut vous permettre de saisir pourquoi, à certains moments, vous avez l'impression de ne plus grandir, d'être *déconnecté*. Beaucoup, alors frustrés, supplient l'Esprit de réapparaître afin de les aider à achever le processus.

Nous entendons maintes fois : « *Pourquoi ne se passe-t-il rien ? Pourquoi l'Esprit n'accomplit-il pas ce que je tente de co-créer ?* » Nous remarquons bien cette inquiétude, cette anxiété, et les guides sont là qui vous répètent : « Pourquoi donc ne pas accepter ce repos bien mérité ? »

Ce qui est en cause, c'est l'équilibre, n'est-ce pas ? La croissance favorise l'alternance des périodes de repos et de progression, pourtant cet équilibre est plutôt rare. La plupart d'entre vous cheminent constamment, et cela les nourrit spirituellement. Il est grand temps que vous appreniez à apprécier les récréations, comme le veut la spiritualité !

6. Peut-on grandir trop vite ?

La croissance spirituelle peut-elle se dérouler plus vite qu'on ne peut l'assimiler ? La réponse est **oui**. Il est peut-être temps que vous, travailleurs de la lumière, vous en rendiez compte. Beaucoup souhaiteraient recevoir tout en même temps, comme nous l'entendons souvent affirmer.

Parfois, il vous est demandé si vous êtes prêts à passer au niveau supérieur, et votre réponse immédiate est affirmative : « *Oh oui ! j'accepte, je prends tout !* » Et là peuvent commencer certains ennuis – les maux de tête, les insomnies. Vous cherchez alors à savoir comment l'Esprit peut bien vous faire ça, à vous, vous empêchant de dormir, par exemple, alors que vous devez aller travailler le matin ! Vous n'y comprenez plus rien ! Ce qui se passe en réalité, c'est que nous réalisons vos requêtes, nous honorons toutes les intentions que vous avez exprimées. Vous êtes les seuls, chers anges, à connaître vos limites, votre zone de confort. Si vous vous reconnaissez dans cette description, ce serait une bonne idée de réclamer un petit ralentissement !

Que pouvez-vous faire ? Vous seuls avez le contrôle. Par conséquent, votre message pourrait se formuler ainsi : « *Cher Esprit, prodigue-moi la nourriture spirituelle que mon corps est capable d'assimiler dans son état actuel.* » Qu'en pensez-vous ? Il n'y a aucune raison pour que la croissance spirituelle provoque de l'inconfort chez un être humain. Si cela vous arrive, il est peut-être temps pour vous de tenir une bonne conversation avec vous-mêmes, avec votre divinité et avec l'Esprit. En un moment paisible, devant votre autel, répétez doucement : « Ralentis, tout doux, tu as le temps ! »

7. Pourquoi est-ce si ardu ?

Chers anges, savez-vous ce qui parvient à nos oreilles ? Des pleurs incessants : « *Pourquoi est-ce si difficile ?* » Voici ma réponse, que je n'ai encore jamais formulée ainsi : parce qu'une bonne part du travail que vous effectuez demeure invisible. La belle créature qui, aujourd'hui [pendant le séminaire de Kryeon], a demandé si elle devait déménager, a reçu la réponse suivante : « Dans votre sphère, vous représentez un pilier de lumière, une ancre, une légèreté d'être en train d'éclairer les endroits obscurs dans votre entourage. Si vous partez, cette lumière disparaît avec vous. En d'autres termes, la lumière que vous émettez vous est dissimulée, et vous n'êtes pas consciente de laisser les autres dans l'obscurité. Est-ce bien ce que vous souhaitez ? » Bien sûr que non ! Votre croissance spirituelle et son retentissement sur autrui se dérobent à votre regard.

Il est rare que vous soyez conscients de l'effet que vous produisez sur une personne lorsqu'elle est en votre présence. Elle ne connaît peut-être même pas votre nom. Tout est dans votre façon de traiter autrui, dans l'amour qui ruisselle devant certaines situations, dans votre manière de vivre et de partager votre sagesse. Il ne s'agit pas du travail que vous pouvez accomplir et qui est visible. Quelquefois, le simple fait de manifester votre authenticité envers une autre personne engendrera chez elle un questionnement : « *Qui suis-je ?* » À propos de vous, elle pourrait dire : « *En cet être humain, je vois quelque chose de solide, de joyeux, quelque chose que je ne possède pas, et j'aimerais savoir de quoi il s'agit.* » Peut-être alors cette personne disparaîtra-t-elle de votre vie et vous ne la rencontrerez jamais plus. Sur le plan divin, un profond échange d'énergie se sera toutefois produit à votre insu.

Dans votre existence, combien vivez-vous de situations qui vous semblent temporaires ? Vous pourriez déclarer que vous ne reverrez jamais ces gens. Comment agissez-vous dans de telles situations ? Est-ce que vous créez votre joie, ou bien la manifestez-vous lorsque aucun regard n'est tourné vers vous ? Ceci constitue un autre test, parce qu'autour de vous, d'autres humains recherchent cette lumière que vous incarnez ! Membres de la famille, entendez-vous ? Vous pensez qu'un des membres de votre famille ne changera jamais, ne se demandera jamais s'il n'existe rien de plus essentiel dans la vie ? Permettez-moi d'affirmer ceci, que vous n'avez peut-être jamais saisi : vos actions au jour le jour, ainsi que votre manière de traiter cette personne et les autres, sont captées par une énergie invisible habitant chacune d'entre elles. Étant donné ce qu'elle a perçu en vous, chacune de ces personnes pourrait un jour se demander : « *Est-ce qu'il y a des patins dans mon placard ?* » Chaque être que vous touchez reçoit des graines de splendeur, mais elles sont tellement discrètes que vous ne vous en apercevez même pas.

Nous avons déjà suggéré des solutions à cette situation, vous recommandant de célébrer l'invisible. Vous pourriez proclamer : « *Cher Esprit, je ne comprends pas ce qui m'arrive. Il semblerait que la situation empire, mais je célèbre l'infortune ! J'ignore ce que sait l'Esprit, mais ce dont je suis certain, c'est que je vais continuer à porter bien haut ma lumière malgré tout.* » Ne l'oubliez pas, il existe un équilibre ; chaque test recèle sa solution. Pour l'être humain, le test est devant lui et la solution, derrière lui. Tout se maintient en équilibre, vous savez, comme la balance de la justice. Béni soit l'être humain qui jette un regard sur son passé afin d'y découvrir la solution au présent, qui représente son futur. Voilà pour le septième point.

8. De nouveaux attributs pour l'énergie nouvelle

Il s'agit ici d'un tout nouveau groupe d'attributs de la croissance spirituelle, dont nous vous entretenons depuis des mois. Tout au long de l'année dernière, nous avons traité du passage du deux au trois, abordant ainsi la nouvelle dimensionnalité de l'être humain. Nous avons communiqué des informations au sujet du Troisième langage, de votre aptitude à vous adresser à votre ADN. Nous avons déclaré que la croissance spirituelle n'était plus ce qu'elle avait toujours été, puisqu'elle exige désormais une conversation avec nos cellules. Elle modifie la résonance magnétique entre les différentes parties de l'ADN qui s'échangent des informations, décidant si vous attraperez ou non cette maladie, si le contrat sera exécuté ou non.

Comprenez-vous la portée de tout ceci ? C'est très prometteur ! Tout être humain en est capable. Jeunes, personnes âgées, votre âge n'est qu'une illusion, car vous avez tous, comme nous, le même âge ! La famille est éternelle. Vous avez évolué jusqu'au potentiel de la Nouvelle Jérusalem, mais vous ne l'atteindrez jamais à moins d'avoir appris que votre pouvoir était suffisant pour vous rendre aptes à modifier la structure cellulaire même de votre corps.

Vous avez reçu des instructions, de la chimie, des inventions se trouvent sur les tables de travail, prêtes à être révélées. Tout est là pour vous assister, et ces choses n'auraient jamais été révélées à l'Humanité si vous n'aviez opté pour cette énergie nouvelle ! Il est temps que vous découvriez les couleurs rayonnant sur la scène, car plusieurs guérisons vont avoir lieu. Certains d'entre vous commencent vraiment à réaliser l'importance de tout cela. Peut-être sentez-vous qu'on est en train de baigner vos pieds ? À présent, vous savez pourquoi.

9. Quels sont les résultats de la croissance spirituelle ?

Nous allons les énumérer ainsi. Dans une vie humaine remplie de tumultes, d'inquiétudes et d'une impression d'inadéquation, les tests semblent souvent négatifs. Qu'en est-il maintenant du résultat de la croissance spirituelle ? Vous disposez d'un endroit sûr – un sanctuaire où vous pouvez être et proclamer votre divinité, un lieu où vous pouvez sentir les câlins de la famille. C'est un endroit comme celui-ci, dans cette salle, ou dans la pièce où vous lisez ce livre. Qu'y avez-vous apporté ? Quelles pensées vous habitent en cet instant ? Concernent-elles un sanctuaire ? Êtes-vous en train de fêter la rencontre qui se tient actuellement ? Je vous y invite.

Certains parmi vous sont venus à cette réunion (ou à cette page), ce soir, afin d'être guéris. À présent, nous déclarons : « Que commence la guérison ! » En effet, ce cadre énergétique recèle un divin catalyseur qui la favorise. Elle n'est pas limitée à certains scénarios préétablis sur la Terre, selon lesquels vous devriez vous rendre à certains endroits ou accomplir des choses précises. La guérison peut se produire ici et maintenant. Les seuls ingrédients indispensables, vous les connaissez très bien : il s'agit des mécanismes de l'intention, de la cocréation, et de l'opportunité de l'intervention. Que commence la guérison. D'abord celle de votre passé, qui habite votre présent, ce qui par ricochet modifiera la biologie de votre être éternel.

Lors de notre dernière rencontre, nous avons évoqué un certain attribut de l'être humain. Êtes-vous au courant de l'évolution spirituelle de l'Humanité ? Tous ensemble, ceux qui gardent leurs patins dans le placard, ceux qui patinent et ceux qui ne savent pas comment, tous ensemble, vous avez participé à un phénomène remarquable. La dernière fois que nous fûmes en votre présence, nous avons abordé le mythe de Camelot, en le renommant la Nouvelle Jérusalem. Nous avons expliqué le sens et la profondeur du message du jeune-garçon-qui-voulait-devenir-roi : il symbolise la croissance spirituelle de l'Humanité, l'évolution de la divinité spirituelle qui soulève le voile, modifie la grille magnétique et favorise l'éveil de milliers de gens qui ne se seraient jamais préoccupés de leur propre divinité.

Selon la mythologie en question, une épée était fichée dans le roc ; ils semblaient tous deux à jamais soudés. La poignée de l'épée dépassait du rocher, mais ils étaient si solidement soudés qu'ils auraient fort bien pu être constitués du même matériau. Pourtant, à son heure passa le jeune-garçon-qui-voulait-devenir-roi, et il pratiqua l'alchimie afin de métamorphoser le roc et l'épée. Sous l'impulsion de son énergie, le rocher s'ouvrit. Ayant extrait l'épée, le jeune garçon déclara : « Contemplez Excalibur, l'épée de la vérité ! » Excalibur était vivante et chantait la note *fa*, celle du chakra du cœur, de l'amour. Cette épée symbolise la lutte menée contre la vieille énergie. Et ainsi, le jeune-garçon-qui-voulait-devenir-roi créa la sagesse de la Table ronde et la paix représentée par Camelot. Nous avions peut-être déclaré que c'était là un mythe, mais à présent, sur la planète, il s'est réalisé en tant que métaphore de l'être humain de l'an 2001. En effet, le jeune-garçon-qui-voulait-devenir-roi, c'est vous.

Vous détenez les secrets de l'alchimie, de la magie. Dans les années à venir, vous serez témoins de faits jadis inimaginables sur les plans spirituel et scientifique. Vous vivrez en définitive dans un monde nouveau. Tout au long de votre cheminement spirituel, vous acquerrez la capacité d'ausculter votre passé afin d'y trouver des solutions pour l'avenir. Vous pourrez engendrer l'intégrité nécessaire à des prises de décision éclairées : le jeune-garçon-qui-voulait-devenir-roi – chacun de vous – sera investi d'une nouvelle responsabilité, d'une nouvelle dimensionnalité. Les patins dans le placard symbolisent le catalyseur de l'alchimie, l'intention en germe et le pouvoir d'extraire l'épée du roc.

Chers anges, voici venu le moment le plus pénible pour nous, celui de vous quitter, surtout lorsque des guérisons sont en cours. Certains d'entre vous ne dormiront pas cette nuit, d'autres quitteront cet endroit en rayonnant d'une vibration encore jamais ressentie. D'autres, venus ici dans le doute, repartiront en se demandant si leurs patins se trouvent dans leur placard ! Écoutez : vous n'avez pas à revenir écouter (ou à relire) un seul channeling de Kryeon. En effet, tous les attributs de la croissance spirituelle dont nous avons causé ce soir vous sont disponibles n'importe où. Il s'agit de vous et de Dieu, de votre éveil spirituel, de votre découverte de la divinité en vous, du Soi supérieur qui vous habite, et enfin de la joie de l'enfant, depuis longtemps enterrée pour certains et qu'ils ont bien l'intention de redécouvrir.

Avec tant d'amour, tant de révélations, il n'y eut jamais, dans toute l'histoire de l'Humanité, de moment plus propice pour regarder dans votre placard ! Peut-être y ferez-vous la découverte d'un uniforme à votre nom ? Dans la salle, certains guérisseurs ne le savent même pas encore. De nombreux potentiels sont encore méconnus, mais il n'en tient qu'à vous.

Et ainsi, les membres de la famille se préparent à vous quitter, recueillant les vases remplis de leurs larmes de joie. Nous désirons vous rappeler que tout ce que vous avez ressenti durant cette soirée est à votre disposition chaque fois que vous êtes en présence de l'Esprit. Prenez un instant pour regarder dans les yeux ceux qui se retirent, car ce sont les membres de la famille. Le plus drôle, c'est que vous les connaissiez déjà, car ils existent dans des vies parallèles à la vôtre, dans le maintenant qui a l'air de se situer dans votre passé, sous la forme d'anciennes relations : ce sont des mères, des pères, des sœurs, des frères, des cousins, des compagnons de vie.

Entre plusieurs d'entre vous existe un ancien karma énorme, mais il n'aura plus à se manifester, maintenant que l'Humanité a extrait l'Épée du rocher. Cela n'est plus nécessaire, car vous avez transformé la réalité du test. Et le plus drôle, c'est que vous ne vous reconnaissez pas les uns les autres. En fait, il ne se représentera jamais un groupe semblable à celui-ci : il est absolument unique.

Et c'est ainsi, chère famille, que nous quittons cet espace. Il s'y est répandu une grande densité d'amour et d'énergie, dont une partie ne peut être effacée. Les auditeurs, comme les lecteurs, ont perçu une énergie très inhabituelle. Ce que vous avez reçu vous suivra dans vos demeures, c'est promis, parce que certains ont décidé de revêtir le manteau afin de découvrir en eux-mêmes la divinité. Un beau matin, peut-être, l'être humain se lèvera, esquissera quelques pas hésitants vers la salle de bains, et la première chose qu'il verra dans le miroir sera l'ange ! Alors, il saura que la Terre a changé. C'est là tout le potentiel de la Nouvelle Jérusalem.

Et il en est ainsi.

Kryeon

CHAPITRE SEPT

L'UNITÉ DE L'HUMANITÉ

Vancouver, Canada (Colombie-Britannique), Août 2001

Ce channeling fut le dernier événement Kryeon tenu avant la tragédie du 11 septembre 2001. Vous y trouverez de profondes allusions quant à l'importance de certains points. Si, auparavant, Kryeon avait rarement nommé les fondateurs des religions de la Terre, cette fois il a choisi de le faire, insistant même sur Mahomet. D'autre part, si d'habitude il ne parlait jamais de politique ni ne mentionnait de pays en particulier, il informe à présent sur la croisée des chemins où se trouvent les États-Unis. Au moment de cette transmission, ces informations étaient déjà exactes, mais après le 11 septembre, elles s'avèrent renversantes ! Le mois suivant, la Terre était transformée à jamais.

Salutations, très chers. Je suis Kryeon, du Service magnétique. À vous, chers humains qui êtes des anges, nous déclarons qu'il existe en ces lieux une présence, celle du « vrai foyer ». Nous y entrons doucement, tranquillement, remplis de révérence pour les anges assis sur ces chaises. Je m'adresse à vous qui m'écoutez avec vos deux oreilles, et à des yeux (ceux des lecteurs). J'invite d'ailleurs ces derniers à se joindre à vous tous dans cette salle. Lecteurs, nous comprenons qui vous êtes et à quel moment vous avez choisi de lire ce document. Ce n'est pas par accident que vos yeux parcourent ces pages. Nous sommes tous ensemble à présent, lecteurs et membres de l'auditoire.

Nous l'avons maintes fois demandé, mais nous devons encore insister : vous qui écoutez, ressentez-vous le **maintenant** ? La plupart d'entre vous répondraient oui. Vous qui lisez ceci, sentez-vous l'instant présent ? Vous répondez aussi sans doute par l'affirmative. Alors, qui a raison ? De quel **maintenant** s'agit-il ? Nous vous faisons remarquer que nous sommes ici tous ensemble et qu'il en a toujours été ainsi. Si vous pouvez comprendre ce concept, il ne vous est pas très difficile de saisir que vous êtes entourés des énergies de tous les êtres ayant vécu depuis la nuit des temps !

Peut-être pensez-vous que pendant vos visualisations dans l'espace apparent, personne n'est à l'écoute ? Mais c'est tout le contraire ! Lorsque peine ou frustration font couler vos larmes, vous vous demandez : « *Y a-t-il quelqu'un qui m'écoute ?* » Eh bien oui, nous sommes tous à l'écoute ! Voilà pourquoi le présent recèle un potentiel si fécond, dans l'attente qu'émerge du corps humain l'énergie créatrice : l'être humain est en effet le seul à pouvoir transformer la texture de la réalité au cours de toutes ses vies, qu'il s'agisse de sa vie présente, de ses prochaines vies ou de ses vies précédentes !

Tout ce que vous avez été se trouve emballé dans votre réalité actuelle. Vous véhiculez toute l'énergie de ce que vous appelez vos vies antérieures. Vous les vivez encore. Est-il donc surprenant que nous vous conjurions de renoncer à vos vœux afin de transformer une réalité apparemment immuable ? Un nouveau paradigme est apparu, qui a un goût de changement. Lors de notre dernière rencontre, nous avions annoncé la fin prochaine des modifications de la grille, précisant un calendrier dans votre temps linéaire. Nous avions prévu l'imminence des premières manifestations attendues dans votre vie.

Permettez-moi de vous demander si certains de vos projets en devenir semblent s'éterniser, si vous ne parvenez pas à les mener à bien. Quelque chose entrave leur poursuite ? En êtes-vous insatisfaits ? Avez-vous tenté sans résultat d'atteindre cette manne que vous sentiez intuitivement promise par Dieu ? Notre temps diffère du vôtre. Nous empruntons de nouveau cette phrase déjà employée : un jour viendra où tout s'accélérera et où tous les cadeaux que vous avez réclamés et espérés comme vous étant dus se manifesteront petit à petit, à mesure que vous les créerez dans une atmosphère de stabilité spirituelle et d'opportunité du moment. Vous vous habituerez à l'énergie nouvelle ; le Troisième langage vous enveloppera et vous saurez ce que signifie vivre constamment en contact interdimensionnel avec l'Esprit, à chaque instant et pas seulement au cours de vos méditations.

Tout ceci sera cimenté dans votre réalité et vous servira de matériau de construction. Comme nous vous le répétons depuis dix ans déjà, il est difficile de construire sur un sol instable. Les modifications à la grille commenceront à porter leurs fruits et celle-ci se stabilisera. Ainsi, vos sujets de frustration et les freins à votre essor ne sont que des tactiques de retenue conçues par nous avec amour et destinées à vous empêcher de bâtir dans la précipitation, sur un terrain instable et inadéquat. Nous entendons bien vos pleurs de frustration. Loin de nous le désir de les banaliser, mais amusez-vous avec tout le reste, car viendra un temps où le futur deviendra le présent. Si lecteurs et auditeurs sont différents, si les yeux diffèrent des oreilles, tous nous n'en constituons pas moins la même famille.

L'unité

Derrière l'information exposée aujourd'hui s'exprime en filigrane l'amour de l'Esprit pour la famille, c'est-à-dire tous ceux ici rassemblés ou occupés à nous lire chez eux. Cette information sur l'unité, vous avez besoin de l'entendre, de la comprendre et de la transmettre. Certains d'entre vous ont exprimé ces soucis : « *Cher Kryeon, selon vous, nous entrons dans une ère d'unité. Pourtant, autour de nous, tout n'est que chaos : où se cache donc cette unité ? Comment faire pour la promouvoir ?* » Je vais maintenant, dans un ordre croissant d'importance, apporter des réponses. Partons de la définition de la *Nouvelle Jérusalem*, métaphore déjà maintes fois employée qui prendra tout son sens à mesure que vous y réfléchirez ; située littéralement en plein cœur de la fin de votre cadre temporel actuel, elle représente aussi la lignée du peuple hébreu.

Dans nos messages, nous avons fréquemment évoqué cette lignée et emprunté aux événements historiques de ce peuple les métaphores de l'avènement de la Terre nouvelle. En effet, c'est cette lignée qui a décidé dès le commencement de faire partie de la fin. Ces gens ne sont pas pour autant supérieurs à quiconque. Tout simplement, ceci constitue leur tâche dans le plan d'ensemble de l'énergie terrestre et fait partie de la mesure de l'énergie de la planète.

Comme nous l'avons déjà mentionné, la Nouvelle Jérusalem ne fait pas référence à une ville, mais bien à la reconstruction du Troisième temple. Il ne s'agit pas d'un édifice : cette image représente la capacité de la Terre d'en finir avec la vieille énergie, rappelant la vanité des vieux paradigmes de lutte et de haine. Depuis bien des éons, tout se réglait au moyen de guerres et de conquêtes : désormais, l'énergie à l'œuvre peut porter un coup mortel à ce vieux paradigme. La Nouvelle Jérusalem est notre destination finale. Cette allégorie sur la reconstruction du Troisième temple et de la lignée des Juifs représente aussi celle de l'Humanité, mais vous ne pouvez encore vraiment saisir toute la puissance de cette information. La Lémurie et l'Atlantide, qui furent détruites, avaient trait à l'énergie du *Premier temple* : mythe pour certains, réalité pour d'autres, se terminant peut-être par la gigantesque inondation rapportée.

Ces derniers avaient raison ; c'est bien ce qui est survenu. Durant de longues années, les continents ont dérivé. Des sociétés et des cultures vieilles de plus de 10 000 ans furent englouties. Le Premier temple de la conscience – métaphore et non réalité – fut anéanti. Fait moins évident, mais tout aussi important pour l'évolution de la conscience humaine, le début du vingtième siècle vous offrit une seconde occasion de vous transformer et de reconstruire. La conscience prit son essor, et la Terre comprit qu'elle devait saisir sa chance d'emprunter des chemins inédits. Mais, comme on pouvait s'y attendre, le libre arbitre prit le dessus, et rien de tout ceci ne se produisit. Par contre, la majorité fut perturbée par les choix de quelques-uns, qui entraînèrent guerres, famines, destructions massives et mort : ce fut la chute du Deuxième temple.

Une humanité forte de son pouvoir aurait pu renverser ce mouvement, mais vous n'étiez pas encore en position de le faire. Le pouvoir de quelques-uns eut raison du grand nombre. Vous voici maintenant aux portes du nouveau millénaire. Laissez-moi vous dire ce qui diffère de la situation au tout début du vingtième siècle : vous avez réellement transformé en profondeur l'énergie de la planète. Désormais, il s'agit de trouver des solutions. Au 11:11, vous avez donné le feu vert pour le changement, et c'est en ce moment qu'il se produit. Une conscience de masse désireuse de reconstruire ce temple s'empare soudain de la planète.

Le Troisième temple en construction se révèle être, par conséquent, la nouvelle conscience, le dernier temple. À ce potentiel, raison de notre enthousiasme passé (il y a douze ans), nous avons répondu en modifiant la grille. Nous vous avions annoncé que cela prendrait douze années, et vous voici déjà dans la onzième. Faites le calcul ! Qui d'entre vous comprend l'expression « passer du 2 au 3 », caractéristique du futur scénario ? Une fois la nouvelle conscience édifiée, la grille répondra et les métaphores prendront tout leur sens.

Quelle période incroyable pour l'Humanité ! Rappelez-vous cependant qu'au fur et à mesure de votre progression, l'opposition grandira. Mais dorénavant, grâce à l'avènement de votre nouveau paradigme, la minorité ne pourra plus vous asservir.

La religion, le plus grand obstacle à l'unité ?

« *Kryeon, vous parlez d'unité, mais qu'allons-nous faire des religions ? Certains affirment qu'il s'agit là du plus grand écueil sur le chemin de la paix. Car c'est la religion qui a provoqué tant de guerres et de dissensions entre tous ceux qui ont foi en Dieu, mais dont la manière de croire diffère. L'intolérance règne !* » Permettez-moi de vous présenter quelques concepts. Au commencement, Abraham, le père du monothéisme, connaissait l'existence d'un seul Dieu. On lui donna cette information dès le début. Il fonda les tribus autour de ce concept d'un Dieu unique qu'il adora ; il comprit le sens de la création et honora ce Dieu unique. La vallée de l'Indus vit naître la noble religion qu'est l'hindouisme. Son principe de base était que tout ne faisait qu'Un. Les hindous rendaient hommage à l'essence d'unicité en toute chose. Certains pourraient commenter : « Bien sûr, mais voyez ce qui s'est passé ; aujourd'hui, ils ont une foule de dieux. »

Nous vous disons ceci : tous les dieux de l'hindouisme renvoient à l'Un. Dans la pensée hindoue, tous les dieux peuvent devenir l'Un, et l'Un peut se multiplier. Cette notion est similaire à la croyance qu'entretenait Abraham en un Dieu créateur de toutes choses. La même énergie colossale engendra le Seigneur Bouddha, qui a proclamé l'unicité de toutes choses – de la poussière que l'on foule jusqu'au soleil : tout ce que l'on voit, tout ce que l'on perçoit ne fait qu'Un. C'est Dieu et c'est vous. Juste avant de s'éteindre, il a fait une déclaration que plusieurs ont oubliée : « Vous ne devrez vouer de culte à personnes. Je ne désigne aucun successeur, car nous ne faisons tous qu'Un. »

À l'instar des hindous et d'Abraham, Bouddha connaissait la nature humaine et incitait ses disciples à découvrir leur propre centre en eux-mêmes, et non à le chercher en autrui. Alors apparut le Maître de l'amour proclamant : « Dieu est amour. » Le Christ diffusa un message sur l'unité de l'amour de Dieu. Il rendit aux humains leur pouvoir, leur faisant savoir à quel point ils étaient honorés. Les Béatitudes furent prononcées : « Heureux les doux, car ils hériteront de la Terre ». Et vous voilà ici, doux guerriers ! S'agit-il d'une prophétie ? Jésus a aussi enseigné comment effectuer une guérison, comment réaliser l'abondance, durant notre vie ici-bas. Il a enseigné que l'unité de Dieu résidait dans le pouvoir de l'amour.

Pour sa part, Mahomet a rencontré un ange dans une grotte, c'était l'archange Gabriel. Celui-là même qui s'adressa à Moïse dans le Buisson ardent, l'ange de la communication. Je le sais, parce que j'y étais. À cette occasion, Gabriel a transmis à Mahomet un message qui lui a permis de fonder l'imposante nation de l'Islam. Voici ce qu'il dit : « Il n'existe qu'un seul Dieu. » Que fit Mahomet de cette pensée ? Il unifia les tribus arabes dans le but de leur faire goûter la joie et la paix du Dieu unique d'Israël.

Mahomet rendit hommage à Abraham. Le saviez-vous ? Relisez ses paroles. Saviez-vous que les tapis de prière devaient à l'origine être tournés en direction de Jérusalem ? Que, lors de son ascension, Mahomet avait consulté Abraham et le Christ ? Son livre l'affirme clairement ! Ainsi, les nations de l'Islam adoptèrent la vision d'Abraham et s'unirent au Maître de l'amour. Voilà la vérité. C'est ainsi que tout a commencé. Mahomet parlait d'unité. Il est mort jeune, animé de cette vision, assassiné dans sa ville natale par la famille tribale même qu'il tentait d'unifier.

Nous soutenons que les religions ne sont pas en cause, car : d'une même essence, celle qu'ont prêchée les pères des traditions spirituelles sur terre. Toutes ont pour noyau l'unité, la sagesse et l'amour de Dieu. Le problème, c'est ce que les êtres humains en ont fait.

L'unité est-elle possible en politique ?

« *Kryeon, comment traiter la question des pays et de la politique ? Nous n'y arriverons jamais ! Comment réussirons-nous à instaurer une unité sur terre ?* » Permettez-moi de vous expliquer ceci : vous êtes tous en formation ! Ne l'avez-vous pas remarqué ? Aux États-Unis, les dernières élections, pour le moins insolites, ont engendré une situation où la tolérance sera de mise. C'est une nation où la majorité doit théoriquement prévaloir, mais aujourd'hui, il n'y a pas de majorité au Congrès. Il faudra vraiment faire appel à la tolérance ; les politiciens ont d'ailleurs engendré une situation qui l'exigera. C'est pourquoi les États-Unis traversent aujourd'hui leur plus importante période d'apprentissage. À l'heure actuelle, ce pays subit ce que l'on nomme *la conscience des anciennes énergies*. Réussira-t-il ou pas ? Une vieille problématique sera mise à l'épreuve. Vous pouvez l'appeler *le dernier râle de l'épreuve*. Dans cette contrée située au sud d'ici [Vancouver] sévit le concept d'isolationnisme, relent typique de la vieille énergie. Est-il encore approprié ? Jusqu'à quel point les États-Unis peuvent-ils se joindre au reste du monde ; jusqu'à quel point peuvent-ils en rester séparés ? Cette question revêt une importance cruciale.

Quand avez-vous été témoins pour la dernière fois d'émeutes, de morts et de destruction autour d'échanges commerciaux ? Une partie de la vieille Terre accueille les nouveaux concepts avec des réactions de peurs ! Aujourd'hui, dans votre pays [le Canada], vous êtes confrontés à des décisions au sujet d'une autre question inquiétante, le *séparatisme*. Il s'agit aussi d'un scénario de *dernier sursaut*, scénario susceptible de réussir ou d'échouer. Il faut vous faire une idée, car cette énergie est désuète et ne peut persister bien longtemps en ce nouveau millénaire. Elle reflète une attitude basée entièrement sur la peur : peur de voir disparaître une culture, peur que ceci ou cela se produise. Cette attitude n'est pas à la mesure de l'énergie de cocréation, de sagesse ni même de la coexistence pacifique entre les peuples.

[Pour les États-Unis] Des décisions doivent êtes prises, car les choses ne peuvent demeurer ainsi. Hommage à ceux qui ont compris que de profondes transformations étaient en préparation. Les plus grands changements qui surviendront auront trait à l'ancien et au nouveau. Les humains présents ici, ou lisant chez eux ces paroles, sont ceux qui peuvent les générer. Car changements il doit y avoir. Le potentiel de transformation le plus important se profile pour l'année du trois [2001].

La meilleure solution

« Ainsi *Kryeon, la politique constitue le plus grand obstacle à l'unité, n'est-ce pas ?* » Non, c'est faux. L'écueil le plus important n'a rien à voir avec la politique ni la religion. Quel est donc le plus grand problème empêchant l'unité sur terre ? Permettez-moi de vous poser une question concernant votre unité personnelle : comment sont vos rapports avec votre famille ? Quelle est cette chose à laquelle vous vous accrochez et qui vous sépare de l'amour ? À quelle énergie vous cramponnez-vous, incapable de lâcher prise ? Vous n'atteindrez aucune unité en votre cœur ni dans votre corps jusqu'à ce que ce vieux contrat d'énergie soit aboli. Il faut deux intervenants pour contracter une entente. Il s'agit parfois d'un contrat passé entre vous... et vous !

Maltraitez-vous encore votre corps ? Pourquoi ? Vous pensez peut-être que la question est négligeable, mais ces préjudices pourraient bien écourter votre séjour sur terre ; en outre, ils pourraient faire de vous un guérisseur ou un artisan de lumière beaucoup moins efficace. Y aviez-vous songé ? Et au travail, comment se passent les choses ? Vous consacrez-vous à votre vocation avec enthousiasme ? Lorsque vous vous rendez à votre emploi, entouré de gens que vous n'avez pas vous-mêmes choisis, ressentez-vous de la joie ? Pensez-vous que ce qui s'y passe est accidentel ?

Et celui ou celle qui vous attend à la maison ? Votre partenaire ? Nous arrivons aux points sensibles, n'est-ce pas ? « *Kryeon, pourquoi nous demandez-vous ceci ? Quel rapport y a-t-il avec la paix sur terre et la reconstruction du Troisième temple ?* »

Que pouvez-vous faire pour la Terre ? Cela peut paraître trop simple : pensez à l'unité entre *vous* et *vous-même*. Je souhaiterais vous dire qui est venu s'asseoir à vos côtés il y a quelques minutes. Au début de la conférence, avez-vous éprouvé un sentiment de familiarité vous pénétrant ? Avez-vous ressenti quelque chose de très spécial ? Qu'est-ce, ou plutôt qui était-ce ? Vous-même êtes venu vous asseoir auprès de vous ! L'entité qui a pris sa place près de vous est celle qui se trouve de l'autre côté du voile et qui porte aussi votre visage. Voici ce qu'elle souhaite vous demander, cher être humain : est-ce que vous souriez lorsque personne ne vous regarde ?... Savez-vous vraiment qui est présent en vous ou permettez-vous à la dualité de vous envahir ?

Aimeriez-vous vous dépouiller des pelures de la dualité qui vous enveloppent et faire éclater à la lumière votre noyau spirituel ? Riez-vous lorsque vous êtes seul ? Éprouvez-vous de la joie quand personne d'autre n'est avec vous ? Si la réponse est non, alors vous n'avez pas découvert qui habite en vous ! Car, si vous connaissiez vraiment le noyau, l'unité, l'ange intérieur, vous seriez peut-être étonné de découvrir qu'il s'agit d'un enfant ! Les anges ne grandissent jamais, vous savez. Ils ont toujours le même âge – ils restent jeunes, joyeux, enjoués, rieurs et souriants. Voilà qui vous habite. Voilà celui qui peut engendrer l'unité sur la planète. Pourquoi donc pas vous et... vous-même ? Béni soit l'être humain qui comprend où réside l'ange – cette conscience de la joie et de la célébration.

Voilà l'être humain qui engendrera l'unité sur la planète. C'est celui qui contribue à la nouvelle grille magnétique. Il est pourvu des outils aptes à bâtir le Troisième temple de conscience, la Nouvelle Jérusalem sur terre. Forts de cette compréhension, vous verrez tout le reste trouver sa place. Lorsque vous réaliserez l'union de Vous avec Vous-même, vous poserez la pierre angulaire du dernier temple. Et cela vous protégera contre tout ce qui pourrait s'opposer à vous : la peur, le chagrin ou le dernier râle de l'ancienne énergie. Voilà le sens du message de Kryeon, et ce le fut de tout temps.

Pendant que nous nous retirons, que la guérison commence !

Et il en est ainsi.

Kryeon

LA TRAGÉDIE DU 11 SEPTEMBRE 2001

Quelques paroles de Lee Carroll…

Le 11 septembre, nous en étions à notre quatrième jour d'une *croisière Kryeon* autour des îles hawaïennes. C'était la seconde année de cette activité, qui incluait Jan Tober, les facilitateurs Barbra Dillenger et Michael Makay, Robert Coxon, le musicien canadien bien connu (qui compte à son palmarès plusieurs enregistrements), et moi-même. Les hôtes de cette croisière, Mary Ellen et Len Delekta, vivaient leur lune de miel. Il avait été prévu que cette journée serait libre, sans aucun événement Kryeon.

En raison du décalage horaire, les premiers réveillés purent assister en direct aux événements de New York et de Washington, D.C. Tous les autres, parmi lesquels j'étais, ont découvert l'histoire après coup, repassant sans cesse les cassettes vidéo. Je me souviens que Jan m'a appelé dans la cabine : « Allume la télévision ! », ce que je fis. Ce matin-là, nous avons reçu un choc violent, tout comme la plupart des Américains.

Le nom du navire était *Ms Patriot.* Chaque matin, au petit déjeuner, nous commencions la journée en nous levant pour écouter notre hymne national. Ce jour-là, ce fut différent, ce geste prenant un sens plus profond, et nous sûmes que le monde venait de changer… que *nous* venions de changer.

Le capitaine nous permit gracieusement de diffuser un message à tout le navire à l'intention du groupe de Kryeon, invitant tous ceux qui le désiraient à participer à une méditation au salon *Le nid d'aigles*, où se tenaient les événements Kryeon. La réunion débuta. À titre d'animateurs du groupe, nous avons parlé brièvement, puis nous avons médité tous ensemble, nous réconfortant mutuellement. Nous avons chanté un peu, prié, certains ne pouvant retenir leurs larmes. Cela semblait bon d'être en famille !

Malheureusement, ce fut le dernier voyage du *Ms Patriot.*

Les événements du 11 septembre et leurs retombées économiques sur Hawaï plongèrent la compagnie maritime dans la faillite. Nous l'avons appris quelques semaines plus tard.

Sur le navire, nous pouvions communiquer avec l'extérieur par courriels ; c'est pourquoi, juste après la méditation, nous avons canalisé une réponse de Kryeon à l'ordinateur. Je l'ai envoyée à Gary Liljegren, notre webmestre, à Barb et Rob Harris, les éditeurs de notre magazine électronique, et également au *Sedona Journal of Emergence* (le magazine dans lequel sont présentés chaque mois les channelings de Kryeon). Le message fut immédiatement transmis à des milliers d'internautes dans notre rubrique « Messages guimauves », et placé en première page de notre site Web. Il fut aussi publié dans le numéro suivant du *Sedona Journal of Emergence.* Nous savons que beaucoup purent le lire et furent réconfortés par les paroles de Kryeon.

Cet événement touche chaque humain sur la planète. Mais notre groupe comprenait une mère dont la fille travaillait dans une des tours jumelles et devait commencer à 6 h 30 du matin (heure de l'Est). Logiquement, elle aurait dû s'y trouver lorsque le premier avion s'est écrasé. Cette mère tentait depuis des heures d'appeler sa fille, mais comme on pouvait s'y attendre, toutes les lignes étaient surchargées.

Elle essaya mille fois ! Le plus frustrant, c'était que le navire n'était pas équipé d'une technologie adaptée aux cellulaires et que son système téléphonique était constitué d'un simple branchement, du bateau à la côte, très vieux et aux possibilités limitées. La pauvre femme continuait d'appeler, espérant que quelqu'un saurait quelque chose à propos de sa fille bien-aimée. Enfin, la connexion fut établie. Pouvez-vous imaginer la joie de cette mère apprenant finalement au téléphone que sa fille avait *accidentellement* raté l'événement, ne s'étant pas réveillée à l'heure ! Elle s'était alors précipitée vers son travail et était arrivée au rez-de-chaussée de la tour juste à temps pour voir le premier avion s'écraser. Sa réaction ? Elle avait voulu immédiatement s'élancer à l'intérieur, mais son ami, qui l'accompagnait, l'avait littéralement transportée dans ses bras pour l'éloigner des lieux. Nous avons tous célébré ce miracle, alors que partout il n'y avait que tristesse. Cela nous fut d'une aide précieuse.

Deux semaines plus tôt, j'avais tenu deux réunions au New Jersey, juste à la frontière avec l'État de New York, de l'autre côté du pont. Beaucoup de participants venaient de New York, plusieurs d'entre eux travaillaient à Manhattan. Je suis paralysé à l'idée qu'ils pourraient ne plus être en vie aujourd'hui. Je ne le saurai jamais. Pour rentrer à Los Angeles, j'avais pris un vol de la compagnie United, et j'ai toujours à l'esprit ce que les personnes se trouvant à bord d'un avion identique ont pu vivre. Au moment du décollage, nous avions survolé la ville, et j'avais vu les tours jumelles, dernière fois que je verrais ces deux symboles américains.

À bord du navire, le 13 septembre, un channeling très émouvant fut offert. Kryeon nous demanda de visualiser tous ceux qui avaient péri. Il voulait que nous les imaginions rentrant au foyer avec joie et intention. Juste avant d'effectuer leur transition finale, ils se tournent vers nous et, tous ensemble, prononcent les paroles que voici : « Nous vous avons assez aimés pour vous offrir cette poussée dans le dos, ce cadeau d'action. Qu'allez-vous en faire ? Faites en sorte qu'il en vaille la peine ! Que l'amour en vaille la peine ! » Puis ils se retournent et disparaissent sous les formes divines qu'ils sont, les formes que nous revêtons lorsque nous ne sommes plus ici. Leur disparition a laissé place à la certitude que nous finirons par les rejoindre, car c'est ce que nous faisons toujours.

Six mois ont passé, et mon cœur est encore étreint de souci et d'empathie envers ceux que nous avons perdus ! En même temps, j'espère que cet événement aura engendré une grande différence sur notre planète pour la génération de nos enfants, qui auront peut-être la chance de ne jamais avoir à revivre une telle expérience. Qu'allons-nous en faire ?

Dans cette nouvelle guerre, les personnes qui ont donné leur vie cette semaine-là pourraient un jour être considérées, bien malgré elles, comme des vétérans et des combattants involontaires ayant contribué au maintien de la liberté du monde entier. Un monument sera érigé à leur mémoire, et j'espère un jour m'y trouver et leur exprimer tout mon amour. Dans le *maintenant*, elles sont toutes toujours avec nous.

J'aimerais maintenant présenter les réflexions de Jan Tober en ce jour. Jan est ma partenaire durant les conférences et la cofondatrice du travail de Kryeon. Elle résume ici nos sentiments à tous les deux. Suivra ensuite le message envoyé par Kryeon le 11 septembre 2001.

Quelques mots de Jan Tober...

Par la grâce de l'Esprit, la crise du 11 septembre 2001 a trouvé 70 personnes à bord du *Ms Patriot*, navire battant pavillon américain et voguant dans les eaux de ce qui fut jadis le continent de Lémurie, maintenant appelé les îles hawaïennes. Lee et moi, ainsi que nos amis très chers et enseignants depuis des années, Barbra Dillenger et Michael Makay, étions les hôtes de la seconde croisière annuelle de Kryeon. Ce devait être une expérience « retour en Lémurie ».

Nous appareillâmes le samedi après-midi, et le mardi suivant, le 11 septembre, nous avions déjà reçu deux channelings très puissants de Kryeon et exploré l'île de Kauai. Le matin du 11 septembre, j'ai allumé la télévision dans ma cabine afin d'y trouver le programme des émissions de la journée. En état de choc et n'en croyant pas mes yeux, comme des millions d'autres humains, j'ai vu la tragédie surréelle passer et repasser devant mes yeux, creusant un profond abîme de souffrance au sein de notre conscience à tous.

Lee et moi avons promptement rassemblé notre famille lémurienne dans la pièce située tout en haut, à l'avant du bateau, et surplombant le pont. Alors que nous nous réunissions, quelqu'un fit remarquer que le 11 septembre représentait le 911, numéro d'appel au secours (d'urgence). Nous avons également remarqué que nous naviguions dans les eaux de Kauai et, qu'en quelque sorte, nous avions été placés dans la partie la plus occidentale des États-Unis, aussi loin que possible des lieux de la tragédie, tout en nous trouvant encore sur ce territoire. C'était aussi un espace où nous avions pu raviver l'amour jadis éprouvé en Lémurie, étant alors des êtres humains complets.

Dans notre groupe, ce jour-là, tous ressentaient un choc et une tristesse indicibles, pas seulement pour leur pays, mais aussi pour le monde entier. Nous étions confrontés à un énorme défi. Lorsque j'amorçai une méditation guidée par channeling, nous reçûmes le message qu'il était approprié de sortir de notre mental et d'entrer dans la dimension du cœur. L'Esprit nous rappela les instructions pour retrouver l'espace du cœur, afin de pouvoir nous concentrer uniquement sur l'intention et le sentiment d'amour et de lumière. Vu les circonstances, c'était tout un défi, mais nous commençâmes.

Tout d'abord, nous sommes entrés dans l'espace du cœur d'une manière consciente et délibérée. Nous avons visualisé la ville de New York et les tours du World Trade Center intactes, comme avant la tragédie, et inondées d'une lumière dorée chatoyante. Nous avons demandé à l'Esprit, à nos maîtres, à nos guides, à nos anges, de nous aider à amplifier l'énergie d'amour dorée. Puis nous avons déplacé cet amour vers Washington, D.C., le Pentagone, le lieu de l'écrasement en Pennsylvanie, et vers tous ceux qui avaient perdu la vie.

Si nous nous trouvions submergés par la peur, les larmes, le chagrin, nous replacions, avec douceur mais fermeté, notre intention sur l'Esprit, le seul pouvoir qui est l'amour. Au début, c'était difficile, nous étions si vulnérables ! Mais à mesure que la grâce de l'amour nous emplissait, cela devenait plus facile. Puis, dans la salle, nous avons ressenti l'arrivée des personnes décédées, moment extrêmement émouvant. Alors, nous vîmes des anges dans les rues de New York en train d'assister les victimes pendant leur transition, et aussi d'aider les familles et ceux qui restaient en vie. Avec l'aide des anges, nous avons ensuite dirigé notre intention sur tous les dirigeants du monde afin qu'ils se rejoignent au nom de l'unité, leur Soi supérieur assumant la responsabilité de leurs décisions.

Notre groupe se dispersant afin que chacun jouisse d'un espace intime pour ses prières, l'Esprit nous demanda de fournir l'effort conscient de ramener notre intention vers le sentiment d'amour que nous avions engendré ensemble.

Le samedi matin, nous avons débarqué à Honolulu. Jetant un coup d'œil alentour, je réalisai que j'étais dans les eaux de Pearl Harbor, qui avait, jusque-là, constitué le lieu de la pire attaque contre le territoire des États-Unis. Quelle ironie ! Le samedi 16 septembre 2001, nous pûmes prendre un vol vers San Diego, pour rentrer chez nous. L'Esprit me rappela la configuration astrologique que nombre d'entre nous connaissaient, à savoir qu'au-dessus du Moyen-Orient (de Gizeh) allait astrologiquement se former une étoile de David. Les informations reçues intuitivement par plusieurs d'entre nous indiquaient qu'après l'ouverture de ce portail, rien ne serait plus jamais identique. L'Humanité en avait fini avec la complaisance du passé. Comme c'était vrai !

Tous les participants à la croisière de Kryeon pensaient que le plus gros du voyage se passerait en plaisirs et en transformation. Nous ne nous attendions aucunement à être plongés ensemble dans un moment aussi capital pour cette planète, mais tout était parfait. La magie de la Lémurie était présente. En ce qui me concerne, j'étais tellement reconnaissante d'avoir pu faire partie d'un merveilleux groupe d'anges humains lémuriens, alors que nous accomplissions tous le travail de l'Esprit dans ces îles submergées de paix que nous appelions notre foyer.

Que la paix règne !
Namaste, Aloha, Om shanti,

Jan Tober

MESSAGE DU 11 SEPTEMBRE 2001

Très chers, nous portons aujourd'hui le deuil des membres de la famille qui ont vécu leur transition ou sont en train de le faire. La plupart d'entre vous se posent la question suivante : « Pourquoi n'étions-nous pas au courant ? » ou bien « L'Esprit n'aurait-il pas dû nous avertir de ces événements ? ».

Nous tenons à ce que vous sachiez tous que les paroles prononcées il y a un certain temps sont maintenant devant vous : « Aucun être humain ni aucun esprit ne peut prédire ce qui se passera demain ! » Que ceci survienne en dehors d'un espace-temps linéaire et que l'Humanité ait totalement le contrôle, tout cela fait partie de la nouvelle dimensionnalité. Ce dont vous fûtes les témoins aujourd'hui est le résultat de ce que nous avions annoncé comme le potentiel pour l'an 2000 et les suivants. Nous avions évoqué la rage spirituelle qui s'emparerait des personnes incapables d'abandonner le vieux paradigme, l'ancien mode de fonctionnement des choses. Désormais, vous tous dans votre pays d'Amérique, avez une idée de ce que cela voulait dire. La bataille commence gravement, et maintenant vous comprenez pourquoi on vous appelle les *guerriers de la lumière.*

Le nouveau millénaire apporta avec lui une responsabilité nouvelle tournant autour de la question suivante : « Qu'allez-vous faire dorénavant ? » Pouvez-vous vous élever au-dessus de la colère ? Pouvez-vous voir dans ces événements autre chose que de la rage ? Allez-vous vous unir ou vous désunir ? L'abîme s'ouvre et les choix se font de plus en plus difficiles, c'est ainsi que prend forme la nouvelle sagesse sur la planète.

La famille qui a effectué sa transition en ce jour, le *11*, a donné son accord pour faire partie de ce potentiel d'horreur humaine, quelque chose qui aurait pu changer hier si l'Humanité en avait décidé autrement. Pourtant, vous vous êtes mis d'accord pour avancer, et le résultat de ce choix fera de vous, encore plus que jamais auparavant, des membres de la famille planétaire. Peut-être cela vous rapprochera-t-il de la concorde ? Peut-être cela vous amènera-t-il à décider autrement du sort du monde ? Peut-être un plus grand nombre d'entre vous se mettront-ils à genoux ? Peut-être plus de gens comprendront-ils ce qu'est la famille planétaire ?

Si tel est le cas, les humains qui aujourd'hui rentrent au foyer fêteront encore plus qu'ils ne l'avaient prévu, parce que cela aura accéléré la guérison planétaire. Tout se déroule selon l'ordre divin, et tout est approprié, bien que de telles déclarations vous soient incompréhensibles tant que vous vivez ce chagrin. Pouvez-vous maintenant trouver la paix en votre cœur, même à l'égard des responsables de ces événements ? Êtes-vous en mesure de penser interdimensionnellement ? Voilà les questions qui départageront ceux qui se contentent de parler de croissance spirituelle et ceux qui la comprennent et la vivent réellement.

Bénis soient les membres de la famille qui survivent, eux qui s'effondrent sous le poids de la souffrance et de la peine d'une perte inconcevable. Pour l'instant, envoyez-leur votre énergie et votre amour. Rappelez-vous ! Les pensées de quelques-uns peuvent modifier la réalité d'un grand nombre. Envoyez-leur des câlins à distance. Amenez-les dans vos espaces et pleurez avec eux, car ils ont besoin de votre aide.

Puis, quand assez de temps aura passé, puisez de sages décisions à partir de la nouvelle source d'êtres humains qui peuvent maintenant s'abreuver auprès des maîtres, ceux qui offrent le potentiel de leur énergie à la planète.

Un appel à l'action a résonné très haut sur cette terre qui se contentait du bonheur d'exister et de regarder les autres s'occuper de tout. Dorénavant, vous serez tous impliqués dans les mêmes défis. Les résultats ? C'est le libre arbitre des humains qui décidera de ce qu'ils seront, comme il en fut de tout temps. La différence, c'est qu'il y a à présent une urgence inouïe.

Vous n'êtes pas tout seuls dans cette situation, et des millions d'autres se dressent afin de vous apporter des solutions à ce que vous reconnaissez maintenant comme étant bien réel : la lutte entre l'ancien et le nouveau.

Très chers, l'amour est infiniment plus puissant. Vivez-le dès à présent ! Nous vous accompagnons dans votre deuil et célébrons la sagesse profonde qui pourra éventuellement découler de tout ceci.

Vous êtes tendrement aimés !

Kryeon

CHAPITRE HUIT

LE CERCLE D'ÉNERGIE DE L'HUMAIN ORDINAIRE

San Francisco, Californie, Denver, Colorado
Octobre et Novembre 2001

Salutations, très chers. Je suis Kryeon, du Service magnétique. Ce moment précieux permet à l'Esprit et à sa famille de se disperser en ce lieu. Parmi ses membres, certains vous réservent la surprise de leur présence. Quelques auditeurs ont déclaré que le cortège de Kryeon, ces entités qui se rassemblent pour baigner vos pieds, ne changeait jamais. Nous vous informons qu'il n'en est pas ainsi ! Le groupe présent connaît vos noms. Nous vous attendions ici, car vous aviez formulé votre intention d'être des nôtres. Même les personnes qui se sont décidées à la dernière minute portaient en elles-mêmes, depuis bien des jours, le potentiel énergétique de leur présence. Pour vous rassurer, chers êtres humains, parcelles ordinaires de Dieu, je vous le dis : peut-être à présent saisirez-vous exactement qui est venu voir qui ?

Depuis trois jours, notre cortège attend cet instant. Il y a trois jours, nous avons entrepris la préparation de cette salle pour les auditeurs et les lecteurs, c'est-à-dire la répartition des places d'après les personnes attendues, les *anges* qui allaient franchir cette porte [les humains]. Quelques-uns, parmi vous, ont remarqué que nous avions établi en ces lieux un sanctuaire très paisible, une sorte de bulle servant à vous isoler un moment du reste de la Terre afin de laisser émerger peu à peu le souvenir de ce que vous êtes réellement. Autorisez l'amour de l'Esprit et de la famille à faire tomber l'une après l'autre les barrières de l'intellect et de ses préjugés à l'égard de ce que vous nommez le voile. Peut-être cet amour est-il apte à briser la coquille de la dualité qui vous empêche de sentir véritablement l'amour de Dieu ?

Vous voici, baignant dans cette énergie nouvelle qui facilite la transmission des messages comme jamais auparavant, une énergie d'amour qui vous atteint enfin pour vous dire : « À présent, membres de la famille, vous rappelez-vous ce qu'étaient les potentialités ? » Au cours des dernières semaines, plusieurs d'entre vous ont vu leur cœur s'ouvrir [à la suite des événements du 11 septembre]. Nous en parlerons bientôt, car l'énergie actuelle diffère grandement de l'énergie à l'œuvre lors de notre dernière visite en ces lieux. Chers humains, à présent se profilent des possibilités inouïes ; une ouverture imprévue est survenue, libérant ce formidable potentiel auquel nous avons maintes fois fait allusion durant ces dix dernières années. Nous avons annoncé l'ouverture du gouffre et vous voici maintenant les yeux rivés sur ce gouffre. Nous vous avons donné de l'information sur l'importance de ne plus rester assis sur la clôture et vous faites face à ce choix plus que jamais maintenant. Vous devrez vivre pour le reste de votre vie avec les conséquences de ce à quoi personne ne s'attendait. À vous de décider, à vous d'agir ! C'est de cela que nous désirons vous entretenir ce soir.

Vous pourriez dire : « *Cher Kryeon, nous nous sentons si ordinaires en ce monde ! Nous observons les événements, qui semblent inconcevables à notre esprit. Nous comprenons peut-être la nécessité d'une infime partie, mais nous nous sentons impuissants à changer quoi que ce soit. Nous sommes tellement ordinaires ! Au moyen des différents médias, nous regardons évoluer les Grands de cette planète. Nous nous tordons les mains de chagrin. Nous effectuons nos visualisations et envoyons nos prières, mais nous nous sentons si insignifiants !* »

Ce soir, nous allons donner un titre à ce message particulier : « Cercle d'énergie d'un ange ordinaire ». Très chers, vous qui êtes en train de nous écouter ou de nous lire tranquillement, vous n'avez rien d'ordinaire ! Peu importent votre âge, vos talents ou à quelle étape vous en êtes dans le cheminement spirituel dont vous avez fait votre priorité. Il ne s'agit aucunement de ces éléments.

Combien d'entre vous comprennent le **maintenant** ? Qui saisit toute l'importance de ce moment unique de l'histoire ? Peut-être celui-ci restera-t-il le seul qui vous aura permis de vous ouvrir à l'Esprit comme jamais auparavant ? Peut-être sera-t-il celui où vous autoriserez ce que vous n'auriez jamais autorisé dans le passé ?

Je vais vous exposer un processus spirituel très profond, le *cercle d'énergie*. Ce concept n'est pas nouveau, nous l'avons maintes fois présenté au cours de nos transmissions, mais il a pu manquer de clarté. Chers humains ordinaires, vous seuls déterminerez la suite de ce que les médias vous montrent quotidiennement. Lorsque nous disons *vous*, nous nous adressons à notre famille humaine, les membres de l'auditoire et les lecteurs.

Chers lecteurs, nous nous adressons à vous, car nous voyons vos yeux posés sur cette page, ainsi que l'esprit avec lequel nous entrons en communication. Membres de l'auditoire, veuillez tendre la main vers les lecteurs ; comprenez que, même s'ils ne se trouvent pas dans votre espace-temps, ils seront plus nombreux que vous à lire ces messages. Lecteurs, nous sommes *ici* avec vous, alors que vous faites semblant de visiter le passé au moyen de cette transcription. La famille présente en ces lieux tend maintenant la main aux lecteurs qui, dans les années futures, lisent et relisent ce message : voilà en quoi consiste le cercle d'énergie créé par l'être humain ordinaire.

Le cercle d'énergie

Un cercle d'énergie entoure et influence toute la planète. Il est constitué presque uniquement de ce qu'y font les humains lorsque, parcelles de Dieu, ils parcourent la Terre dans leur dualité. Il ne s'agit (nous l'avons déjà souvent précisé) ni de jugement, ni de travail (l'accomplit-on bien ou mal ?), ni de statut social (est-on ou non devenu un chef ?). En revanche, ce qui est en jeu, ce sont les solutions. Quelle difficulté avez-vous réglée récemment ? Quelle découverte avez-vous faite ? Parmi les concepts spirituels et interdimensionnels exposés ici, lesquels avez-vous adoptés et intégrés dans votre vie ? Qui est aujourd'hui plus serein, plus joyeux qu'il y a un an ou deux ? Qui a le pouvoir de générer à volonté ces sentiments, même dans les moments de douleur, de souffrance, d'affliction ou de profonde empathie ?

Approfondissons quelque peu ce cercle d'énergie. Lorsque vous réglez des problèmes, lorsque vous pratiquez certaines activités de nature spirituelle, lorsque, devenant interdimensionnels, vous vous connectez avec l'Esprit et pelez cet oignon de dualité afin de découvrir la divinité en vous, une émission d'énergie se produit. Par le passé, nous lui avons trouvé plusieurs noms ; il s'agit de l'énergie de solution d'un divin être humain à l'œuvre sur la Terre. Cela peut vous paraître étrange, mais cela prend tout son sens à l'heure où les savants s'intéressent enfin au champ énergétique de la conscience.

Lorsque l'énergie de solution est ainsi émise, elle se dirige vers deux endroits. C'est là que l'explication devient difficile si l'on s'en tient à votre réalité à quatre dimensions : en effet, l'énergie se dirige vers un lieu situé hors de votre spectre d'expérience, et il m'est difficile de l'expliquer. Je peux certainement vous dire où aboutit l'énergie, mais vous pouvez ne pas bien saisir, car il s'agit d'un cercle.

L'énergie se dirige vers deux destinations, puis en revient : d'abord dans le système de la grille magnétique, puis dans le sol de la Terre – deux directions, le haut et le bas. Voici ce qu'elle y accomplit, cher humain ordinaire divin : elle modifie l'énergie réelle mesurée de la Terre ! Les personnes familières avec les messages de Kryeon et le fonctionnement des choses savent que la Terre, non pas l'être humain mais la planète physique vivante, est mesurée tous les vingt-cinq ans. Ces mesures constituent la raison de votre présence en ces lieux : est-il possible que des parcelles de Dieu, anges déguisés en humains, puissent arriver sur terre, dans un terrain de jeu de conscience égale, sans savoir qui elles sont durant leur séjour ici et, malgré tout, découvrir l'amour ou la conscience spirituelle ? Qu'accepteront-elles de subir afin de changer la planète, quelle réalité adopteront-elles, quelles solutions se feront jour en elles ? À la fin du test, lorsque l'énergie de la Terre aura été mesurée, le résultat de tant d'éons de préparation (les dizaines de milliers de vies passées et présentes), sera transporté et mis en application dans un autre endroit de l'Univers dont vous n'avez pas la moindre idée.

Durant votre vie terrestre, vous ne saurez rien de tout cela. La vérité est que l'énergie fournie par vos réalisations et vos solutions actuelles est susceptible d'influencer des millions de gens en des endroits que vous ne pouvez même pas imaginer : ceci constitue en soi le test pour l'unique planète du libre arbitre. Le cercle ? Nous y viendrons sous peu.

Venons-en pour l'instant aux nouvelles notions : la genèse de la réalité, les variations de l'énergie chez les humains ordinaires. Même si cette démarche ressemble à une révision, nous devons nous y plier, car ces notions restent essentielles : d'un côté les humains, de l'autre les défis. Lorsqu'ils viennent en contact et créent une solution spirituelle, il se produit une émission d'énergie, la *troisième énergie*, partie intégrante du Troisième langage (nous l'avons déjà souvent évoqué). Ces informations ont eu le temps d'être publiées et lues par un grand nombre de personnes.

Il existe un langage interdimensionnel, celui des avatars. Vous pouvez le faire vôtre en restant branchés sur l'Esprit 24 heures sur 24. Ce langage transforme la physique et dépasse de loin les lois de votre univers quadridimensionnel. Voici la nouveauté : lorsque nous employons l'expression l'*Esprit*, nous entendons *vous* avec *vous-même*. Cette fois-ci, plusieurs d'entre vous vont comprendre ce concept.

La parcelle de Dieu que vous êtes, résidant de l'autre côté du voile, désire vous atteindre, vous toucher. Ce n'est ni extraordinaire ni effrayant. Il s'agit d'une ré-union du plus haut rang. On a pu, dans le passé, vous effrayer avec ce concept, puisque le voile le cache vraiment. Avez-vous une idée de ce que *vous* avec *vous-même* pouvez faire de cette révélation ? Vous vous créez un partenaire ! Ce Troisième langage représente une connexion d'énergie. « *Kryeon, êtes-vous en train de nous dire que c'est ce que nous devrions faire au lieu de méditer ?* » Pas le moindrement. L'Esprit adore les cérémonies et les manifestations d'amour. La famille aime être en communication avec vous, mais ceci va au-delà de cette communication.

Dès que vous quitterez cet endroit (ou terminerez votre lecture), un langage d'énergie, connexion permanente avec Dieu, pourra vous accompagner. Même en prenant place dans votre véhicule pour retourner à vos activités quotidiennes, chers humains, vous pourrez demeurer branchés. Chaque fois que vous tendez la main vers votre Soi supérieur, vous créez de l'énergie ! Chaque fois que vous adressez une demande à l'Esprit, par exemple : « *J'aimerais en savoir plus sur tel ou tel sujet. Je tiens à être connecté au moment où la grille magnétique achèvera son mouvement et que la proue du navire sera bien attachée à l'énergie nouvelle, vers la fin de l'année 2002. Je veux faire partie de ceux qui franchiront le pont des épées !* », cela crée de l'énergie. Tout ceci est profond, spirituel, et influence toute la Terre.

C'est en 2003 que s'amorcera le vrai travail de Kryeon. La grille sera alors bien en place et les difficultés insolubles se débarrasseront peu à peu de leur gangue d'adversité. Le Troisième langage, cette énergie interdimensionnelle, vous le répète : « Connectez-vous à moi, et alors vous trouverez la réponse. » Ceci ne représente, pour l'humain ordinaire, qu'un des moyens de créer de l'énergie.

Avançons encore. Certains rabâchent : « *Je suis tellement ordinaire que je ne pourrai jamais rencontrer aucun des grands de ce monde ! Je n'ai aucune influence sur quoi que ce soit ! Personne ne prêtera l'oreille à cette sagesse qui semble m'habiter ! En plus de cela, dans ma vie, je me sens coincé, devant me rendre en des lieux qui ne m'attirent pas ou accomplir des tâches dont je n'ai aucune envie. Cher Esprit, je ne peux pas y employer le Troisième langage. Vous ne savez pas où je travaille !* » [rire] Bien sûr que si !

Ordinaires, vous ne l'êtes point ! Certains d'entre vous se rendent quotidiennement en des lieux très obscurs, nous l'avons déjà mentionné. Ils supplient l'Esprit : « *De grâce, retirez-moi de cet endroit, il est sans commune mesure avec la splendeur de Dieu et je n'y accomplis rien d'important. J'y suis incompris ; ce n'est pas pour moi, libérez-moi de là !* » Voulez-vous apprendre comment se crée la lumière-énergie, comment l'énergie se dirige vers la grille et vers l'intérieur de la Terre ? Cela se produit chaque fois que vous répandez votre lumière en ces lieux que vous rejetez ! Là-bas, peut-être, vous seuls êtes au fait de l'existence de la lumière !

J'aimerais vous préciser comment vous pouvez transformer d'autres vies sans imposer votre énergie à autrui. Point n'est besoin de communiquer au moyen des mots. Contentez-vous d'ÊTRE la lumière, et lorsque vous allez vers un endroit où vous pensez ne pas avoir votre place, rappelez-vous avoir donné à Dieu votre consentement pour qu'il vous installe au bon endroit : c'est de cette façon que vous aidez autrui. Oh, vous croyez sûrement que c'est faux et que les autres ne vous connaissent même pas, mais nous insistons : en ces lieux sombres, vous êtes peut-être la seule lumière qui brille !

Nous éprouvons le besoin de réexpliquer ce phénomène tant de fois évoqué, mais probablement mal compris, à savoir l'énergie créée lorsque vous emplissez une pièce de lumière : ceci permet aux autres de mieux distinguer les choix qui s'offrent à eux. Il n'est pas nécessaire que vous communiquiez avec eux. Ils peuvent ignorer votre nom et ne pas remarquer vos allées et venues. Votre présence peut servir à améliorer leur chemin de vie, non pas à la manière d'un apôtre, mais en les amenant à percevoir ce qui avait pu leur échapper à cause de l'obscurité. Grâce à votre apport, ils seront ensuite susceptibles d'effectuer de meilleurs choix. Et vous, tandis que vous êtes en train d'engendrer cette solution, vous voudriez qu'on vous libère de cet endroit ! [rire] Est-ce vraiment là votre désir ? C'est ça, un travailleur de la lumière ! Alors, si c'est là votre dure condition, sachez que nous avons entendu votre prière et commencez à célébrer ce labeur quotidien. Un jour viendra où vous aurez fini de répandre votre lumière là-bas, et vous évoluerez alors vers un lieu plus conforme à vos souhaits. Mais en attendant, accomplissez ce travail et chérissez ce voyage !

Vous rencontrerez obscurité, négativité, affrontement, tristesse, mais, entouré d'une bulle d'énergie capable de les refouler, vous pourriez être le seul à ensoleiller cet endroit sombre. Combien de gens autour de vous marchent en tremblant de peur ? Actuellement, la peur est grande de tous les côtés ! C'est le bon moment pour rayonner de votre joie, pour avancer d'un pas assuré. Oh ! oui, vous êtes sensible, empathique, plein d'amour, et vous portez avec eux les deuils qui sont les leurs à la suite des événements récents, mais vous exhalez un parfum différent : cette lumière de l'Esprit qui vous habite illumine les lieux obscurs. Alors, l'énergie évolue vers la grille, vers la Terre, créant le cycle de l'énergie. Ce sont les anges qui le réalisent, ceux qui se nomment des êtres humains ordinaires et qui sont maintes fois revenus. Jamais situation ne fut plus propice à la transformation de la planète !

Parlons de la peur. « *Kryeon, que faisons-nous de la peur ? Actuellement, elle est omniprésente !* » Remarquez-vous que vous êtes incapables de vous rappeler une autre période de peur collective aussi intense ? Ceci, nous l'avons beaucoup rabâché, mais cette fois-ci, il vous est peut-être plus facile de le placer dans un contexte plus réaliste. Béni soit l'humain qui saisit l'essence de la peur ! Il s'agit d'une énergie juste, d'un équilibre, d'une nuance de l'amour qui se présente à l'humain comme un défi, dans toute sa justesse et sa puissance. Ceux d'entre vous qui l'ont analysée connaissent sa genèse. Écoutez, la peur ne prend pas naissance dans le chakra de la couronne, même si c'est sa destination finale. Cependant, si vous la laissez faire, elle s'y rendra, prendra le contrôle de vos pensées et paralysera votre jugement.

Entre sa source et son point d'arrivée, vous avez le temps de la reconnaître, de l'identifier, de lui dire : « Pas cette fois-ci ! Assieds-toi à l'arrière ; aujourd'hui, c'est moi qui conduis ! » Le véhicule que vous conduisez, c'est votre vie, votre approche des choses, la connexion spirituelle qui vous garde sereins. Ce ne sont pas vos émotions qui ont le pouvoir de vous contrôler et de vous dominer. Ça, c'est du passé !

Dès qu'un humain ordinaire identifie la peur à mesure qu'il la sent monter, et qu'il l'anéantit, beaucoup d'énergie interdimensionnelle se crée ! Il s'agit d'une énergie pure qui s'écoule à la fois vers la grille et la Terre. Vous pouvez répliquer que l'énergie d'une seule personne est minuscule et qu'elle ne peut donc jouer qu'un très petit rôle. C'est là où vous faites erreur ! Cette énergie possède bien plus de force que vous ne pouvez le concevoir. Combien de fois pouvez-vous éliminer la peur ? Chaque fois que vous le faites, vous créez de l'énergie. L'énergie, c'est LA solution. Celui qui marche main dans la main avec son Soi supérieur, empruntant le Troisième langage, possède le pouvoir d'aider la planète, lui-même, et autrui. Viendra un temps où, à votre réveil chaque matin, vous vous contenterez d'envoyer de l'énergie à la grille et au sol de la Terre, cher ange ordinaire ! Alors... vous commencerez à saisir le sens du mot *ascension.*

« *Kryeon, nous vous avons entendu parler de cocréation. Comment cela s'insère-t-il ici ?* » Cela s'insère très bien ! Que diriez-vous de créer une fusion que vous pensiez impossible à réaliser ? Nous employons sans cesse l'expression *Soi supérieur*, mais elle ne convient pas. En vérité, il ne s'agit pas du tout du Soi supérieur, mais bien de votre *Autre Soi* ; domicilié de l'autre côté du voile, il est l'équivalent du vôtre. Il s'agit de vous en compagnie de vous-même, phénomène que vous ne pouvez encore appréhender ni reconnaître.

Comme nous l'avons déjà énoncé, vous n'êtes pas tout entiers ici. Nous aimerions revenir à ce tableau de l'histoire que nous avions présenté un jour : il s'agit de l'image d'Élie, accompagné de son disciple, Élisée. Élie venait de lui annoncer que le temps de son ascension était venu. Élisée assista donc à cette ascension en quatre dimensions. S'appuyant sur son humanisme, il en fit le rapport, que vous pouvez lire dans vos Saintes Écritures.

De brillantes lumières, d'épaisses vapeurs et de l'énergie apparurent tout autour. Élisée raconta qu'Élie avait cessé d'exister sous ses yeux. J'aimerais vous expliquer ce qui s'est réellement produit selon l'énergie de ce temps-là : Élie ne fut pas enlevé par Dieu. Ce qu'il fit, c'est réclamer la prodigieuse énergie du Troisième langage et tendre la main vers son Soi supérieur. Les deux parties d'Élie se réunirent pour constituer cette parcelle de Dieu que nous évoquons souvent. Donc, ce qu'Élisée rapporta, c'est la fusion d'un être spirituel redevenu complet, et non pas une ascension, ni un départ. L'humain Élie, la connexion d'énergie, le Soi supérieur d'Élie, bref, trois énergies rassemblées pour lui conférer toute sa divinité. Et sur la Terre de cette époque-là, une telle énergie n'avait aucun espoir de survivre.

Le moment venu, selon l'ancienne énergie, ce fut comme si Élie s'était évaporé sous l'effet de l'interdimensionnalité. À présent, nous pouvons affirmer que tout a changé : la Terre, la grille magnétique, la conscience de l'Humanité. Même le temps s'est modifié ! Tout a contribué à créer une nouvelle réalité où, hébergeant plus d'énergie, vous êtes en mesure de vivre plus longtemps et même d'agir presque à la manière d'Élie, c'est-à-dire, en fusionnant les parties de soi, générer une énergie formidable. En ce qui vous concerne, l'énergie observée par Élisée s'applique encore, à la différence que vous ne vous évaporerez pas. Vous vaquez à vos occupations terrestres, lumières vivantes illuminant les lieux obscurs et aidant la planète à franchir la prochaine étape de son évolution. Nous ne vous affirmerions pas ces choses si ce n'était la réalité, et c'est pourquoi nous vous conjurons de cocréer la fusion !

Voici une grande question : que diriez-vous de créer une énergie étonnante ? Il est temps de rétablir certaines des relations de votre vie : parmi les personnes décédées ou vivantes, à qui ne pouvez-vous vous résoudre à parler ? Nous vous informons qu'à présent, autour de vous, dans cette pièce, se trouvent réunies les différentes parcelles de ceux avec qui vous entretenez certains différends. Ne serait-ce pas le moment idéal pour y mettre un terme ? Si vous le faites, vous verrez alors des feux d'artifice partout et l'énergie créée au moyen de cette solution ira enrichir la grille magnétique et la Terre vivante.

Chers humains ordinaires, cette énergie vibre à une telle fréquence qu'elle contribue à l'évolution de la conscience de la Terre. Certains peuvent répéter : « *C'est fort bien en ce qui me concerne, mais cela ne modifie en rien les décisions prises par les grands de ce monde ni n'accroît leur sagesse.* » Mais oui, au contraire ! Peut-être ne nous avez-vous pas encore bien saisis : plus vous portez votre vision, plus vous créez d'énergie, ce qui illumine les lieux obscurs, les chemins encore peu fréquentés et les décisions à prendre. Cette lumière pénètre dans les bureaux de ces chefs que vous ne rencontrerez peut-être jamais, chers êtres humains. Certains endroits destinés à l'ombre se remplissent de lumière ; ce faisant, vous ne vous imposez à personne d'aucune manière. Par contre, leurs affaires s'améliorent. Métaphoriquement parlant, la lumière de l'Esprit, précédant leurs pas, les aide à mieux percevoir les choix qui s'offrent à eux. Et ce, tout simplement parce que vous avez réglé un problème dans **votre** vie, employant le Troisième langage, et que vous avez effectué une fusion ! C'est ainsi que la vie fonctionne.

Certains d'entre vous demandent : « *Comment pouvez-vous améliorer notre compréhension de Dieu ?* » Voici une réponse peut-être surprenante pour vous : l'arrivée sur la grille d'une magnifique énergie cette année. Il existe un équilibre, même lorsque cela n'est pas évident. Au moment d'une tragédie se produit en même temps un miracle : sur votre chemin, nous ne placerions aucune difficulté insoluble, aucun défi sans réponse. Nous l'avons déjà mentionné, il y a toujours un équilibre.

Avant que ne survienne l'événement que tous nomment le 11 septembre 2001, un autre avait eu lieu : sur la grille magnétique étaient présents tous les maîtres ayant vécu sur la Terre et ayant annoncé leur retour, ainsi que ceux qu'on attendait pour la première fois. Ils ne se sont pas présentés physiquement, mais, mieux encore, unifiés dans une énergie représentant un potentiel de réponse à votre action. Cette transformation de la grille constitue la seule raison pour laquelle l'entourage de Kryeon est venu en 1989. Cela explique que la grille soit si importante, qu'elle se modifie et doive être achevée en 2002. Dès lors, tout sera complet.

Sur votre planète, presque chaque religion attendait qu'un maître ne revienne pour la première fois, et ils sont tous revenus. Le fait de tendre la main vers votre autre Soi supérieur signifie en même temps chercher à atteindre la grille et comprendre l'essence réelle de Dieu. Les avatars, les maîtres de retour, les prophètes sont tous ici par suite du 11:11, ce moment qui a suivi la Convergence harmonique et au cours duquel vous avez donné la permission de dépasser le chemin tout tracé vers un Armageddon, modifiant par là même le paradigme terrestre de réalité spirituelle. Votre tragédie du 11 septembre ne fut pas le résultat d'une de vos anciennes prophéties, mais bien le début de ce que vous avez autorisé au sein de votre nouveau paradigme.

Ces innombrables maîtres et avatars, se donnant la main, regardent votre planète et communiquent avec vous comme une seule énergie. Jamais sur cette planète n'a-t-il existé une telle ressource, un tel puits de sagesse : l'humain interdimensionnel qui, dans sa quête, exprime son intention pure de communication divine et cherche à toucher cette énergie. Ainsi la sagesse se déversera-t-elle vers l'être humain et l'énergie de cette décision essentielle ira-t-elle enrichir la grille, le sol de la Terre, se mettant peu à peu à illuminer les lieux obscurs. Telle sera l'œuvre d'art de l'ange-humain ordinaire.

Le cercle ? Certains ont déjà compris : cette énergie, transmise à la grille ainsi qu'à la planète vivante nommée Gaïa, transforme la texture du possible, de ce que l'humain appelle *réalité* et qu'il est en mesure d'accomplir collectivement. Elle revient ensuite sur la Terre au moyen de la connexion nommée Troisième langage, créant un cercle divin parfait à l'attention de l'humain ordinaire ! Vos solutions sont créatrices d'énergie, et cette énergie, à son tour, améliore votre connexion. Remarquez qu'elle inclut la Terre et le ciel, ainsi que la force vitale qui les sépare. Êtes-vous capables de transformer la réalité de votre planète ? C'est ce que vous venez d'accomplir !

Je vais maintenant vous expliquer quelque chose que certains, même s'ils l'ont vécu, n'ont peut-être pas compris. Il s'agit d'une dichotomie dans les émotions entourant le 11 septembre 2001. Tant de gens ont ressenti un énorme choc, un sentiment d'horreur inouï et un chagrin incroyable ! Il en est résulté un jaillissement d'amour et, peut-être aussi, un changement de priorités, une meilleure compréhension de ce qui se passe sur la planète. Mais au milieu de tout cela semble émerger une dichotomie d'émotion que vous ne pouvez vous expliquer. Cette émotion n'a pas l'air de cadrer avec les autres et peut paraître incompréhensible.

Certains d'entre vous n'ont pas encore osé mettre un nom dessus parce que leur mental les en empêchait. Vous ne pouvez saisir ce qui se produit, et cela ne semble avoir aucune commune mesure avec le chagrin provoqué par cette tragédie. Cette émotion, nous allons la nommer, et certains la reconnaîtront immédiatement, c'est le *lâcher-prise.*

Le monde est resté coincé dans ses vieux défis, et nous avons déjà par le passé annoncé un temps où les choses se dénoueraient d'elles-mêmes sur toute la planète. [Kryeon, *Tome VI*] Ce message, constamment répété par Kryeon depuis 1989, a même été renforcé au cours de l'année 2000. Ceci constituait le plan pour votre nouvelle réalité et, au cours de ce processus, un formidable lâcher-prise s'est produit ! Une ancre s'est brisée, celle qui vous gardait enchaînés depuis si longtemps à l'ancien paradigme. Horrible au-delà de tout entendement pour les humains, cet événement du 11 septembre n'en a pas moins permis de générer une énergie au sein de laquelle l'évolution des choses allait s'accélérer. Avait-il été prévu ? Oui, en vérité ! Relisez le message de Kryeon sur l'énergie du 9 et du 11 déjà livré en 1989. Quelle en était la teneur ? Que vous aviez transformé le paradigme de la planète, évoluant désormais vers une nouvelle réalité. Nous avons entrepris le déplacement de la grille, et à présent, alors qu'elle se stabilise, vous commencez à comprendre de quelle façon s'agencent les morceaux du casse-tête. Observez partout la présence de la synchronicité du 11, mais n'oubliez pas que rien n'était prédestiné. Ce que vous avez fait, c'est manifester le potentiel que nous avions entrevu voilà plus de dix ans. Au cours de cette décennie, alors que la planète poursuit son évolution à un rythme accéléré, votre potentiel est sans limites !

Permettez-moi de conclure par ceci : le matin du 11 septembre 2001, des êtres humains ordinaires se rendaient au travail en divers édifices de votre pays. Au niveau cellulaire, il existait des informations selon lesquelles chacun se trouverait au bon endroit au moment voulu, et chacun disposait du libre choix. Naturellement, s'ils avaient été en possession d'informations venues de leur réalité à quatre dimensions, aucun d'entre eux ne se serait rendu en ces lieux. Mais sur le plan spirituel, ils avaient pris un rendez-vous et l'ont honoré comme il avait été prévu.

C'étaient tous des anges-humains ordinaires. Ce qui en résulte à présent sur la Terre, c'est ce que ces gens ordinaires avaient choisi de faire ce jour-là. Actuellement, ils se présentent l'un après l'autre dans le grand Hall d'honneur pendant que nous chantons dans la lumière leurs noms spirituels, racontant patiemment les vies qu'ils ont vécues, les lieux qu'ils ont fréquentés, devinant leur prochaine destination, imaginant les enfants magnifiques qu'ils seront à leur retour. J'ignore si vous avez pu percevoir la beauté de tout ceci, mais elle est réelle. Ces êtres vont bien, ils sont pleins de joie ! Ne portez plus leur deuil et répandez plutôt vos prières sur ceux qui sont restés.

Vous est-il possible de concevoir ces faits de la même manière que l'Esprit, pour lequel le 11 septembre tenait lieu de seuil ? À Tel-Aviv, en Israël, mon partenaire [Lee] avait mentionné ceci en 2000 : avant que la Terre ne puisse avancer et trouver une solution au Moyen-Orient, un passage à zéro devra avoir lieu. Cette information avait été reçue par channeling. À peu près tous les membres de cette assemblée [en Israël] en ressentirent alors un profond chagrin, qui traduisait leur difficulté de ne pas savoir ce que représentait un *retour à la case zéro*. Ils avaient l'impression que cela pouvait évoquer une prophétie rattachée à ce qui allait avoir lieu en Israël. Personne n'imagina que ce *retour* passerait par Manhattan. Personne n'avait même saisi que cela signifiait le point zéro (*ground zero*) [Termes utilisés par la Presse américaine pour désigner le site des deux tours détruites – fait référence au point d'impact d'une bombe nucléaire. NDE]. Comment un événement survenu en Amérique pourrait-il engendrer une solution en Israël ? Par le pouvoir du cercle d'énergie, comme vous pourrez bientôt le constater.

Vous voici, membres de la famille terrestre, placés au carrefour de l'ancien et du nouveau. Vous, des êtres ordinaires ? Mais pour des êtres ordinaires, vous êtes plutôt spectaculaires ! Chaque fois que nous vous « regardons » pénétrer dans le Hall d'honneur, que nous chantons vos noms en pleine lumière, les anges qui se parent des couleurs n'ont rien d'ordinaire ! Les êtres interdimensionnels que vous êtes tous sont complètement cachés de vous-mêmes pendant votre séjour ici-bas !

En résumé, le message de Kryeon est le suivant : jamais sur la Terre il n'y eut potentiel plus puissant qu'actuellement, ni meilleur moment pour trouver une solution ! Tout sera accompli par des êtres humains ordinaires au sein du cercle, lorsqu'ils enverront l'énergie vers la grille et vers la lumière qui s'étend sur la Terre, lorsqu'ils relèveront les défis, se connecteront au moyen du Troisième langage, illumineront les endroits où se prennent les grandes décisions qui façonnent les nations, et apporteront les promesses de paix à ces contrées qui désespéraient de la voir un jour.

Ordinaires, avez-vous dit ? Que non ! C'est pourquoi nous vous aimons tant et vous répétons : « Vous êtes tendrement aimés ! »

Et il en est ainsi.

Kryeon

LE NORD MAGNÉTIQUE POURRAIT QUITTER LE CANADA

Richard Stenger

Le 20 mars 2002

(CNN) – Selon un scientifique canadien, le pôle nord magnétique pourrait bientôt quitter le Canada, migrant vers le nord de l'Alaska, et éventuellement terminer sa course en Russie.

« Le pôle magnétique, qui dérive régulièrement depuis des décennies, a accéléré le pas récemment et est susceptible de sortir du territoire canadien dès l'année 2004 », déclare Larry Newitt du Bureau d'études géologiques du Canada.

Si le pôle poursuit son cours actuel, il passera au nord de l'Alaska pour arriver en Sibérie dans un demi-siècle, mais Newitt a mis la population en garde contre la possibilité que ces prédictions soient fausses.

« Bien que, pendant une centaine d'années, il ait dérivé du nord au nord-ouest, il ne va pas poursuivre dans cette direction pour toujours. Sa vitesse s'est considérablement accrue au cours des 25 dernières années et pourrait tout aussi bien se mettre à diminuer d'ici à quelques années seulement », a déclaré le géophysicien.

Extrait du site Web de CNN à l'adresse suivante :
www.cnn.com/2002/TECH/space/03/20/north.pole/index.html

CHAPITRE NEUF

L'ÉVOLUTION DE LA TERRE ET DE L'HUMANITÉ

New Hampshire, Nouvelle-Angleterre, Novembre 2001

Salutations, très chers. Je suis Kryeon, du Service magnétique. Jamais au cours de l'histoire n'a-t-il existé un temps comme celui-ci. Le voile a été soulevé encore plus nettement qu'il ne l'avait été lors de notre dernière rencontre, l'an dernier. La conscience s'éveille dans tant de contrées ! Éveil et souvenirs sont à l'ordre du jour, et tellement d'humains sont actuellement en train de prendre conscience de leur divinité profonde ! Ils commencent à observer leur passé et constatent : « *Maintenant, je comprends pourquoi j'ai eu à vivre ceci ou cela.* » Ils dépassent le stade de la victimisation, du blâme et de la haine. Ils se mettent à avoir des révélations : « *Oh, ça y est, je comprends !* » Ils entrevoient enfin un but à leur vie.

Cela fera bientôt douze ans que nous avons prononcé pour la première fois ces mots : « Salutations, très chers. Je suis Kryeon, du Service magnétique. » C'est de cela, en partie, que nous désirons vous entretenir ce soir. Comment l'énergie a-t-elle pu atteindre un tel niveau ? De quoi l'évolution de l'humanité fut-elle faite ? Pourquoi le groupe de Kryeon apparaîtrait-il et répéterait-il trois jours avant votre arrivée dans cette salle ? Ce que la plupart d'entre vous ne réalisent même pas, c'est que nous sommes ici pour vous voir tous. Vous pensez que vous êtes venus pour entendre des paroles de sagesse, que peut-être ce soir un message vous sera adressé ? Cela est fort possible, autant pour l'auditeur que pour le lecteur, mais c'est également pour d'autres raisons que l'énergie se déverse en ce lieu.

Ce soir sera à l'œuvre le Troisième langage, ce soir aura lieu la guérison. Vous savez qui vous êtes et les raisons qui vous ont amenés ici (ou celles qui ont placé devant vous les pages de ce livre). Vous croyez aussi connaître vos besoins. Je vous annonce que l'énergie présente ici s'apprête à initier dans votre corps certains processus que plusieurs appelleront des miracles ! Et ce, pour donner suite à votre intention de venir rencontrer les membres de la famille, désireux eux aussi de venir vous rencontrer. Il est question d'énergie, mais surtout de famille ; il s'agit de se tenir les mains des deux côtés du voile : alors qui est venu voir qui ? Telle est la question. La réponse ? Dans nos réunions, deux groupes viennent se rencontrer : vous et nous, et c'est pourquoi nous sommes arrivés en avance. Cela devrait vous donner une petite idée de la qualité de l'énergie qui nous unit tous, auditeurs et lecteurs.

Chers êtres humains, tout ceci est bien réel. Vous savez que vous êtes éternels. Lorsque vous vous regardez le matin dans le miroir, combien d'entre vous s'en souviennent ? Combien d'entre vous se regardent droit dans les yeux en déclarant : « Je Suis ce que Je Suis ! » Combien se rappellent la famille ou pensent à nous ? La dualité vous en empêche sans cesse et par conséquent, au lieu de cela, vous vaquez à vos occupations quotidiennes, jour après jour, tout au long de votre existence, préoccupés par les petits détails de la vie.

Maintenant, tout est différent, n'est-ce pas ? [Remarque adressée aux Américains et faisant allusion au 11 septembre.] Comment aurions-nous pu, par le passé, vous apprendre qu'aujourd'hui vous baigneriez dans une énergie au potentiel si fécond en solutions ? Car c'est bien ce qui arrive. Comment aurions-nous pu vous annoncer que la Terre entière s'unirait pour vous le faire croire ? En fait, nous l'avons fait, vous savez ! Mais à ce moment-là, cela n'avait pas revêtu la même signification. Maintenant, vous êtes plus susceptibles d'appréhender l'importance universelle du cadeau offert par quelques-uns. Il n'y eut jamais un temps comme celui-ci ! Certains d'entre vous sont capables de voir les couleurs de l'énergie. Nous vous invitons, durant toute la soirée, à regarder les couleurs émanant de la scène. Elles diffèrent de celles qui étaient visibles lors de notre dernière rencontre.

Le cortège a pris place, tout près de chacun de vous. Certains d'entre vous percevront des signes physiques évidents de l'énergie présente en cette soirée, mais d'autres, non, tout cela dépendant de la portion du voile que vous désirez soulever pendant que vous écoutez ou lisez ceci, et de ce que vous vous autorisez à croire. Se peut-il vraiment que l'Esprit ait eu envie de s'adresser à vous ce soir ? Oui, c'est la réalité !

Notre réunion ne se limite pas à l'auditoire, elle inclut les nombreux lecteurs dont les yeux parcourent ces pages. C'est à vous tous que nous nous adressons : l'énergie engendrée maintenant dépassera les mots lus ou les paroles entendues. Vous pourrez la capter et la faire vôtre dans votre corps. Depuis notre côté du voile émane vers vous une émotion, un amour plus fort que jamais auparavant.

L'Humanité a, de son propre gré, relevé un défi formidable. Certains d'entre vous ont réellement perçu le lâcher-prise ainsi produit, et aujourd'hui, vous voici réunis en ce lieu. Ce n'est pas un hasard si l'ajustement sur la grille magnétique se termine au moment où le besoin pour cela en est le plus grand, et nous vous entretiendrons de cette question. Permettez-nous de vous parler de la Terre, d'explorer avec vous des domaines d'instruction encore vierges, de révéler la chronologie de l'Humanité, d'exposer le plan d'ensemble. Laissez-moi vous présenter l'évolution des humains et la géologie de la planète, l'évolution de la conscience et la biologie de l'Humanité, car elles constituent des domaines bien séparés. Je vais tout vous révéler.

L'évolution de la Terre

Comment pourrais-je vous apprendre ce qu'était cet endroit il y a douze milliards d'années ? En réalité, je n'ai pas besoin de le faire, puisque vous vous y trouviez tous ! Même si je peux vous fournir des informations, certains d'entre vous ne me croiront pas. Vous en avez perdu le souvenir, et en raison de la dualité humaine, cela n'aura pas de sens. De plus, votre cadre linéaire vous répétera que ce que j'affirme est impossible. Malgré cela, je dirai que vous tous, vous avez été des témoins, dans l'attente de l'organisation du futur test. Je m'y trouvais avec vous. Le terrain de jeu neutre nommé la Terre est l'endroit où des anges prétendant être des humains sont arrivés et ont réalisé un test d'énergie. Nous avons déjà présenté ce scénario.

Le bang qui ne s'est pas produit

Bien que cela puisse vous paraître inconcevable, la naissance de l'Univers date de beaucoup plus que douze milliards d'années. Si je vous ramenais à ce moment-là, vous assisteriez à un tableau bien différent de ce que vos scientifiques vous enseignent. En 1995, nous avons déjà exposé ces faits, mais nous souhaitons y revenir. Nous avions révélé que ce n'était pas un événement unique surgi de nulle part qui avait tout engendré. Votre méthode scientifique est tendancieuse. Même ceux qui prétendent être les plus impartiaux, les plus fidèles à la méthode scientifique, ont aussi des œillères. Vos savants sont constamment à la recherche du commencement alors qu'il n'y en eut point. Tout le concept du temps linéaire constitue une construction humaine quadridimensionnelle élaborée à votre intention, selon laquelle tout a un début et une fin, ce qui est faux.

Vous êtes éternels dans les deux directions, comme le savent les travailleurs de la lumière. Au niveau cellulaire, vous avez accepté le concept que votre vie n'aura pas de fin, que vous y subirez seulement des transformations énergétiques. Difficile à prouver ? Très peu reviennent pour témoigner de ce qu'ils ont vécu, n'est-ce pas ? Et pourtant, il est bien vrai que vous êtes éternels. Vous l'avez toujours été et le demeurerez à jamais.

Les savants vous répéteront que tout ce qui existe eut un début et qu'à partir de rien, tout fut créé, et ce, d'un seul coup, en un seul instant. Ils ajouteront que le processus de transformation de rien en tout a violé l'ensemble des lois de la physique connues de l'homme ! Voilà ce que fut le commencement, selon eux. Quelle histoire ! En toute justice, il faut dire qu'ils ne l'ont pas inventée de toutes pièces. Ils unissent leurs efforts pour reconstituer le scénario en étudiant les preuves fournies par leur monde à quatre dimensions, mais en bout de ligne cela ne se tient pas : en effet, les vraies preuves se situent hors du champ des quatre dimensions.

Répétons-le : ce fameux big bang ne s'est jamais produit. Il y avait bien du mouvement et de la vitesse, et vous pourrez voir que même selon la relativité de l'espace et du temps, il semble qu'il y ait eu une explosion, un commencement. Pourtant, il n'en est rien.

L'Univers a existé de tout temps. La meilleure façon de rendre ce concept compréhensible est d'affirmer que, comme vous-mêmes, l'Univers a subi des modifications d'énergie ! D'un état d'invisibilité en 4D, c'est bien sous l'effet de quelque chose qu'il devint visible. Ce processus qui semble s'être déroulé d'un seul coup a plutôt été initié par un événement multicréateur fécond et absolument indescriptible. Disons simplement qu'il se poursuit encore.

Nous invitons les savants à se pencher de nouveau sur la question : pour découvrir la vérité, ils devront adhérer à une prémisse qu'ils ne sont pas prêts à accepter, à savoir que peut-être l'Univers a toujours été. Tandis que les savants le nomment le big bang, cet événement fut en fait un ajustement d'énergie, un changement de dimension, et il correspond à un phénomène cyclique. Apparemment, tout s'est manifesté au même moment. Toutefois, ce ne fut pas un big bang, mais une révélation, dans les quatre dimensions, *de ce qui était*, et où se cachait le matériau de la Terre en devenir. Voilà ce que fut le commencement, et vous y étiez.

Si, pendant longtemps, règne l'obscurité et que soudain surgit la lumière, cela signifie-t-il que ce qui apparaît alors n'existait pas avant ? Supposez-vous que dans la noirceur, il n'y ait rien à voir ? Cela ne suggère-t-il pas au contraire que ce qui fut révélé pourrait fort bien avoir toujours été là, et que la création ne fut qu'une question de lumière (et non pas de ce qui devint visible après son avènement) ? En d'autres termes, tout se résume à un changement de dimension de l'énergie, révélant par le fait même ce qui exista de tout temps, à savoir votre Univers.

La famille a toujours été la famille, vous le savez. Quelle impression cela vous fait-il d'apprendre qu'un jour, lorsque la Terre sera réduite en cendres, dans un lointain futur pour vous inconcevable, vous et moi, et les autres, jouerons encore ensemble dans l'Univers ? Pouvez-vous concevoir une telle chose ? Quel effet cela vous fait-il de savoir que l'essence de Dieu et de l'Univers est une chose toute simple que vous appelez amour ? Croyez-vous que vous et toute l'Humanité êtes entourés d'un champ de conscience mesurable ? C'est le cas. Il s'agit de ce que vous nommez l'émotion de l'amour et l'essence de Dieu, qui vous parviennent inaltérées depuis l'autre côté du voile : vous pouvez les ressentir au niveau du cœur.

Il y a douze ans, nous avions affirmé qu'au cœur de chaque atome vous trouveriez l'amour, que le secret de l'Univers se cachait dans l'amour. Cela semble très réducteur, mais il n'en est rien. Actuellement, vos scientifiques affirment qu'au cœur de chaque atome, ils viennent de découvrir de l'énergie interdimensionnelle. Grâce à la sagesse et aux découvertes, votre métaphysique devient de la physique. Qui sait, peut-être un jour découvriront-ils aussi de la vie interdimensionnelle ? Ce sera le sujet d'un autre channeling.

L'apparition de l'eau

Voici ce qui se passa au sujet de l'eau : la Terre est une planète constituée d'eau. Il ne pouvait en être autrement, pour que la biologie puisse se développer selon votre plan. Au commencement, tout comme les autres planètes visibles de votre système solaire, vous n'aviez pas assez d'eau. Cependant, et ce n'est pas une métaphore, la Terre a reçu une cargaison d'eau. Nous nous adressons ici aux géologues en les invitant à partir à la recherche de cette preuve. L'eau n'eut pas sa source ici ; elle vous a été livrée. Durant les premiers jours, au moment où tout n'était que chaos et précipitation, presque toute l'eau qui couvre actuellement votre planète vous fut livrée en une seule fois. Un événement cataclysmique absolument nécessaire ! Vous ne lirez dans aucun livre d'histoire ou de science ces informations qui peuvent vous paraître étranges et insolites. Qui sait, peut-être un jour ?

L'arrivée de la biologie

Nous nous adressons maintenant aux biologistes. Vous souhaitez voir un big bang ? Expliquez donc celui-ci : il y a 538 millions d'années, la vie apparut sur terre d'un seul coup, non pas en millions d'années d'évolution, ni en dizaines de milliers d'années, mais c'est bien en quelques années seulement que la vie recouvrit la surface de toute la Terre. Difficile à croire ? Allez donc chercher la preuve qui se trouve ici, dans votre monde physique !

Vous pourriez demander comment un tel phénomène a pu se produire et s'il en existe des preuves. Bien sûr ! Il vous suffit de poser ces questions à vos biologistes, et ils fourniront les preuves. Où qu'ils portent leur regard, les pierres révèlent qu'à une certaine époque, il n'y avait aucune trace de vie sur la Terre. Et puis soudain, surgie de nulle part, elle fut ! Pourquoi ? Parce qu'elle a été livrée sur la Terre ! Dans ces premiers matins du monde, l'essence de la vie (qui imprègne l'Univers) fut fournie d'après un plan. Sinon, comment expliquer une telle explosion biologique ? Cela avait été planifié, et vous, très chers, y étiez et en avez été les témoins.

Cette Terre est le fruit d'une recette exquise qui a mijoté pendant des millions d'années afin que vous puissiez monter sur le trône au moment de son apothéose. Dans les dernières secondes de cette histoire, semble-t-il, l'Humanité est apparue pour provoquer un test d'énergie de la plus haute importance susceptible de modifier une fois de plus l'énergie de l'Univers. Voilà pourquoi nous vous aimons tant !

Le choc du gros astéroïde

Il y a soixante millions d'années, un événement astronomique se produisit, découverte qui fut ensuite bel et bien attestée. Le dessein en était de déplacer la croûte terrestre. Ceci eut lieu en éliminant certaines formes de vie, et ce, de façon appropriée. En même temps, une grande partie de la glace polaire fondit, modifiant le poids de la planète et permettant à la croûte terrestre de se replacer, provoquant même un vacillement dans l'axe de rotation de la Terre.

L'arrivée des humains

Nous approchons de ce que nous appelons le présent. Voilà cent mille ans, il y eut Adam et Ève. « *Kryeon, allez-vous parler d'Adam et Ève ?* » Oui, car deux écoles s'affrontent : les créationnistes et les évolutionnistes. Selon ces derniers et leur théorie de l'évolution, les êtres humains ont suivi un long processus de développement au sein du cycle de la vie, ce qui était normal et naturel. Il en a résulté l'humain moderne doué d'une conscience évoluée. Quant aux créationnistes, ils affirment que, d'après la parole divine, le souffle de la vie et la conscience furent livrés à l'humain en une seule fois. Qui a raison ? Les deux !

La biologie de l'humanité se développa parallèlement à toute forme de vie terrestre. Cependant, il se produisit un phénomène inusité. Observez ce fait étrange, que nous avons déjà évoqué :

contrairement à l'intuition du processus évolutif, il y a cent mille ans, les humains ont subi une modification. Sur la voie normale de l'évolution, plus de dix-sept types d'êtres humains avaient existé, chacun suivant son chemin particulier. Sur l'échelle de l'évolution, tous les primates situés en dessous des humains se présentent en de nombreuses espèces. Que ce soient des gorilles, des petits singes ou des grands singes, il s'en trouve d'innombrables variations. Il y a cent mille ans existaient également plusieurs branches de développement d'êtres humains, comme chez les primates. Au lieu de continuer à évoluer comme les autres espèces, tous les types d'êtres humains disparurent, sauf un, et c'est celui que vous pouvez admirer sur la chaise voisine ! Que pensez-vous de cela comme processus évolutif contraire, et qui n'a aucun sens aux yeux de votre science ? Oui, un seul type d'êtres humains fut autorisé à poursuivre son évolution.

L'avènement de la conscience divine

À la suite de cet événement, alors que ce type unique d'êtres humains se développait pour finalement devenir vos mythiques Adam et Ève, une certaine modification de votre ADN eut lieu, qui amena une nouvelle conscience sur la planète. En ceci, les créationnistes avaient raison, puisqu'un phénomène s'était déclaré d'un seul coup. Mais les évolutionnistes avaient aussi raison, puisque la biologie avait aussi évolué sur une très longue période. Ainsi, vous avez affaire à l'acheminement quasi instantané d'une conscience, et à un positionnement précis de l'ADN, tout cela provenant des étoiles. Quel soufflet à la sélection naturelle ! Évolution il y a bien eu, mais accompagnée d'une livraison spirituelle issue du cosmos. Ceci se poursuit même à présent, bien que vous le perceviez aujourd'hui autrement que vous voyiez la création originale.

Un autre astéroïde ?

Il y a dix mille ans eut lieu un autre événement qui ne suscite pas encore l'unanimité parmi les scientifiques : un deuxième choc d'astéroïde, pas aussi énorme que le premier (survenu soixante millions d'années plus tôt), mais ayant eu un impact bien réel sur cette planète. Un de ses effets fut de faire fondre de nouveau une partie des calottes glaciaires. D'autre part, il déplaça des portions de terres, inondant un certain temps la plus grande partie de la planète. Quelques humains survécurent, mais des sociétés et des civilisations entières furent anéanties. La plupart d'entre elles durent tout recommencer à zéro, et ce nouveau début, très chers, représente l'aube de votre histoire moderne. Vos anthropologues n'ont pas encore découvert la grande civilisation parvenue à son apogée il y a plus de dix mille ans, car ils n'y croient tout simplement pas encore.

Beaucoup d'entre vous, membres de l'auditoire ou lecteurs, viviez en tant qu'humains sur la Terre en ce temps-là. Parfois, la spiritualité est pour vous synonyme de souffrance et de mort, parce que vous avez eu l'impression que Dieu avait détruit la planète au moment où se révélait tant de science ! Vous y étiez ! Je vais présenter ici quelques informations qui vous paraîtront peut-être risibles jusqu'à ce que la preuve en soit faite. Il y a plus de dix mille ans existaient des civilisations brillantes ne figurant pas dans vos livres d'histoire et dont la plupart des humains n'ont jamais entendu parler. Quelques recherches sont actuellement menées, mais les preuves sont enfouies si profondément que vous ne pourrez jamais découvrir les documents archéologiques les plus importants. Cependant, certains artéfacts sont à votre portée, et nous allons vous révéler un endroit où il s'avère possible d'en découvrir. [Il faut ajouter que la civilisation atlantéenne de l'époque était entrée en période de décadence et avait elle-même provoqué de graves cataclysmes avant l'impact de l'astéroïde qui effaça finalement toute trace de civilisation (dont la lémurienne), ou presque. NDE]

Ces documents archéologiques susceptibles de faire connaître la science des civilisations vieilles de plus de dix mille ans, vous pourrez les trouver en Arkansas. Lorsque cela arrivera, rappelez-vous où vous en aviez entendu parler pour la première fois ! À ce moment-là, remémorez-vous toutes ces informations incroyables que nous venons de vous présenter, et vous réaliserez qu'elles sont véridiques elles aussi.

La grille

Vous voici rendus à aujourd'hui et disposés à savourer le festin de la Terre si longtemps mijoté. Celle-ci était prête, et les anges qui allaient l'habiter l'observaient, s'apprêtant à devenir des humains. Nous avions tracé les méridiens de la grille lors de la période de refroidissement de la Terre : c'était le début de la grille magnétique avec la participation du Soleil, et je supervisais chaque élément qui s'y inscrivait. C'est pourquoi on m'a surnommé « le Maître magnétique ». Il me tient à cœur de vous révéler qui m'a aidé : ce sont les membres de cet auditoire et les lecteurs de ces pages ! Cela explique pourquoi certains d'entre vous s'éveillent, pourquoi d'autres font l'expérience de synchronicités, et pourquoi tant de souvenirs resurgissent. Un jour viendra où, de l'autre côté du voile, tout vous reviendra. Ensemble nous porterons alors éloge à ce qui fut, nous en rappelant la grandeur, je vous le promets.

L'évolution de la conscience humaine

Cela devient de plus en plus intéressant ! Nous voulons livrer une vue d'ensemble de l'évolution de la conscience humaine.

Pour certains d'entre vous, ce sera une révision, pour d'autres, ce sera nouveau, mais nous n'avons jamais abordé le sujet de cette manière. Pendant dix mille ans, l'Humanité continua d'évoluer. Vous connaissez bien l'histoire, et si vous regardez bien, vous remarquerez que cette conscience ne changeait pas beaucoup. Durant des milliers d'années, les prophètes ont été en mesure d'établir des prédictions en raison du caractère constant de l'énergie qui menait l'humanité sur des voies entraînant des conséquences facilement prévisibles. Tout comme une lecture de tarot pour une personne, le sceau d'énergie de la planète reflétait la réalité du chemin sur lequel avançait l'Humanité. Celui-ci ne changeant pas beaucoup, il était donc facile à déchiffrer. Jusqu'à l'arrivée de plusieurs d'entre vous dans cette vie actuelle, la conscience de l'Humanité poursuivit ainsi cette voie. Ce n'est que tout récemment que votre planète l'a quittée, alors que vous viviez déjà presque tous cette vie présente.

Quelle impression cela vous fait-il de savoir que le changement le plus profond et le plus imprévisible survenu sur cette planète s'est déroulé en votre présence ?

La Convergence harmonique

En 1987 eut lieu une mesure des énergies de la planète, que vous avez vous-mêmes nommée *Convergence harmonique*. Elle faisait partie d'un calendrier selon lequel, jusqu'en 2012, une mesure devait être effectuée tous les vingt-cinq ans. Cela n'était pas nouveau. Cependant, cette Convergence a révélé que la Terre avait modifié d'une façon importante son taux vibratoire.

Tout comme l'Univers, qui s'est créé par passages successifs d'une dimension à la suivante, votre planète était prête à passer au mode interdimensionnel, un paradigme de réalité était sur le point d'être remplacé : c'est ce qu'a effectivement révélé la mesure effectuée en 1987.

Vous pouvez dès à présent saisir l'ampleur du plan et pourquoi l'entourage de Kryeon est arrivé en ces années. *Le Kryeon* a toujours existé ici et existera toujours ! L'entourage présent depuis 1989 afin de travailler à la grille magnétique partira à la fin de l'année 2002. Au cours de nos messages, nous avons précisé qui ils étaient, où ils se trouvaient, ce qu'ils faisaient, tout cela sous forme de métaphores. Pour ceux d'entre vous qui n'auraient pas encore entendu ces informations, nous affirmons que toutes les métaphores devraient désormais trouver leur plein sens.

Tout d'abord, pourquoi la grille ? Quel rapport avec le changement de réalité ? Simplement parce qu'au sein de la réalité nouvelle, le moyen de communication interdimensionnel nommé « grille magnétique de la Terre » avait besoin d'être modifié. La grille représente le voile. Ce que vous appelez votre dualité (le voile séparant les deux parties de vous-mêmes, l'inférieure de la partie supérieure, l'humain de l'ange) suit les mouvements de la grille : comme se porte celle-ci, ainsi va celle-là.

Il fallait ajuster la grille afin de permettre l'accomplissement des potentialités pour lesquelles vous aviez donné votre autorisation, à savoir la naissance de la Nouvelle Jérusalem. Tout allait changer, tout devenait différent. Nous commençâmes à affirmer que les anciennes prophéties ne pourraient plus se réaliser, et c'est ce qui arriva. Il y a douze ans, nous avions annoncé les changements dans la géologie de la Terre et dans les types climatiques que vous voyez actuellement se dérouler sous vos yeux. Tous ces événements se manifestèrent peu à peu dès 1989.

Où iriez-vous, que feriez-vous, combien de temps serait nécessaire ? La grille, qu'est-ce que c'est après tout ? L'une des métaphores que nous avons employées indiquait la présence, dans l'orbite de Jupiter, d'un vaisseau nommé *Excalibur* transportant un cortège. Bien sûr, ce n'était là qu'une métaphore, ce vaisseau n'étant aucunement dans l'orbite de Jupiter. D'ailleurs, cette référence faite à l'orbite de Jupiter est aussi une métaphore. De quelle énergie s'agit-il ? Demandez à un astrologue quel rôle doit jouer Jupiter dans le nouveau millénaire. Vous connaîtrez alors la raison d'être de l'entourage de Kryeon. Il est question de l'énergie de l'entourage et de la raison pour laquelle le nom *Excalibur* fut donné au vaisseau. En effet, dans le mythe de Camelot, Excalibur est l'épée de l'amour et de l'alchimie extraite du rocher par le jeune homme qui voulait devenir roi. Vous en souvenez-vous ?

Voilà ce qui s'est produit ces dernières années lorsque les êtres humains ont fait l'impossible, lorsque l'alchimie s'est réalisée. Chacun d'entre vous représente le jeune homme qui, souhaitant devenir roi, fit l'impossible pour extraire du rocher l'épée de la vérité. Voilà pourquoi nous l'avons nommée Excalibur. L'épée devint la sagesse, prélude à une ère d'unité, de tolérance, de paix pour les habitants de ce royaume. Vous en souvenez-vous ?

Puis survint le 11:11. Combien d'entre vous saisissent réellement ce qui s'est passé ? Bien avant le 11:11, j'avais expliqué le 9, symbole d'accomplissement. J'ai ensuite déclaré que le 11 était un maître nombre, celui de l'entourage responsable de la grille. À présent, il joue dans votre vie un rôle plus important, n'est-ce pas ? Combien d'entre vous sont frappés par cette synchronicité, à savoir qu'il y a douze ans, Kryeon avait mentionné seulement ces deux nombres, le 9 et le 11 ? Qu'est-ce que cela vous indique au sujet des événements récents ? Le 11:11 représentait l'autorisation du changement interdimensionnel ; un nouvel univers de potentialités se faisait jour et l'Humanité donnait ainsi la permission de s'y engager.

La grille poursuivait son évolution lorsque survint le 12:12. Lors du 11:11, l'Humanité s'était donné la permission d'entrer dans une nouvelle réalité, un plan nouveau qui amènerait chacun à se réveiller. En 1999 et 2000, nous avions discuté de ces potentialités. Il vit actuellement sur cette planète plus d'humains que jamais auparavant, et ils sont plus susceptibles que jamais de créer la paix. Est-ce contradictoire ? Oui, si l'on se fie à l'ancien paradigme. Le 12:12 représente le moment où toute l'humanité a reçu le flambeau lui permettant de gouverner la Terre. C'est assez difficile à expliquer : la grille avait amorcé son mouvement en 1989, et le 12:12 était l'occasion pour l'Humanité de saisir toute l'essence de Gaïa. Certains des gardiens des canyons (esprits de la nature) ont quitté la planète, de même que quelques dévas des jardins. Certains des endroits les plus sacrés de la Terre, où l'on avait toujours ressenti des énergies inhabituelles, se transformèrent à la suite du départ des gardiens de l'énergie sacrée. En partant, ils transmirent le flambeau de leur énergie aux humains qui commençaient à ressentir les changements de la grille et se préparaient à revêtir le manteau de la force vitale de la Terre.

L'énergie se transmit de l'un à l'autre, les êtres humains recevant même une partie de la divinité de leurs anges propres, et c'est ainsi que se déroulèrent les choses. Durant cette dernière décennie de conscientisation, des dizaines de milliers d'êtres humains se posèrent des questions : « *Que devrais-je savoir de plus ? Pourriez-vous nous parler de Dieu ?* », ou bien : « *Je ressens des émotions bouleversantes comme jamais auparavant, que se passe-t-il ?* » Beaucoup connaissent de formidables périodes de retours de souvenirs, et ceux qui sont sur ce chemin depuis quelque temps savent à quoi je fais allusion, car la réalité d'aujourd'hui ne ressemble en rien à celle d'il y a dix ans.

Revoir la ligne du temps

Permettez-moi de revenir sur une notion exposée auparavant, soit la ligne temporelle qui se veut une lecture d'énergie des événements récents. Cela peut changer demain, mais pour l'instant, voici ce que vous avez planifié. L'année 2000 fut une année de réjouissances et de repos ; elle ne constituait pas *le seuil* à proprement parler. Par contre, l'année 2001 fut ce seuil.

C'est une année 3, et les experts en numérologie savent que le 3 représente la créativité, le moment venu de créer. Certains pourraient s'exclamer : « *Kryeon, nous n'avons pas l'impression d'avoir créé grand-chose. Nous avons plutôt engendré la mort, la destruction et le chagrin !* » Élevez-vous au-dessus de tout cela ! Contemplez, dans le tableau d'ensemble, ce qui a été créé dans la foulée du lâcher-prise généré par ces événements au sein de ce nouveau millénaire ! C'est maintenant, le début de votre apprentissage.

Partout sur la planète, les travailleurs de la lumière représentent le glaçage sur le gâteau de la créativité. Ils savent accomplir beaucoup de choses : trouver la lumière, la diriger, visualiser, se rendre et travailler en ces lieux obscurs où ils n'ont pas forcément envie d'aller, car ils y apporteront peut-être l'unique lumière. Ils savent s'autoguérir, quitter un endroit comme celui-ci en ressentant la joie. Ils possèdent une vue d'ensemble de ce qu'est la sagesse et sont avantagés au départ parce qu'ils étaient là quand la Terre fut créée.

De l'autre côté du voile, étiez-vous au courant de la capacité de modifier la réalité ? Bien sûr que oui ! Vous faisiez la queue pour revenir vivre cette vie, et non pas pour mourir dans un Armageddon ! Pensez-y ! Vous attendiez votre tour pour revenir et contribuer à ce processus, pour aider à réaliser la paix sur cette planète : c'est pour cela que vous êtes ici.

À la fin de l'année 2002, la grille sera achevée. La plus grande partie du travail sera en place. La grille *s'adresse* à votre ADN, laissant place à des choses jadis impossibles : elle ouvre à la connaissance, à la guérison, à l'extension de la vie. Elle permet à l'être humain de traverser le voile comme jamais auparavant. Lorsque tout sera accompli, nous célébrerons. En réalité, les modifications de la grille amènent des humains ordinaires à se propulser vers une autre dimension !

La plus grande partie de la Terre n'aura aucune idée de ce qui se passe ; comme pour tant d'autres choses, nous répétons que Dieu est lent. Mais en rétrospective, vous le verrez vraiment. Les travailleurs de la lumière le sauront. Beaucoup de ce que vous aurez entrevu pour vous-mêmes (visualisé en tant que possibilités) se manifestera au cours de l'année 2003. L'année 2002 est celle de l'enracinement. La grille s'est modifiée, aussi est-ce un moment propice pour se connecter à la planète. Certains savent de quoi je parle. Moment propice également pour découvrir l'énergie de Gaïa, pour vous reconnecter avec un partenaire de vie. Vous n'y pensez pas beaucoup, mais les Amérindiens le faisaient, eux. Recherchez leurs conseils, car ils n'ont jamais perdu le contact et savent encore comment cela fonctionne. Comprenez l'énergie de la terre, comment elle cherche à vous contacter de différentes manières. Sentez-la ! Certains savent déjà à quoi je fais allusion, car ils en sont amoureux.

L'année 2003 est une année 5, soit un temps de grands changements. N'est-ce pas naturel qu'il s'en produise tant, puisque la grille arrive à sa réalisation énergétique ? Une année de changements ne signifie rien de négatif. Il peut s'agir de manifestation ! Le changement peut s'exprimer par la cocréation, la guérison, ou l'entretien de l'amour de votre vie.

Certains ont demandé : « *Kryeon, quand trouverons-nous enfin une solution au Moyen-Orient ?* » Vos gouvernants ont raison : cela prendra encore beaucoup de temps, car on ne peut pas défaire l'histoire en une nuit. Modifier des attitudes requiert beaucoup de temps. Il faut parfois établir des preuves, et des périodes plus longues s'avèrent nécessaires afin de permettre à une génération de faire confiance à l'autre. Demandez aux Asiatiques. L'année que nous entrevoyons comme celle d'une solution au Moyen-Orient demeure l'année 2008.

L'année 2012 marquera la dernière mesure de la planète. Vos Autochtones vous ont prédit que cette année-là, le temps cesserait d'exister. Laissez-moi vous en expliquer le sens. En réalité, ce ne sera pas la fin de la planète. Par contre, si c'était la fin des temps anciens ? Il s'agirait d'un nouveau seuil auquel les historiens du futur pourraient se référer et qui pourrait être formulé ainsi : « *En 2012, les humains avaient déjà déterminé ce qu'ils voulaient, comment ils allaient se définir. Ils avaient progressé en tant que groupe constitué de toutes sortes de personnes issues de cultures et de croyances diverses, qui avaient résolu l'insoluble, et enfin éliminé les énigmes de l'histoire. La Terre devint une tout autre planète prête à vivre de nouvelles aventures.* » Ne serait-ce pas incroyable ? Eh bien ! C'est exactement ce que l'aura de la Terre exprime actuellement. Voici les potentialités qui s'offrent désormais à vous.

Travailleurs de la lumière, que déciderez-vous d'en faire ? Ce que vous avez réalisé au cours de toutes ces années de création est inouï ! À l'heure actuelle, vous vivez le point culminant de tous les messages livrés par Kryeon. Plusieurs d'entre vous voient clair à présent. Ce n'est pas Kryeon qui partira à la fin de 2002, mais uniquement l'entourage responsable de la modification de la grille. C'est en 2003 que j'entreprendrai mon vrai travail ! Jusqu'à maintenant, ce n'était qu'une période de préparation. Main dans la main avec Dieu, vous avez appris à convier en vous la divinité afin de progresser et de faire rayonner votre lumière. C'est maintenant que commence le travail.

Visualisez votre planète libérée de la faim, voyez les peuples africains débarrassés des maladies, les gens se souriant les uns aux autres. Regardez sourire les Afghans, fiers des solutions trouvées. Contemplez les enfants, rassasiés et remplis de joie, en train de jouer. Rien de cela n'est irréalisable. N'écoutez pas ceux qui vous racontent les calamités du passé ou l'adversité qu'elles engendrent. Ne prêtez pas l'oreille aux idées toutes faites sur ce qui devrait être. Dépassez tout cela. Durant vos périodes de visualisation, ne dictez pas vos recettes à l'Esprit, laissez-lui le soin de les trouver, et ne contemplez que le résultat. Voilà ce que signifie la visualisation. Transportez-vous au beau milieu du Moyen-Orient et regardez s'évaporer des siècles d'incompréhension, de méfiance et de haine, une fois la solution trouvée.

En ce qui concerne les luttes tribales, imaginez les générations dans un début de compréhension et de tolérance, jusqu'au moment où les ennemis n'en seront plus. Cela s'est déjà produit sur la planète, et même au cours de vos propres guerres. Les anciens ennemis ne sont pas obligés de rester ennemis. Il est possible qu'on ait besoin en vérité d'une génération et de beaucoup d'enfants pour changer la planète.

Ceci conclut le message de ce jour : toute l'évolution de la conscience de la planète dans une petite capsule temporelle. Nous arrivons à la fin.

Ces derniers mois, des milliers de gens sont décédés. Ils reçoivent actuellement les honneurs du Grand hall. Je vous demande de les regarder, et, un court instant, ils vont tous s'arrêter, interrompant leurs activités et se tournant vers vous tous qui, en temps réel, êtes assis en ces lieux. Lecteurs, nous suivez-vous ? Ils vous voient aussi, vous qui lisez ces mots.

Tous ceux qui ont participé à ce cadeau offert à la Terre sont en train de vous regarder, en cet instant. Leur message commun s'exprime en ces mots : « Que notre don n'ait pas été vain ; faites-en un miracle ! »

En quittant ces lieux, emportez avec vous l'énergie de ce cadeau et élevez-vous au niveau le plus haut. Ne passez pas un jour sans visualiser la guérison, l'unité et la tolérance régnant sur la planète. Votre champ énergétique est sublime et votre pouvoir, total. Vous avez la capacité de modifier la réalité et les lois de la physique, de vous guérir et de guérir votre planète : tel est l'héritage dévolu à l'être humain évolué.

Et il en est ainsi.

Kryeon

CHAPITRE DIX

EXPLIQUER L'INEXPLICABLE

Newport Beach, Californie, Décembre 2001

Salutations, très chers. Je suis Kryeon, du Service magnétique. Très chers, la salle se prépare à recevoir un message agréable dont le sujet n'a encore jamais été abordé. Doux et profond, il peut se révéler difficile à saisir du fait qu'il se situe au-delà du champ de compréhension propre à votre dimension.

Depuis le premier message de Kryeon [reçu en channeling par Lee] publié voici bientôt douze ans, nous savions quelle sorte d'énergie était susceptible d'être présente en ce moment même sur cette planète, dans ce pays, dans cette ville et dans cette salle. On ne peut vous faire comprendre le maintenant. Même en ce temps-là, nous étions potentiellement ici, nous vous « voyions » dans cette salle. Vous pourriez demander : « *Comment cela se peut-il, Kryeon ? À cette époque, je ne saisissais rien de tout cela, j'étais une personne différente. Ce n'est que tout récemment que j'ai découvert l'existence de cette énergie spirituelle et que j'ai décidé de venir à cette réunion.* » Nous pouvons vous répondre que nous connaissons et voyons les possibilités inscrites sur le chemin de chaque être humain. Chemin que vous aurez le loisir de changer demain. Sans vouloir parler de prédestination, nous pouvons vous affirmer que dans cette salle se trouvent des prédispositions, c'est-à-dire un potentiel de réalisations lié à votre intention actuelle. Nous avions pressenti votre éveil et les raisons de votre présence en ces lieux. Nous étions au courant de ce que certains devraient surmonter afin de pouvoir nous écouter ou nous lire, et vous vous demandez pourquoi nous vous aimons tant ? Par où commencer ?

Depuis plus d'une année, nous parlons du Troisième langage. À peu près chaque fois que nous sommes venus récemment, nous avons mentionné le *langage du 3*. Nous avons expliqué que celui-ci représentait un canal vivant, une connexion permanente avec l'autre côté du voile. Vous y participez sur un mode interdimensionnel qu'il nous est difficile de vous aider à appréhender, mais que nous vous invitons à ressentir. Mais vous ne saisissez pas encore.

Nous demandons que le voile soit soulevé pour faciliter votre compréhension divine en ce jour. Le Troisième langage représente un être humain quadridimensionnel faisant un pas dans une autre dimension. Vous pouvez nommer celle-ci la cinquième dimension si tel est votre souhait, mais ce n'est pas vraiment exact. Comme nous l'avons mentionné il y a longtemps, lorsque vous dépassez les quatre dimensions qui sont les vôtres, il n'est plus possible de dénombrer les autres. Disons qu'elles exhalent un *arôme* différent. Vous ne comptez pas les goûts ni les parfums : en réalité, vous en faites l'expérience !

La métaphore d'avoir un pied de l'autre côté du voile ne renvoie pas seulement à un potentiel, mais également à une réalité. D'ailleurs, certains de nos auditeurs et lecteurs la vivent. Il leur a fallu quelque temps pour l'apprendre par l'expérience, par l'enseignement ou par l'écoute de leur intuition.

Ils peuvent vous annoncer qu'ils sont *passés du 2 au 3*. Dans un moment, nous allons expliquer par un exemple ce que cela signifie, mais telle est effectivement leur expérience. Devenir un être humain de la cinquième dimension (que nous appellerons un être humain multidimensionnel) ne signifie pas seulement explorer de nouveaux lieux, mais se mettre à exister simultanément à deux endroits différents. De plus, l'interdimensionnalité ne veut pas dire que vous abandonnez tout ce qui est vôtre afin d'obtenir ce que vous avez choisi. En d'autres mots, vous pouvez très bien, tout en restant dans la quatrième dimension, faire l'expérience d'autres dimensions.

Certains parmi vous connaissent des gens qui ont traversé la barrière interdimensionnelle, seulement ils l'ont fait en rejetant la vie en 4D. Ils se sentaient devenus tellement spirituels qu'ils devaient en finir avec le vieux monde de l'humain quadridimensionnel. Ce faisant, ils ont rejeté le cœur de leur réalité et sont devenus tout à fait inadaptés à la vie terrestre. L'avez-vous remarqué ? Ils ne sont plus capables de fonctionner ni de penser correctement au sein de leur culture, d'aller tra-vailler, de prendre soin de leurs enfants ; même plus, beaucoup ont besoin que quelqu'un s'occupe d'eux. Pourtant, lorsqu'on les regarde, ils paraissent bienheureux. Ils sont entrés dans une autre dimensionnalité, laissant derrière eux celle dont ils étaient issus.

Ce n'est pas de cela que nous voulons discuter, mais plutôt du Troisième langage, cette capacité, actuellement intense comme jamais, d'emprunter un chemin dimensionnel bien différent des précédents, tout en conservant ce qui vous appartient et en créant une réalité inédite.

Certains parmi vous ont entrevu le voile, cette barrière étrange qui maintient l'Humanité à distance de la vérité spirituelle fondamentale. Faisant partie intrinsèque de Dieu, il est interdimensionnel. Quelques-uns pensent qu'il est tout noir ou tout blanc, qu'on se trouve soit d'un côté, soit de l'autre : ce n'est pas du tout ainsi que les choses fonctionnent. On doit plutôt le voir d'une certaine épaisseur. Une partie de ce que le système de la grille accomplit en évoluant consiste à recalibrer le voile et à le rendre plus mince, ceci afin que l'Humanité puisse s'éveiller à de nouvelles perspectives. En particulier à celle que nous essayons de vous présenter aujourd'hui. Selon ce message interdimensionnel, vous êtes en droit de réclamer une réalité divine dont vous ne disposez pas encore, et qui vous assurera une vue d'ensemble douée d'une énergie bien différente de tout ce que vous avez jamais connu.

Le voile est épais, mais sans véritable barrière. Ce n'est pas un mur, mais un cocon enveloppant chaque molécule en quatre dimensions. Ce n'est pas non plus un endroit. Certains d'entre vous s'y baignent durant leurs méditations, regagnant souvent leur monde à quatre dimensions sans se souvenir de rien. Dans ce voile très compact se cachent des parcelles d'entités que vous ne comprenez absolument pas. Parmi elles, d'aucunes nous rendent visite, vont et viennent, parties de ce voile magique que vous ne pouvez saisir.

Les êtres qui *ancrent la Terre*, ceux que vous nommez les *entités de la Terre*, font partie du voile, tout comme le tissu du temps, qui s'étire lorsque vous entrez et se restructure à votre départ. En abordant l'énergie interdimensionnelle discutée entre l'Esprit et l'Humanité, vous quittez la réalité à laquelle vous êtes habitués, lui ajoutant une nouvelle saveur et la faisant évoluer vers autre chose.

Qu'est-ce qui est *normal* ?

Tout ceci est difficile à expliquer, et avant même de commencer à livrer ce message, nous devons discuter d'une chose. Chers êtres humains, j'aimerais qu'à cet instant même, vous vous posiez la question suivante : « *Qu'est-ce qui est normal ?* » Qu'est donc pour vous *le normal* ? Lorsque vous repensez à votre vie et à ce que vous vous êtes créé en tant que maîtres de vous-mêmes cheminant sur cette planète, quelle définition de ce qu'est le *normal* avez-vous inculquée à votre structure cellulaire ?

Combien d'entre vous ont vraiment énoncé à voix haute que la normalité, pour eux, c'était d'être déprimés ? « *Je ne me sens pas bien, aujourd'hui !* » dites-vous, ou bien encore « *C'est typique !* ». Eh bien ! Voilà ce qu'est votre *normal*, vous venez de le définir. Combien d'entre vous ont dit à leur visage qu'il était loin d'être joyeux, et que *loin d'être joyeux* est la condition humaine ? J'aimerais vous entretenir du normal. Il existe une force de vie à laquelle est attentive chacune des cellules de votre corps. Vous en êtes le maître, le patron, la force de contrôle dans le cerveau, celui qui informe le corps de ce qu'est le normal. La force cellulaire au sein de votre corps fera tout son possible pour satisfaire le patron. En définitive, ce que vous avez décidé de montrer à votre structure cellulaire comme étant le normal deviendra le but de vos cellules et se métamorphosera en votre réalité. Vous pouvez vous y attendre !

Voici venu le temps de se calibrer

Je viens de vous exposer un aspect de la réalité. Cette notion est très difficile à expliquer, mais vous devez saisir que le normal que vous présentez à votre corps constitue le modèle de la réalité qu'il s'efforcera d'engendrer. Il est tellement difficile d'annoncer ce qui se trame ! Il ne s'agit pas seulement du Troisième langage. Le potentiel interdimensionnel présent sur la Terre en ce moment où la transformation de la grille arrive à sa fin, où le monde réagit au lâcher-prise, est nouveau. Si vous voulez l'atteindre tout en l'ancrant à la dimensionnalité où vous vous trouvez déjà, il vous faudra vous brancher à cette station invisible qui n'est pas celle que vous écoutez actuellement.

Nous recourons à la métaphore de se brancher sur une émission parce que c'est exactement ce que nous vous demandons de faire. Vous passez du 2 au 3. L'être humain qui reconnaît en cela la réalité et désire la trouver représente un type d'humain qui n'existait pas il y a douze ans. Vous êtes en train d'aborder les mêmes capacités et de poser les mêmes questions que les avatars du passé !

La dernière fois que nous nous sommes réunis, nous avons présenté un historique de l'évolution de la conscience sur la planète. Nous avons évoqué 1987, puis la fenêtre de possibilités nommée le 11:11, c'est-à-dire la permission donnée par vous-mêmes de passer à une autre réalité, à un niveau plus élevé. La balle s'est mise à rouler et la grille a amorcé sa transformation. Dans sa dernière année d'ajustement, elle représente le magnétisme de la planète positionnant ce voile interdimensionnel pour apporter des réponses à vos questions les plus cruciales. Des événements semblables à ceux que nous avons annoncés il y a plus de deux ans se profilent peu à peu. Nous avions alors affirmé que la lutte entre l'ancien et le nouveau toucherait tout le monde et que personne ne pourrait se dispenser d'effectuer des choix. Dieu serait utilisé comme bouclier par les hommes sous l'emprise de la rage spirituelle. Vous voici exactement arrivés à ce point.

Dans le contexte actuel où règne tant de négatif, nous offrons les nouvelles les plus inspirantes, puissantes et remplies d'espoir qui aient jamais été données : le voile est en train d'être adapté de manière à se soulever légèrement, ramené à un espace d'où vous puissiez vous mouvoir vers une autre dimension tout en conservant celle où vous vous trouvez. Au cours de ce processus, le chaos fera place à la sagesse et les questions sur les éons de conflits recevront des réponses.

Afin d'évoluer dans ce nouveau contexte, vous devrez vous brancher sur cette nouvelle station, que vous ne pouvez ni voir ni entendre, celle qui réside au-delà de vos sens. Appelons les choses par leur nom : vous allez devoir vous calibrer à la nouvelle énergie universelle. Cela ne constitue pas un nouvel attribut de la Terre : cette dimensionnalité a existé de tout temps, mais jusqu'à présent, elle n'était accessible qu'aux avatars et aux chamans.

C'était le message envoyé par Kryeon en 1989, et ça l'est encore. La seule différence, c'est que vous êtes maintenant à la veille de pouvoir accomplir tout ce qui paraissait bizarre et étrange lorsque nous en avions parlé à ce moment-là. Nous célébrons à présent tous les humains à qui nous avons transmis les méthodes, les étapes de compréhension, qui ont bien géré ces informations. Certains de ceux qui nous écoutent ou lisent ces pages auront la capacité, même sans avoir reçu l'enseignement, de le sentir et de suivre intuitivement les différentes étapes nécessaires pour trouver l'énergie nouvelle et réaliser leur calibrage. C'est ainsi que l'Esprit a toujours œuvré. Il existe un éventail important d'enseignements divers, certains intuitifs, d'autres non, qui permettent de respecter les différents cheminements des personnes en quête d'illumination spirituelle. De nombreux chemins mènent au même but, et pourtant, beaucoup d'entre vous préfèrent dire qu'il n'y en a qu'un ! Célébrez les différences, glorifiez celui qui cherche au moyen de son intellect comme celui qui le fait avec son cœur. Tous les deux peuvent arriver à la même solution : l'amour de Dieu.

Un exemple

Voici une autre illustration du passage du 2 au 3. Si nous continuons à situer cette explication dans le champ d'expérience de votre dimension, elle vous sera incompréhensible. C'est pourquoi nous allons d'abord descendre d'une ou deux dimensions. Imaginez que vous êtes un dessin animé sur une feuille de papier, c'est-à-dire que vous évoluez dans un monde bidimensionnel. Vous pouvez vous déplacer de gauche à droite ou d'avant en arrière, puisque c'est tout ce que vous pouvez accomplir en deux dimensions. Vous ne pouvez bouger de haut en bas ; vous existez uniquement sur le papier, en dehors du temps. Imaginez-vous maintenant que la feuille de papier s'étend sur des milliers de kilomètres dans chaque direction et que vous êtes libre de marcher aussi loin que vous le voulez.

Un jour, une voix vous parvient d'en haut : « Il y a plus ! Il y a plus que votre réalité à deux dimensions ! » L'être bidimensionnel de la feuille de papier ne sait où regarder. D'où peut bien provenir cette voix ? Il sait qu'elle ne vient ni de la gauche ni de la droite. Voyez-vous, il ne peut lever les yeux parce que, pour lui, il n'existe pas de *en haut* ! L'action en trois dimensions se situe au-delà du dessin animé, qui écoute cette voix, totalement désorienté. Il voyage vers le bord de la page, il suit des procédures, il prend des leçons, pour finalement s'écrier à l'adresse de Dieu : « Je sais qu'il y a plus, mais je suis dans l'incapacité de faire plus avec ce dont je dispose. J'ai cherché partout autour et fait tout ce qui était possible. Dieu, révèle-moi ce que je dois faire ! » Et la voix divine répond : « Porte ton regard vers le haut ! », ce à quoi le dessin animé répond : « Qu'est-ce que cela signifie, vers le haut ? »

Tout doucement, cependant, l'être bidimensionnel trouve le moyen de lever les yeux, inspiré par son intuition, son entraînement, et son instinct. Il scrute l'inconnu et le royaume de l'inexplicable, pour finalement se calibrer sur le *en haut*. Lorsqu'enfin il peut saisir ce que signifie le haut, il devient tridimensionnel. Il lève les yeux et s'aperçoit que la voix provenait d'une autre énergie dimensionnelle située dans le 3. Grâce à son sens de l'enquête et à sa sagesse, le dessin animé cesse d'en être un. Par contre, il est entré dans une réalité d'une toute nouvelle dimension le rendant apte à voler ! De plus, la voix ne lui souffle plus « Regarde vers le haut ! » mais plutôt « Cherche à l'intérieur, c'est magique ! ». Cette voix est inter-dimensionnelle ; nommez-la selon votre goût, elle est divine.

Le retour des Maîtres, nouvelle perspective

Permettez-moi à présent de compléter ce que nous avions exposé à ce sujet, car cela pourrait agir d'une manière inattendue en interface avec ce qui suit. Voilà plus d'un an, nous étions devant un auditoire, en Israël. Nous avions alors annoncé que chaque maître, chaque avatar, chaque prophète ou chaman qui ait jamais vécu et devait revenir était bien de retour. Chers êtres humains, nous avions ajouté qu'ils entouraient tous la Terre et se trouvaient dans cette énergie que nous nommons *la grille*. Cette énergie, vous pouvez y faire appel en tout temps. Nous avions précisé que le retour de ces entités marquait l'achèvement de la phase d'ajustement de la grille [prévu pour décembre 2002].

La déclaration suivante pourra vous sembler quelque peu

contradictoire : les événements du 11 septembre n'auraient jamais pu survenir sans la présence, au sein de la grille, des maîtres de l'amour et de l'unité ! Comment cela est-il possible ? Ce que vous réclamez depuis quinze ans, à savoir un changement de réalité et un éveil à l'amour de l'Esprit, n'aurait jamais pu se produire sans la participation de tous. Comprenez-vous dès lors que, sur la planète, chacun a eu sa place au cœur des événements ?

Parlons d'énergie. Saisissez-vous pourquoi les maîtres sont présents ici, pourquoi la grille les contient ? Nous avons évoqué l'afflux, en votre structure cellulaire, de nouvelles informations. Nous vous avons suggéré de *chercher à l'intérieur* l'interdimensionnalité. Aimeriez-vous savoir à quoi vous êtes en train de vous calibrer ? Cela devrait vous sembler évident ! Vous calibrez votre réalité aux maîtres qui ont foulé le sol de cette planète et sont prêts à fusionner leur énergie avec la vôtre. Vous serez ainsi en mesure de trouver en vous la divinité vous amenant à réaliser ce que, en rapport avec l'énergie, vous n'auriez jamais cru possible dans cette vie-ci.

On pourrait écrire des livres entiers au sujet de l'énergie, mais j'aborderai seulement quelques aspects auxquels vous n'avez peut-être jamais pensé dans votre vie quotidienne.

L'énergie de la conversation

Savez-vous que deux personnes en train de parler ensemble échangent de l'énergie ? Il existe toutes sortes de conversations : conversation en l'air, oisive, polie, conflictuelle ou injurieuse. Que ressentez-vous lorsque quelqu'un n'est pas d'accord avec vous ou vous dit quelque chose que vous n'aimez pas ? Quelle énergie habite ceux qui, se trouvant au-dessus de vous de par leur fonction, vous parlent avec condescendance ? Comment ressentez-vous leur énergie ? Qu'en faites-vous ?

Dans un monde à quatre dimensions, voici ce qui arrive souvent : cette énergie se dirige tout droit dans votre cœur, et c'est là que vous devez y faire face. Lorsqu'une personne vous pose une question, il se passe un fait étrange : une énergie vous ordonne de répondre ! Y avez-vous déjà pensé ? C'est presque comme une balle de tennis qui, passant au-dessus du filet, véhicule une énergie de demande. Avez-vous jamais compris que vous n'aviez pas à répondre ? Vous n'êtes pas tenus de renvoyer la balle ni même de jouer, aussi vous posons-nous cette question : qu'est pour vous *le normal* en ce qui a trait à la conversation ?

« *Lorsque cette personne dit quelque chose, cela me blesse toujours* », ou bien « *Je me sens mal quand j'entends ceci ou cela* ». Très chers, comment puis-je vous le faire comprendre ? En tant que *maîtres de vos cellules*, vous venez tout simplement d'informer votre corps sur ce qu'est le normal ! Si votre normal était calibré à la cinquième dimension (la phase suivante), quoi que vous entendiez, vous vous réfugieriez en un endroit où vous n'auriez pas mal, où serait enregistré seulement ce qui est bon pour vous, où vous vous élèveriez au-dessus de toute conversation. Vous en auriez la responsabilité, puisque le choix vous reviendrait : répondre ou non, vous laisser toucher ou non. Je précise ceci parce que certains parmi vous, dans ce monde à quatre dimensions, sont des esclaves de la conversation. Vous n'avez jamais su que vous pouviez vous élever jusqu'à un endroit situé à l'intérieur de vous-mêmes et réclamer le pouvoir de contrôler la balle de tennis. Au lieu de cela, vous employez souvent votre énergie à répéter à votre structure cellulaire que vous êtes toujours blessés ! Lorsque vous dépassez ce stade enfin, vous vous sentez tellement bien quoi que vous disiez et peu importe ce qu'on vous dit. C'est ça l'énergie !

L'énergie de choix

Connaissez-vous une autre sorte d'énergie à l'œuvre dans votre vie ? Il s'agit du choix de faire ceci ou cela. Combien d'entre vous ont déjà décidé que leur normal, c'est : « Je fais toujours les mauvais choix ! » Que vous ai-je affirmé concernant vos cellules ? Chacune obéit au chef et s'efforce de lui fournir exactement ce qu'il a identifié comme normal. Pensez-y ! Votre corps vous a entendus déclarer que vous vous attendiez à effectuer les mauvais choix. Par conséquent, toute intuition se rapportant au choix et au discernement de l'énergie de choix reste ancrée autour de cette affirmation ! Nous discutions de la capacité de se brancher sur cette nouvelle station qui engendre des êtres humains susceptibles de moins s'inquiéter en ce qui concerne les choix à effectuer. Lorsqu'un être humain commence à se détendre, il se crée naturellement une transition dimensionnelle et la joie devient le normal. La peur d'effectuer un mauvais choix n'est plus alors que chose du passé. Vous l'oubliez même complètement, puisque vous êtes branchés sur cette nouvelle station favorisant les bonnes réponses et la stabilité.

L'énergie de création

Et la création ? Pas la cocréation, mas bien la création ? L'exposé que vous avez entendu aujourd'hui même [référence à la validation scientifique du pouvoir de la conscience humaine présentée au cours de ce séminaire] n'était pas fortuit. Ces informations vous avaient été communiquées afin que vous puissiez bien saisir ce qu'on est en train d'exposer. Qu'avez-vous appris au sujet de l'eau ? Peut-être (seulement peut-être) l'eau réagit-elle au champ de force d'un être humain ? Et peut-être réagit-elle aussi à plus que ça ? De quoi êtes-vous faits ? Vos cellules baignent dans l'eau, qui constitue l'essence de votre biologie : vous êtes des êtres d'eau. Au sein de votre eau corporelle s'écoule une force de vie interdimensionnelle invisible qui réagit à l'humain en train de créer.

Lorsque cet humain crée en étant confiné aux restrictions de quatre dimensions et qu'il calibre d'après ce que celles-ci considèrent comme normal, les cellules obéissent au *chef*. Il y a des années, nous avions mentionné un fait inhabituel qui, jusqu'à ce jour, n'a peut-être pas été bien compris. Grâce à votre nouvelle sagesse, il vous sera sans doute plus facile de saisir le concept selon lequel tout ce que vous êtes sur le point d'ingérer peut subir une modification moléculaire avant de pénétrer dans votre corps. S'il suffit d'un mot pour changer la structure de l'eau, pensez à tout ce que vous pouvez faire en émettant une intention ! [Notions présentées au cours de ce séminaire. Voir aussi l'article de Masaru Emoto à l'adresse de www.ariane.qc.ca. Cliquer sur Auteurs, puis sur Drunvalo Melchizédek, *L'Esprit de Ma'at* et Masaru Emoto.] Presque toute la nourriture absorbée contient de l'essence de vie interdimensionnelle, votre matériau de croissance et de subsistance. Elle réagit également à la force de vie humaine ! C'est pourquoi nous vous le répétons, chers êtres humains, vous possédez en vous le pouvoir d'appliquer à tout ce que vous ingérez une modification moléculaire lui conférant une parfaite innocuité [nourriture pas forcément nutritive, mais au moins inoffensive].

En ce qui concerne votre subsistance, nous déclarons ce qui suit : il est temps pour vous de comprendre le Troisième langage, le passage du 2 au 3. Vous ne savez pas où la nourriture a été préparée, quels agents de conservation y ont été ajoutés, quelles modifications génétiques y ont été appliquées, et cela vous inquiète. Laissez-moi vous rassurer : c'est là une question politique, et non un problème personnel. Ne soyez pas inquiets puisque vous avez le pouvoir de calibrer ces éléments selon votre corps. Il vous suffit de diriger vers cette nourriture ou cette eau votre énergie divine interdimensionnelle juste avant de l'ingérer. Adressez-vous à la force de vie habitant la matière, accueillez-la et amenez-la à votre vibration.

Nous devons encore revenir à vos cellules : les cellules humaines commencent à reconnaître l'énergie nouvelle. Quelques-unes de vos structures cellulaires se rebellent contre le patron, criant : « *Il y a quelque chose de plus ici, tu devrais regarder !* » Combien d'entre vous sont assis dans la souffrance ? Combien présentent, au niveau celllulaire, des problèmes insolubles ? À ceux-ci, j'affirme que ce qu'ils vivent se situe uniquement dans leur monde à quatre dimensions, tout comme la vitesse de la lumière. Vous pensez que c'est absolu ? Non : c'est la limite de vitesse seulement en quatre dimensions ! Dès que vous quittez cette réalité quadridimensionnelle qui a accompagné toutes vos vies jusqu'à votre naissance dans cette vie-ci, tout ce que vous aviez cru impossible peut désormais réellement se produire ! Votre structure cellulaire est composée principalement d'eau. D'ailleurs, c'est la même chose pour la maladie qu'elle peut véhiculer ! Y avez-vous jamais songé ? Saviez-vous également qu'elle était à l'écoute ? Vous savez que nous ne vous communiquerions pas ces informations si elles n'étaient pas véridiques.

Cependant, ce que nous vous suggérons ne se concrétisera pas juste en utilisant un interrupteur. Il ne vous sera pas aisé de saisir l'inexplicable. Vous devrez fournir des efforts afin que de nouvelles méthodes implantent le nouveau paradigme, mais cela reste à votre portée. Le but de tout cela est le calibrage à une énergie nouvelle pour la planète, énergie qui s'offre à vous avec intensité.

Vous, les guérisseurs, écoutez ceci : je suis sûr que vous êtes conscients de ne guérir personne, n'est-ce pas ? Tout ce que vous faites, c'est rétablir l'équilibre énergétique. Vous équilibrez, et vos patients ont alors le pouvoir d'avoir recours à cet équilibre pour s'autoguérir. Vous avez passé votre vie à favoriser cet équilibre. Cela explique pourquoi, après avoir traité ainsi beaucoup de patients, vous avez vu certains d'entre eux guérir, et d'autres pas. Et même, parmi ceux qui sont guéris, quelques-uns le sont superficiellement et d'autres, en profondeur. Votre seule responsabilité, c'est de les amener à la table d'équilibrage. Par la suite, il leur revient de décider s'ils veulent ou non guérir. Il en sera toujours ainsi. Cela laisse à chaque humain le libre arbitre absolu. Mais il y a une raison pour laquelle je vous précise ces choses. En effet, seul le guérisseur sait diriger l'énergie et est apte à vous montrer comment votre corps peut accepter un champ de force interdimensionnelle équilibrant.

Observez l'histoire des avatars : ils ont changé la matière ! Chez certains d'entre eux déjà morts, la structure cellulaire ignorait leur décès ! Leurs cellules continuaient donc à vivre et même à rajeunir des semaines après le départ du *patron*. Qu'est-ce que cela vous apprend au sujet de votre structure cellulaire ? Dans le cas des avatars, les cellules savaient vraiment ce que normal voulait dire, et elles s'efforçaient d'agir comme à l'habitude, longtemps après la mort du corps. Qu'est-ce que cela vous apprend sur un éventuel champ de conscience humain ? Et sur l'intention ? Certains de ces avatars se trouvent actuellement sur la grille, cherchant à vous prendre par la main, désireux d'être ceux qui vous montreront où est localisé ce nouveau calibrage.

L'argent

Ainsi, vous les guérisseurs qui êtes experts pour déplacer l'énergie, pourquoi ne pouvez-vous pas déplacer l'argent ? Qu'est pour vous le normal par rapport à cela ? À quel endroit de votre corps avez-vous précisé ce qu'était pour vous le normal en matière d'argent ? Laissez-moi vous donner un exemple :

incapables de faire face à vos engagements financiers arrivant bientôt à échéance, que faites-vous de l'énergie de cet état de choses ? Vous préparez-vous à tomber dans la misère ? Vous organisez-vous pour ne pas avoir d'argent la prochaine fois non plus ? Répétez-vous à votre structure cellulaire : « *C'est comme ça !* » Ou bien décidez-vous d'abandonner les vœux de pauvreté prononcés au cours de vos vies antérieures et de vous brancher à l'énergie nouvelle ?

Dans cette salle existe une contradiction : ceux qui sont les plus habitués à déplacer l'énergie sont ceux qui comprennent le moins bien l'énergie de l'argent ! Celle-ci est bien plus simple que l'équilibre énergétique humain ! Combien d'entre vous se sentent assez libres, lorsqu'ils ne peuvent faire face à leurs obligations financières, pour célébrer cette situation ? Vous pensez qu'aucun d'entre vous n'agirait de façon aussi stupide ? Eh bien ! Peut-être va-t-il vous falloir quelques actions stupides pour comprendre en quoi consiste le calibrage de l'énergie nouvelle.

Lorsque vous vous brancherez sur cette nouvelle station, votre conscience comprendra que vos obligations financières et l'argent ne sont que de l'énergie, et, tout comme pour ceux qui guérissent et ceux qui ne guérissent pas, cette énergie se présentera à vous de la manière appropriée, au moment voulu. Lorsque vous arrêterez de vous faire du cinéma à ce sujet, l'argent sera au rendez-vous ! N'est-ce pas un peu comme ceux qui ne guérissent pas ? Même lorsque l'équilibre est rétabli, beaucoup craignent la guérison et préfèrent perpétuer le drame de l'inconfort.

Celui qui saisit ce concept de nouvelle dimensionnalité, qui commence à être calibré, qui considère les possibilités de la conversation, du choix et de la création, qui s'adresse à la structure cellulaire de son propre corps, celui-là maîtrise complètement sa réalité. Non seulement détient-il le contrôle sur sa réalité, mais encore est-il rempli de joie. Il est impossible de faire l'expérience de l'amour de Dieu, de l'Esprit dans votre vie sans rire de bon cœur ! Y avez-vous déjà pensé ? Cela a-t-il du sens pour vous ?

Wo et la nouvelle ville

Avant de terminer cette rencontre, nous allons vous raconter une parabole différente de toutes celles que nous avons déjà présentées, et elles sont nombreuses ! Wo, notre personnage principal, vit une existence à quatre dimensions. Il n'est ni homme ni femme ; il représente en fait les deux genres. Il s'agit de vous ! Pour faciliter la lecture, nous emploierons le genre masculin.

Wo vivait au sein de la vieille énergie et avait le sentiment qu'il devait bien y avoir quelque chose de plus dans la vie. Une nuit, au cours d'une méditation profonde, il reçut des informations cruciales, sans savoir qui s'adressait à lui. La vérité est que Wo communiquait avec Wo, avec son Soi supérieur, la partie de lui-même qu'il désirait épouser et qui lui manquait le plus.

Saviez-vous, chers humains solitaires, que lorsque vous développez le Troisième langage, vous initiez un rapprochement, une cérémonie de mariage avec la partie manquante de vous-mêmes ? C'est de là que provient la joie !

Wo reçut les informations suivantes : « *Il est temps de monter dans le train en direction de la nouvelle ville, car l'ancienne a disparu. Elle ne représente plus ce que vous êtes. Montez dans le train qui porte le nom de "Intention Express". Dans la nouvelle cité, vous remarquerez des rues pavées de l'or de votre intention. Des miracles y sont possibles. Vous pourrez prolonger votre vie, vous remplir de joie, aider autrui, éprouver la passion, accomplir des choses que vous n'auriez jamais cru possible de réaliser. Beaucoup de choses vous attendent dans cette ville nouvelle, Wo ; il est temps d'embarquer.* »

Wo acheta un billet et prit le train, et les rails de l'intention menaient bien à la cité nouvelle. Il avait choisi un aller simple, sachant qu'il ne pourrait plus revenir en arrière. Il en était convaincu, et il avait bien réfléchi avant de se décider à entreprendre ce voyage.

Au cours de son périple, il songea à tout cela, certain que dans la ville nouvelle, il prendrait la même place que dans l'ancienne, mais que tout y serait différent. Grande était son impatience ! Une fois à bon port, il descendit du train et fut bien étonné de ce qu'il observa : la ville était presque identique à celle qu'il venait de quitter. Aussi commença-t-il à chercher les éléments dissemblables. Il souhaitait constater les différences qui devaient exister entre l'ancien et le nouveau, et dénicher ces fameuses rues pavées d'or.

Mais partout où son regard se portait, il ne découvrait rien d'autre que la vieille énergie !

« Que se passe-t-il ? La ville a le même aspect et produit la même impression que celle que j'ai quittée. Où se trouve donc le nouveau ? » se demandait-il.

Il restait là, perplexe. Et c'est à ce moment-là que se termine la parabole. Elle diverge de toutes les autres déjà racontées. Nous allons figer Wo sur place pour vous livrer cette information : *Wo, c'est vous !* La parabole se joue dans le maintenant. Et sa fin sera la vôtre, ou sera-t-elle votre commencement ?

La *nouvelle cité* se cache dans l'ancienne ! Beaucoup parmi vous ont acheté le billet, pris le train, et pour certains, le voyage fut même pénible. Maintenant, vous êtes au beau milieu d'une énergie qui vous déroute. Une partie de vous-mêmes trouve que rien n'a changé. C'est alors que vous parviennent des informations de votre Soi supérieur, votre partie divine, qui affirme : « *Les rues en or sont pavées de votre intention : c'est votre intention de calibrer qui révélera le nouveau.* »

Wo se tient encore ici, aussi lui demanderons-nous ce qu'est pour lui le normal. Il réfléchit un instant et répond : « *Le normal, pour moi, c'est une nouvelle dimensionnalité qu'il me reste à inventer. Cependant, à mesure que j'effectuerai mon calibrage à l'énergie nouvelle, je verrai apparaître les rues pavées d'or, je pourrai contempler la paix envahissant la Terre et les autres se transformant autour de moi.* »

Wo est conscient qu'il est temps pour lui de se mettre à l'œuvre, car tout ne se passera pas en une nuit, qu'il devra développer une seconde vue, qu'une nouvelle sorte de sentiments et d'énergie est en préparation, celle que les humains appelleront la cinquième (mais à tort). Il s'agit simplement de la dimension suivante, qui inclut celle où vous vivez actuellement.

« *Kryeon, vous avez beaucoup parlé de cette nouvelle dimensionnalité, mais avez fourni bien peu de clés permettant d'y accéder !* » C'est comme ça, et c'est pourquoi je tente de placer dans les limites de votre monde à quatre dimensions des instructions dimensionnelles supérieures. La métaphore demeure : êtes-vous en mesure de voir la station à laquelle vous vous branchez sur votre poste de radio ? Non. En connaissez-vous la fréquence ? Non. Alors, comment faites-vous ? Vous essayez de calibrer le récepteur pour la trouver. Vous balayez les ondes à la recherche du signal, jusqu'à ce que vous tombiez dessus. Il en est ainsi de la nouvelle dimensionnalité, et nous tentons de vous faire comprendre que vous devez la rechercher pour vous y calibrer. Tout comme la station de radio, elle est invisible, mais elle vous entoure, féconde d'un nouveau programme qui porte votre nom.

Vous qui êtes assis en ces lieux [s'adressant précisément aux membres de l'auditoire], vous terminez l'année du 3. Ainsi que nous l'avions annoncé dans notre message du mois d'août, ce fut une année cruciale. Au cours des années, nous avons fait bon nombre de déclarations, mais nous souhaitons revenir à l'une d'elles, car elle prend actuellement tout son sens : « Comme va Israël/la Palestine, ainsi va la Terre. » Peut-être certains d'entre vous saisissent-ils ce que cela signifiait. La Terre entière devra conjuguer ses efforts pour résoudre l'insoluble, afin de recréer l'espace où devait se produire un Armageddon. Mais à présent, cet espace a changé. Oui, il peut apparaître identique à ce qu'il était avant, avec son lot de chagrin, de mort, de haine indicible, mais quelque chose a changé : la grille émet des informations envoyées par les Maîtres. Il existe une *cité cachée* aux rues en or pavées de votre intention. En dessous se dissimule la Nouvelle Jérusalem.

Tout ce qui est survenu ces derniers mois vous a préparés à contribuer à l'avènement de la paix dans ce centre de l'Univers appelé le Moyen-Orient. Et vous savez à présent [s'adressant précisément aux Américains] que vous en faites partie. Attendez-vous à des événements cruciaux dans cette région en 2002. Les dirigeants en poste là-bas sont incapables d'engendrer la paix, mais ils n'y seront plus pour bien longtemps. Une nouvelle énergie est en gestation. Beaucoup d'entre vous en sont déjà conscients et peuvent le ressentir profondément.

Ainsi, très chers, nous ramassons les bols contenant nos larmes avant de quitter ces lieux. Ce sont des larmes de joie, la joie d'avoir eu le privilège de baigner les pieds des êtres humains, ces êtres vivant au sein d'une énergie encore jamais expérimentée sur cette planète. Ceux qui écoutent ou lisent ces lignes sont prêts à se recalibrer à une nouvelle réalité. Combien d'entre vous désirent quitter cet endroit différents de ce qu'ils étaient à leur entrée ? Combien souhaitent cheminer sur les anciennes routes, et en même temps vivre dans la joie le long des nouvelles ? Je pense que la réponse est évidente.

Et c'est pour cela que nous vous aimons si tendrement !

Et il en est ainsi.

Kryeon

CHAPITRE ONZE

TEMPS ET RÉALITÉ III

Orlando, Floride, Janvier 2002
(Temps et réalité I et II furent publiés dans le tome V, *Messages de notre Famille*)

Salutations, très chers. Je suis Kryeon, du Service magnétique. Comment est-il possible d'exposer ou d'enseigner ce qui ne peut l'être ? La réponse est que tout doit être absorbé au moyen du Troisième langage. Respirez ! Demandez de pouvoir comprendre à un niveau que vous ne maîtrisez pas dans votre réalité à quatre dimensions. Puis souriez et recevez-le ! Ce message concerne votre vraie réalité.

Au cours de cette transmission, nous tenterons d'expliciter le plus possible les concepts de temps et de réalité, qui sont parmi les plus mal compris des humains. D'après vous, le temps et la réalité sont absolus. Durant la période actuelle, votre technologie semble tout marquer de son sceau temporel. Dans des albums, vous conservez des photographies pour marquer tous vos souvenirs de ce sceau temporel, tout au long d'une vie que vous voyez s'étirer d'un horizon à l'autre, en une ligne droite sur laquelle vous êtes toujours en mouvement. C'est votre conception du temps, au sein duquel vous vivez une réalité apparemment immuable.

Nous avons affirmé que le temps était une variable. Même vos savants ont émis cette hypothèse, et pourtant, pour vous qui devez y vivre, cela ne semble pas juste, n'est-ce pas ? Il y a longtemps, nous avons employé la métaphore de la relativité, celle où vous voyagez en train muni d'une montre. Ainsi, dans le temps, le train accélère et quelques-uns des passagers se mettent à ressentir le léger balancement du wagon sur ces rails du temps. La locomotive prend encore de la vitesse, mais lorsque vous consultez votre montre, son mouvement demeure constant. Donc, en relation au wagon où vous vous trouvez, le temps semble immuable, absolu, mais vous ignorez tout des changements survenus à l'extérieur de votre wagon. Pourtant, vous le sentez, n'est-ce pas ? Combien d'entre vous peuvent dire que leur train temporel a accéléré son cours ces dernières années ? En effet, c'est le cas, même si la montre que chacun porte à bord du train semble fonctionner comme d'habitude.

Avant de vous instruire sur le temps et la réalité, nous devons aborder une question encore jamais traitée. Regardez autour de vous. Nous avons évoqué l'énergie nouvelle sur la Terre. Nous avons mentionné un progrès – une accélération du temps au sein de votre système solaire et de votre partie de l'Univers. Il fut apporté par la conscience des Terriens. Nous vous avons rappelé votre choix de changer ou non de réalité et de dimensionnalité. Laissez-moi soulever ici une question : pensiez-vous, en accordant votre permission de changer la Terre, que celle-ci resterait isolée et vivrait en vase clos ? Vous attendiez-vous à ce que cette réalité ne change que sur la Terre ? Bien sûr, la réponse est non.

Nous vous invitons ici à considérer ce qui se passe dans votre système solaire également. On y rapporte un changement sur d'autres planètes. Toutes, elles réagissent à ce que vous avez accompli ici même. Des modifications magnétiques surviennent, des atmosphères s'épaississent, et d'autres signes évidents prouvent que ce système solaire est différent d'il y a une décennie. Vous détenez les outils nécessaires pour trouver ces faits, les observer, les exposer au public, et les astronomes se demanderont dans le doute : « Pourquoi cela arrive-t-il maintenant, et pas avant ? » Aussi étrange que cela puisse paraître, la réponse relève de votre conscience ! Vous n'avez jamais été plus près qu'actuellement de découvrir le *grand secret*, à savoir que la conscience humaine a le pouvoir de modifier la réalité, le temps, et, oui, même votre système solaire. S'il n'en était pas ainsi, nous ne l'aurions pas affirmé il y a plus de douze ans. À présent, vous pouvez regarder autour de vous et constater cette réalité.

La métaphore du tapis roulant

Afin de vous faire comprendre ce que sont le temps et votre réalité, nous allons recourir à trois métaphores. Cependant, chacune trouve sa pleine signification une fois reliée aux deux autres. Nous les présentons comme des étapes vers la compréhension, de telle sorte que vous puissiez ensuite les mettre bout à bout afin de révéler complètement les concepts en question.

La première métaphore a trait au présent. Pour cet exercice, oubliez pour l'instant celle du train, à laquelle nous reviendrons. Celle-ci est différente. Imaginez-vous sur un tapis roulant, comme les machines d'exercice automatisées que certains d'entre vous possèdent mais utilisent rarement [rires]. Vous y marchez, encore et encore, sans fin. Dans cette visualisation, vous êtes en train de faire du surplace, n'est-ce pas ? Mais vous marchez toujours. Si un appareil pouvait mesurer vos pas, il indiquerait que vous avez couvert un kilomètre, peut-être plus, le temps de ce message. Mais vous vous trouvez bien au même endroit, n'est-ce pas ? Et dans la même pièce.

Cette métaphore fait référence à la portion du temps qu'est le maintenant. Étendons cette visualisation, et imaginez, sous vos pieds, au lieu d'un tapis roulant, la Terre entière. À mesure que vous avancez, c'est le sol de la planète qui se déroule en un tapis roulant continu, tandis que vous restez à la même place ! Peu importe ce qu'indiquent vos appareils de mesure du temps et de la distance, vous êtes toujours au même endroit, dans la même pièce. Non seulement ça, mais observez à présent ces cadrans de contrôle des exercices situés en face de vous : vous contrôlez bien le programme d'exercices, n'est-ce pas ? Vous pouvez faire avancer la Terre sous vos pieds à la vitesse choisie. Vous pouvez aussi moduler la difficulté, élevant la piste et créant des défis, tout cela en restant sur place, au même moment.

Allons plus loin. Cette énorme courroie se dirige dans toute direction où vous vous tournez. Vous allez à gauche, elle se déplace et va dans ce sens. Vous allez à droite, elle vous suit. Votre seule incapacité apparente est de l'arrêter ou de faire marche arrière. Ceci est, bien sûr, une prémisse fausse. Mais suivons-la, car elle est bien adaptée à votre esprit linéaire quadridimensionnel et constitue votre manière de vous percevoir dans la vie.

Pour la leçon d'aujourd'hui, j'aimerais étendre cette métaphore à deux cadres de travail totalement différents. L'un vous représente, parcourant la Terre au sein de votre réalité, l'autre symbolise la race humaine avançant dans sa réalité. Ils sont très différents. Votre réalité est ce que vous créez au fil des jours, comment vous ressentez les choses, ce qui vient vers vous sur le tapis roulant, selon la direction que vous désirez emprunter, selon les choses que vous avez conquises et celles que vous gardez devant vous comme défis. Vous les placez très clairement à l'endroit où vous êtes apparemment seuls, où vous avez choisi de marcher sur le tapis roulant.

Voici ce qui complique les choses : la Terre possède un tapis roulant en propre, représentant la conscience de toute la planète, le lieu où elle se dirige dans la texture du temps, les événements prévus d'année en année d'après les choix effectués, et les possibilités de défis ou de célébrations supplémentaires. Et lorsque vous réunissez ces deux concepts, la magie apparaît ! Car ce que l'être humain fait de sa propre vie devient une parcelle de la conscience du Tout. Par conséquent, ce que vous choisissez de voir passer sous vos pieds lorsque vous faites du surplace, dans le maintenant, exerce une profonde influence sur le tapis roulant de la Terre. De plus, votre influence sur le Tout n'est pas linéaire, c'est-à-dire que les personnes qui comprennent le mieux le maintenant exercent une plus grande influence sur le Tout du maintenant. Vous avais-je dit que ce serait facile à comprendre ? Non.

Je suis en train de vous expliquer que ce que vous apprenez de Kryeon aujourd'hui, auditeurs et lecteurs, dépeint aussi ce que les physiciens ont affirmé sur votre réalité et votre pouvoir de la changer [informations transmises à l'université de Princeton, lors d'une présentation audiovisuelle de Lee durant le séminaire sur le « projet pour la conscience universelle »]. Votre réalité est agréable, si c'est ce que vous choisissez. La température de la pièce où vous entrez ne change jamais, si tel est votre désir. Vous pouvez être aussi joyeux ou fâchés que vous le souhaitez. Vous pouvez aussi décider de vous ennuyer, car il ne se passe rien ! Vous pouvez régler l'inclinaison de votre tapis roulant selon la plus grande déclivité, avancer aussi vite ou aussi lentement que vous le voulez. Cette métaphore montre votre capacité de rester au même endroit tout en cheminant sur ce qui apparaît comme une voie temporelle linéaire.

Le plus difficile à comprendre pour les humains, c'est que

peu importe les réglages à l'arrivée, ils peuvent les trouver et les reprogrammer. Qu'il s'agisse d'entités, de guides, de conseillers, d'amis, de guérisseurs, de gourous, d'anges, personne ne peut formuler un meilleur programme de contrôles que vous-mêmes. Cela vous est réservé dans le maintenant, là où vous vous trouvez. C'est l'être humain dans son unicité qui effectue les changements, et ceux-ci déterminent la manière dont le monde entier progressera sur son propre tapis roulant. Pourtant, tant de personnes se contentent d'accepter les réglages tout prêts et continuent à penser que Dieu a placé un fardeau sur leurs épaules ! D'une certaine façon, ces gens ont l'impression que Dieu leur a demandé de l'accepter ! Avez-vous jamais imaginé que, peut-être, il s'agissait là d'un test pour le découvrir et le modifier ?

Les réalités multiples existent-elles ?

Voici d'autres éléments du casse-tête. Nous allons à présent changer complètement la métaphore pour la ramener à votre concept de temps linéaire. Vous voyagez de nouveau à bord de ce train. Ah ! N'est-il pas agréable de se retrouver dans le temps linéaire ? [rire de Kryeon] Les rails du train s'étendent jusqu'à l'horizon et vous avancez à bonne vitesse. Nous allons expliquer comment fonctionnent les réalités multiples et quelles sont les potentialités de la réalité.

Le train qui a pour nom l'Humanité a ralenti sa course à la fin des années 60 de votre temps linéaire. Pour diverses raisons, la conscience humaine préétablie et bien connue, vouée à accomplir la destinée qu'elle s'était planifiée – vous l'aviez appelée Armageddon –, a amorcé un ralentissement. Les passagers jetèrent un regard alentour, et ce qu'ils virent leur déplut. Bien que ce soit une métaphore, je puis affirmer qu'il s'agit bien de la réalité de votre Terre, où réellement, à la fin des années 60, le train s'est presque arrêté ! Ce qui est survenu ressemble beaucoup à la création de l'Univers à quatre dimensions visible autour de vous. Ce fut aussi essentiel ! Malgré que vous n'en étiez pas conscients à l'époque, vous avez changé de voie ! Vous avez ainsi atteint une autre réalité, celle que vous avez abandonnée demeurant de ce fait irréalisée et non révélée.

La voie d'Armageddon, celle de la vieille prophétie, où vous cheminiez depuis si longtemps, resta en arrière, ou encore peut-être se poursuit-elle à côté de vous ? En empruntant une autre voie, vous avez manifesté un tout nouveau plan. Vous avez réalisé un changement de conscience si profond qu'il allait se refléter non seulement sur l'Humanité, mais aussi sur le climat, les alignements planétaires, les grilles magnétiques, les planètes du système solaire, et même le soleil ! Le plus comique dans tout cela, évidemment, c'est que vous contemplez le cosmos en croyant que c'est lui qui vous contrôle. C'est l'inverse, vous savez ! Tout cela dépend des contrôles du tapis roulant que vous avez choisis.

Ce train de l'Humanité a repris de la vitesse, et vous voici maintenant évoluant sur la voie appelée « réalité numéro 2 ». J'aimerais expliciter un fait. Certains diraient : « *Cela signifie que de multiples réalités existent, que quelque part dans tout ce tableau, un* moi *est en train de vivre une autre réalité dans une autre dimension. Donc, il y a de nombreuses voies et de nombreux moi.* » Il n'en est pas ainsi. Il est vrai que de nombreuses voies s'offrent à nous, mais il n'y a qu'un train. Lorsque vous quittez une réalité, toutes les possibilités sur cette vieille voie sont interrompues. Elles gisent mortes sur le sol, jamais réalisées. Voyez les choses comme suit : vous représentez le pouvoir pour TOUTE réalité. Sans vous sur la voie, rien n'est. Vous fournissez l'énergie du train, et aussi de la réalité où vous cheminez. Voyez-vous comme « le troisième rail, celui qui alimente le train ». C'est pourquoi, lorsque vous demandez « Et si ceci… et si cela… ? », vous ne recevez aucune réponse. Dieu ne connaît pas les réponses. Il n'existe qu'une réalité, et c'est celle que vous choisissez maintenant.

Bush et Gore, le connu en mutation

Beaucoup parmi vous posent des questions sur les synchronicités, les scénarios « et si… » qui se sont déroulés récemment. La situation la plus cruciale se passe justement ici, dans cette région [en Floride, où a lieu le séminaire]. Cette énergie est très puissante à cet endroit. Pensez-vous que ce soit accident que vous êtes gouvernés par votre dirigeant actuel ?

Regardez comment les choses se sont produites. Observez attentivement. Vous avez amené au gouvernail de ce pays, fortuitement semble-t-il, une personne qui n'a peut-être pas été élue par le peuple ! Pensez-vous vraiment que ce soit un hasard ou que ça ait raté de peu ? Est-ce un accident si l'issue en fut décidée ici ? Voici quelques vérités métaphysiques. Tout le potentiel de ces élections fut manifesté à la fin des années 60 sur la voie nouvelle de réalité que vous avez choisi d'emprunter, lorsque le train a pris de la vitesse. Bien que ce soit métaphorique, écoutez : il se présentera de nombreux cas de ce genre, où le normal deviendra l'anormal, où un mode de fonctionnement toujours efficace par le passé semblera tout à coup vous faire faux bond. Certains diront : « On l'a échappé belle ! » Pas du tout ! D'autres comprendront vraiment qu'il s'agit de la manifestation d'un phénomène nouveau. Dans ce processus déplaisant, il arrivera que votre nouvelle réalité semble *forcée*.

Ces informations, je vous les transmets pour diverses raisons, car quelques-uns diraient : « *Et si l'autre candidat l'avait emporté, où en serions-nous, comment aurions-nous réagi à la situation actuelle ?* » Voici la réponse : même Dieu ne le sait pas, puisque cette situation ne s'est jamais concrétisée ; donc tout cela ne serait que conjectures. Il n'existe pas de réalité parallèle proche de vous où vous puissiez faire une petite incursion interdimensionnelle. Il n'y a qu'une réalité, et c'est la voie que vous avez choisie. En définitive, le dirigeant ayant la capacité de vous gouverner durant ces temps éprouvants EST en fait celui qui est au pouvoir. Vous avez tous donné votre accord, même si vous n'en avez pas l'impression.

La prédestination n'existe pas. Nous traiterons de cela dans un moment. Vous avez établi un chemin que vous êtes prédisposés à suivre comme si vous suiviez une routine confortable, jusqu'à ce que vous formuliez la ferme intention d'en emprunter un autre.

La métaphore du ruban de Möbius

Ici, cela devient plus complexe. À l'aide d'une troisième métaphore, nous allons expliquer plus en profondeur l'énergie du maintenant. Revenez à l'idée du tapis roulant, mais au lieu du tapis, imaginez un large ruban décrivant une boucle ayant la même forme que le tapis sur lequel vous vous déplaciez. Le ruban, en boucle, en cercle, est sans couture. Combinons les deux métaphores. Vous ne marchez pas sur le ruban, mais votre train linéaire avance sur une voie située à l'extérieur du ruban, l'intérieur de celui-ci étant vide.

À présent, prenez des ciseaux et coupez-le. Imprimez un demi-tour à une de ses extrémités et reconstituez la boucle de façon que le ruban soit de nouveau continu. Puis, essayez de visualiser où se déplacera le train linéaire, sur sa voie désormais tracée dans cette nouvelle configuration. La face extérieure se contourne pour devenir la face intérieure, et vice versa. Il peut vous sembler étrange et amusant que, bien que le train paraisse rester d'un côté (le côté où vous vous trouvez), son mouvement finisse par tracer un chemin sur les deux côtés du ruban ! À moins de l'avoir vu, c'est difficile à visualiser. Ajoutons une autre visualisation à peu près irréalisable : le ruban-tapis roulant se déplace toujours et le train linéaire devient l'élément qui a l'air de rester sur place !

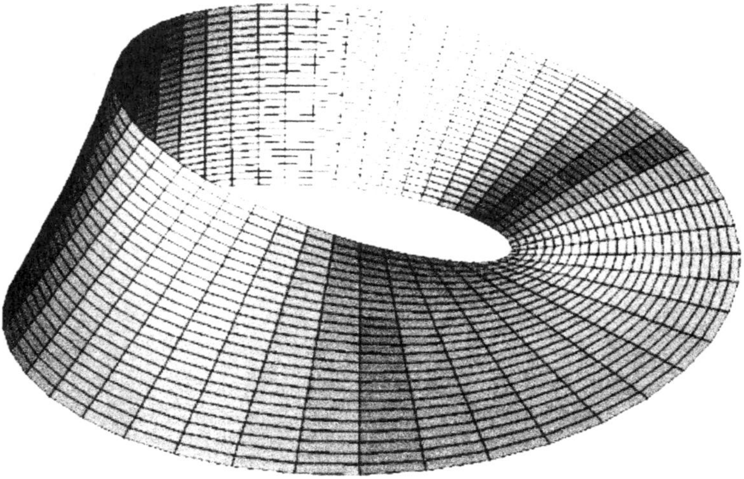

En mathématiques, ce modèle particulier de ruban représente une forme catégorisée. Il est connu sous le nom de *ruban de Möbius*. Ce modèle métaphorique particulier crée une situation où il y a toujours une seule voie, mais le plus étonnant est qu'au-dessous de votre voie en passe une autre sur l'autre côté du ruban ! C'est en réalité la même que celle où vous vous trouvez, mais vous venez juste d'y passer. Cela représente également votre destination ! Vous vivez donc une situation étrange où une voie se déroule en une figure qui n'est pas un cercle et qui est pourtant refermée sur elle-même. Sur un vrai cercle, vous ne seriez pas toujours juste à côté de là où vous venez de passer ou de là où vous vous dirigez. Mais ce ruban de Möbius vous laisse entrevoir ou sentir l'existence de votre réalité particulière en double, puisqu'elle se trouve aussi sur le deuxième côté du ruban. Cette étrange circonstance vous permet d'examiner attentivement l'énergie de l'endroit où vous venez de passer et celle de votre destination. Je vous avais prévenus de la possible difficulté de bien saisir ce concept, mais si vous y avez réussi, vous pouvez désormais comprendre le fonctionnement de la vraie réalité du maintenant.

Pourquoi présenter tout cela ? Certains d'entre vous sont conscients de la signification des mots *passé* et *présent* dans leur vie. Vous savez que s'il n'y avait qu'une seule voie, vous rencontreriez toujours les mêmes énergies. Tout cela devient plus complexe si vous vous mettez à penser à l'autre voie tout près de vous sur l'autre côté du ruban. Cela renvoie à l'unicité de la seule voie. Non seulement continuez-vous à rencontrer les vieilles énergies du passé, mais cette autre voie juste au-dessous de vous ajoute une autre dimension à votre expérience. Il s'agit de vous avec vous-mêmes. Maintenant, vous amorcez l'apprentissage du concept se rapportant au *temps en strates*.

Une vie antérieure, ça n'existe pas ?

À présent, retournez au tapis roulant, où vous restez au même endroit. La raison de ceci est la suivante : une vie antérieure, ça n'existe pas ! Si vous êtes toujours dans le maintenant, comprenez-vous que tout ce que vous classez comme étant le passé est en fait le présent ? Voici ce que cela signifie pour vous : chaque vie que vous avez vécue sur cette voie, vous la vivez maintenant ! Tout près de vous, sur ce tapis roulant, se trouvent tous les autres *vous* que vous avez vécus. Le seul que vous puissiez vraiment voir est le *vous* présent, mais ils sont tous au rendez-vous. Ils doivent l'être. Les lois de la physique le réclament. Le tapis roulant vient de s'élargir, devant désormais recevoir tous les autres *vous* qui aient jamais été (dans votre esprit), et vous les côtoyez, créant votre propre réalité.

Comme si ça ne l'était pas déjà assez, les choses deviennent plus ardues. Comment est-il possible que toutes ces vies, faisant de la *marche synchronisée* sur le tapis roulant, soient toutes justes dans leurs choix ? Qui est responsable ? Qui détermine la vitesse ou le degré de difficulté du tapis ? Vous tous, mais c'est surtout celui qui est dans une situation donnée qui accomplira vraiment le travail. Cela veut dire, chers humains, qu'à travers les douze filaments de votre ADN déferlent toutes les autres vies que vous vivez en ce moment ! Elles ont reçu la permission d'influencer vos décisions et le souvenir des vœux prononcés dans le passé. Chacune de celles qui vous accompagnent sur le tapis roulant aide à régler le degré de difficulté et la vitesse de votre tapis roulant actuel.

Fantômes et endroits hantés

Nous allons maintenant expliciter ce que vous nommez *l'étrange*, et porter un autre regard sur le phénomène des fantômes !

Dans des endroits particuliers, certains ont l'impression de revoir la même apparition jour après jour, ou année après année. Certaines de ces manifestations sont plus fréquentes que d'autres. Parfois, elles semblent descendre sans fin les escaliers, toujours vêtues de manière identique, se dirigeant quelque part. D'autres se contentent de parcourir sans cesse le même chemin. Quelques-unes de ces zones sont si puissantes que les énergies qui s'y manifestent paraissent entrer en interaction avec votre monde à quatre dimensions. Des objets bougent, des températures changent et les champs magnétiques deviennent aberrants. Telles sont les choses qui provoquent la peur dans les âmes et les cœurs des hommes et des femmes.

De quoi s'agit-il ? Je vais décrire de simples transitions d'âmes qui se répètent tout le temps, parce que celles-ci vivent constamment dans le maintenant. Elles évoluent sur le tapis roulant, comme vous ! Et lorsque votre chemin croise cette énergie passée, vous la voyez et la sentez clairement. Voici quelques preuves que tout cela est vrai : remarquez tout d'abord que ce scénario à répétition se produit toujours de la même façon, exactement comme une bande magnétique ou un film collés sur eux-mêmes en boucle. Les fantômes ne changent pas de vêtements et n'ont pas d'enfants [rire] ! En d'autres termes, vous revoyez chaque fois le même événement. Cela doit vous donner un indice de ce qui se passe réellement.

Ce n'est pas un fantôme en visite chez vous, mais bien vous en train de croiser une énergie sur la voie où il s'est produit quelque chose. Peut-être était-ce un événement si profond que cette énergie semble imprégnée là physiquement, du moins à un niveau où elle interagit avec votre réalité. Qui sont-ils ? Ce sont des membres de la famille constamment sur le point de quitter ce plan, sauf que les entités représentant l'énergie ont disparu depuis longtemps. Seule leur empreinte se trouve encore ici. Voilà pourquoi nous vous avons présenté le ruban de Möbius : pour expliquer que c'est l'interaction du temps en couches qui crée l'échange. Les choses sont compliquées par la réalité particulière qui est également du côté opposé au vôtre, plus que par le fait de parcourir sans fin la même voie.

Vous pourriez demander comment vous devez réagir à ce sujet. Vous n'avez rien à faire que vous ne désiriez, car ces fantômes sont partis depuis bien longtemps. Vous pourriez répliquer : « *Mais si tout est dans le maintenant, ils ne sont jamais partis, n'est-ce pas ?* » Voilà ce qui rend l'intersection du temps linéaire et du temps non linéaire si difficile à saisir pour un être humain. Cela représente d'apparentes contradictions où les choses peuvent partir avant d'être arrivées. Ou exister et ne pas exister dans le même espace. Cela pose aussi la question logique de ce qui s'est passé en premier. La réponse est celle-ci : l'existence est absolue et unique. Seulement, vous en voyez les pourtours à des *temps* différents.

À ceux qui désirent savoir comment traiter cette énergie répétitive, nous recommandons de nettoyer la voie. Comment ? Rappelez-vous notre enseignement souvent réitéré selon lequel l'intention pure des humains véhicule une formidable énergie d'action. Elle engendre la compassion, qui est elle-même le catalyseur de presque toute action sur votre liste spirituelle ! Mais tout cela, vous le saviez, n'est-ce pas ?

Modifier votre voie de réalité

Lorsque vous entreprenez de nettoyer votre voie, peu importe ce que vous croyez sur les événements du passé, si vous placez votre énergie sur cette voie du ruban de Möbius, viendra un temps où tout sera imprégné de votre énergie nouvelle. L'énergie de votre intention et la compassion de l'être humain que vous êtes devenu surpassent l'énergie de vos compagnons de tapis roulant.

Sous peu, nous allons révéler un fait surprenant au sujet de ce que vous croyez inchangeable. Pour l'instant, discutons de votre vie présente dans le maintenant, sur le tapis roulant ou à bord du train.

Votre vie actuelle dépend de l'énergie que vous placez sur cette voie. Si, sur les cadrans de contrôle, au lieu de « inclinaison, degré de difficulté et vitesse », vous lisiez « paix, joie, abondance, subsistance et amour de la vie » ? Si un de ces cadrans vous permettait de choisir cela ? Je vous annonce qu'il y en a un, mais qu'il restera caché jusqu'à ce que vous ayez fini de visiter la dimension où il se trouve. Et lorsque vous en serez là, vous devrez vous l'approprier.

Lorsque vous parlez de joie, dites-vous aux gens : « *J'essaye d'être joyeux, c'est mon attitude, je veux vivre dans la joie et je fais mon possible ; j'y pense sans arrêt* » ? Permettez-moi de vous demander également ceci : quand l'ange venu de l'autre côté s'adressa si clairement au prophète, est-ce qu'en tant que parcelle de Dieu, il prononça ces paroles profondes : « JE SUIS CE QUE J'ESSAYE » ? [rires] Non, la phrase fut plutôt : « JE SUIS CE QUE JE SUIS. » Savez-vous ce que signifie cette phrase ? Et pourquoi elle est difficile à saisir ? Parce qu'elle est sur un ruban de Möbius : « Je suis ce que je suis, ce que je suis, ce que je suis, ce que je suis, ce que je suis... » C'est un cercle, n'est-ce pas ? En fait, cet énoncé n'a ni commencement ni fin.

Essayez ceci : « Je SUIS joie. » La joie EST l'énergie de la voie. N'essayez pas d'être joie, appropriez-vous plutôt l'idée que vous ÊTES joie. Mais alors, vous pourriez demander : « S*i je suis joie, pourquoi est-ce que j'éprouve encore des difficultés ?* » Ces difficultés, très chers, sont dues au fait que vous vivez sur la Terre entourés d'autres êtres humains. Aussi le défi n'est-il pas seulement pour vous, mais bien pour vous avec les autres. N'est-ce pas là toujours le même casse-tête ? En plus, nous venons de déclarer qu'il s'agissait aussi de vous avec les autres *vous* ! Prenez soin de vous-mêmes en premier, et toutes ces choses vous seront données. Choisissez une voie joyeuse, en affirmant : « Je SUIS joie. »

Vous nous avez entendus parler d'abondance. Définissons-la, car elle est souvent mal comprise. Certains demandent : *« Kryeon, quand vous avez affirmé que nous pouvions connaître l'abondance, entendiez-vous par là une bonne réserve d'argent quelque part, ou quelque chose qui permette de mettre un terme à une chute financière, si nous connaissons un tel problème un jour ?* » Non, ce n'est pas ça.

Je viens de vous dire que VOUS vivez dans le maintenant, où il n'existe ni passé ni futur. Comment alors pourriez-vous disposer d'une réserve pour le futur ? Que signifie donc l'abondance ? Voici : il s'agit de la subsistance immédiate. Cela sous-entend que le maintenant est toujours assuré. Que, sur ce tapis roulant, vous n'avez jamais à vous inquiéter ni à penser à autre chose qu'au maintenant. Je ne parle pas ici de votre capacité à payer votre loyer la semaine prochaine. Je parle du maintenant. Vous sentez-vous aimés à cet instant ? Comprenez-vous ce qui prend place ? À propos de loyer, pouvez-vous vous débrancher de l'inquiétude concernant le maintenant dans une semaine ? Mieux vous saisirez l'énergie interdimensionnelle de ce concept, plus l'abondance affluera.

Avez-vous une idée des semences spirituelles que nous sommes en train de planter ici ? Ça, c'est l'abondance ! Vous rendez-vous compte de ce qui se produit dans la salle où nous sommes rassemblés ? L'amour coule abondamment ! Certains d'entre vous le comprennent, et c'est de cette abondance qu'il est question.

Il s'agit de la subsistance émotionnelle, financière, environnementale, de ce que nous avons chaque jour montré aux tribus du désert. Les gens s'y sont habitués pendant des années ! Ils auraient reçu un choc si la nourriture avait cessé d'arriver de cette manière miraculeuse. Quotidiennement, dans la nature sauvage, ils furent nourris. J'affirme que, peu importe ce que vous pensez de votre situation, vous pouvez être nourri de la même façon. La famille nourrit la famille, voilà ce qu'est la subsistance.

Et votre santé ? Tellement de personnes parmi vous réclament une guérison en ne cessant de répéter : « Je SUIS ce que j'essaye. » Et si chacune disait : « Je SUIS guérie » ? Telle est la visualisation. Voici ce que nous vous recommandons de faire au cours de vos méditations : projeter l'énergie sur votre voie. « Je SUIS guéri. » Nous ne vous demandons pas de sortir faire des folies, car vous devez revenir à vos quatre dimensions. Tout ce que nous affirmons, c'est que vous avez le pouvoir de modifier votre monde quadridimensionnel. Cependant, comme dans n'importe quel apprentissage, cela prendra un certain temps. Doucement, cette affirmation génère au sein de votre structure cellulaire une énergie de changement. Elle engendre pure intention et compassion. Comprenez et acceptez le fait que vous avez le pouvoir de changer votre structure cellulaire ! J'ajouterai qu'il n'existe aucun autre raccourci pour y arriver que celui-ci : « Je SUIS guéri. » Faites-le vôtre, imprégnez-vous de cette conscience, et vos cellules, qui sont aussi illuminées, suivront votre piste.

Permettez-moi de faire une petite allusion à un détail que vous n'avez peut-être pas saisi durant cette transmission. La structure cellulaire est constituée d'eau. Aujourd'hui, les scientifiques vous ont montré à quel point l'eau était sensible au champ de conscience humain. Était-ce important pour vous ? C'est ce que nous enseignons depuis plus de dix ans. Comprenez-vous que toute maladie est aussi constituée d'eau ? Qu'en concluez-vous ? Vous devriez vous rappeler que TOUTE biologie est prête à vous répondre. Elle est toute disposée à changer ! Pour les anges prétendant être des humains assis dans cette salle, cheminant sur le tapis roulant, réglant les cadrans de leurs difficultés, il n'est rien d'insurmontable.

Changer le passé ?

Voici la dernière métaphore, le dernier enseignement de cette journée. Il s'agit des informations que nous avions annoncées comme pouvant vous faire sursauter.

De nouveau, imaginez-vous sur ce tapis roulant, marchant

sur place, dans le maintenant. Votre réalité glisse sous vos pieds à mesure que le tapis avance. Vous êtes en train de porter un pichet d'eau. Vous pouvez nommer ce liquide comme bon vous semble, « solution, paix, abondance, santé, amour de la vie », ou toute autre chose dont vous avez besoin. Puis, tout en marchant, vous versez délicatement ce liquide sacré de l'intention et de la compassion sur la voie, juste sous vos pieds.

Maintenant, regardez : dans quelle direction le liquide se répand-il sur le tapis ? Il s'en va derrière vous ! Le fluide se répand sur la voie pour ensuite disparaître derrière vous dans le mécanisme gouvernant le moteur du tapis. Mais il ne met pas longtemps à réapparaître devant vous, puisque la courroie, en boucle, est sans fin. Peu importe la longueur de la voie, la même chose se reproduit. Finalement, plus vous versez le liquide de l'intention, plus la voie tout entière se modifiera.

Ce que nous souhaitons montrer est ceci : la première chose qui devait survenir sur ce tapis métaphorique était que le fluide versé par vous nettoyait tout ce qui se trouvait derrière vous avant de nettoyer ce qui était devant. Pour un instant, devenez interdimensionnels avec moi. Comprenez que tous ceux avec qui vous marchez influencent votre ADN. Je fais encore allusion à ces *vous* des vies antérieures qui vous accompagnent et sont vraiment des énergies de votre vie présente. Ils marchent à côté de vous sur le tapis et influencent votre ADN, la partie spirituelle qui véhicule les leçons, les situations et le bagage émotionnel.

Lorsque doucement vous dédiez de l'énergie au nettoyage de votre maintenant, c'est d'abord votre passé qui change ! Cela peut vous être difficile à saisir du fait que vous êtes totalement linéaires. La vérité est que vous vivez dans le maintenant. Tout survenant simultanément, des parties de vous se manifesteront dans le futur qui sont déjà présentes en tant que potentialités, sous leur forme prédisposée. Mais en exprimant un but divin là où vous passez, vous purifiez tout au point de ne devenir qu'une seule conscience. Ainsi, ce que vous réalisez maintenant modifie le passé et le présent de VOUS-MÊMES.

Si vous êtes en mesure de saisir ce concept, très chers, comprenez qu'il n'y a rien que vous ne puissiez changer sur la Terre. Peut-être pensiez-vous que *le passé est le passé* ? Non. Des milliers d'années d'efforts peuvent être résolues sur le tapis roulant, si tel est votre souhait. Mais au lieu de verser sans cesse sur la voie de la haine et de la rage, quelqu'un devra avoir l'idée de changer le liquide dans le pichet. En le remplaçant par l'énergie de compassion, pour le déverser sur la voie de la Terre, vous changerez votre passé et votre avenir. Et cela, chers êtres humains, c'est le début de la création de la Nouvelle Jérusalem. Cela résout l'insoluble, cela change TOUT.

L'avenir ?

À la lumière des récents événements, beaucoup d'entre vous ont demandé : « *Kryeon, d'après ce que vous connaissez de notre voie – ce train ayant ralenti à la fin des années 60 et changé de voie –, pouvez-vous nous annoncer ce qui est devant notre train ? Vous avez affirmé que nous le savions et que le potentiel du 11 septembre était sur notre voie depuis longtemps. Y a-t-il un autre événement de ce genre en préparation ?* »

Voici ce que nous avons à déclarer : si c'est ce que vous avez besoin de générer, ce que vous avez décidé de manifester, alors la réponse est oui. En avez-vous besoin dès maintenant ? Non. Comme un parent, un Soi supérieur, vous ferez ce que vous devrez pour manifester la voie d'intention que vous avez placée devant vous. Mais actuellement se produit quelque chose d'étrange (je dis étrange, parce qu'il y a un an seulement, nous n'aurions pas dit que c'était en train d'arriver) : le train recommence à ralentir ! Nous ne savons pas ce que cela signifie. Il peut s'agir d'un simple coup d'œil alentour pour constater où vous en êtes. Cela peut signifier que le train doit ralentir afin d'imprégner la voie d'une plus grande énergie, ou encore qu'il veut changer de réalité ; cette connaissance va bien au-delà de ce que nous pouvons affirmer et de ce qui se profile dans votre présent. Dans l'Univers, aucune entité n'est en mesure de vous annoncer ce que la seule planète du libre arbitre va décider d'accomplir. Anges, ceci est la vérité. Les seules prédictions pouvant être réalisées sont celles qui valident l'énergie du présent, et même cela est en train de changer à mesure que nous parlons.

Que croyez-vous incontrôlable dans votre vie – qui sera toujours de la même couleur ? Parmi vos soucis, lequel est si grand que vous avez accordé un crédit verbal au fait que cela ne pourrait jamais changer ? Y a-t-il quelque chose comme ça dans votre vie ? J'aimerais que vous vous souveniez de la formule « Je SUIS ce que j'essaye ». Alors peut-être vous rappellerez-vous que le tapis est vraiment court. Ce que vous en faites maintenant changera le passé. Cette énergie à son tour viendra transformer l'avenir, et tout se joue maintenant, pendant que vous marchez en un seul endroit.

« *Kryeon, il n'y a que des métaphores !* » Oui, je sais. Mais elles vous parlent d'un être humain plein de pouvoirs, doté d'un potentiel magistral ! Les avatars de la Terre vous l'ont tous déclaré. Ce n'est pas nouveau. Ce qui l'est, c'est le positionnement, l'énergie, le magnétisme, même le système solaire au sein duquel vous vivez. Tout cela est en train de se modifier parce que l'être humain a changé de réalité.

Aussi, cette année, êtes-vous peut-être pour la première fois en mesure de saisir, parmi tous nos enseignements, la partie la plus bizarre, la plus étrange du message de Kryeon, celle qui a trait à **qui** vous êtes en réalité. Se peut-il que vous soyez vraiment des membres de la famille du collectif que vous appelez Dieu ? Que vous soyez éternels ? Que l'expérience de cette Terre soit un jeu ? Oh vous ! Les puissants, je vous retrouverai le jour où vous serez redevenus complets. Vous, les Deux yeux, et vous, les Deux oreilles, écoutez, je connais vos noms ! Je SUIS amoureux de ces êtres humains qui me font face, car j'aime la famille. Appelez cela comme il vous plaît, amour de Dieu, amour d'un ange, mais ceci constitue la partie immuable de notre message : vous n'êtes jamais seuls !

Dieu n'est pas un vide. Nous vous connaissons et savons la raison de votre présence ici. Et nous connaissons aussi l'autre partie de vous qui réside de l'autre côté du voile. Nous sommes au courant des défis que vous avez choisis et des potentialités de votre vie. C'est pour cela que nous sommes venus vous rendre visite. C'est la raison pour laquelle notre amour pénètre au plus profond de vous-mêmes tandis que vous lisez les mots de cette page.

Et c'est ainsi que nous vous livrons notre message d'amour : la réalité, c'est ce que vous programmez sur vos cadrans, chers humains. Prenez exemple sur les Maîtres qui ont foulé cette Terre avant vous, car ce pouvoir humain est aussi le vôtre.

C'est ainsi que nous prenons nos bols remplis de nos larmes de joie, la joie d'avoir pu baigner vos pieds, et que nous vous quittons, traversant ce voile pour repartir comme nous sommes venus. C'est pour nous chose difficile, car nous vous aimons tendrement.

Et il en est ainsi.

Kryeon

CHAPITRE DOUZE

LES NEUF PEURS

La Nouvelle-Orléans, Louisiane, Lyon, France
Mars et avril 2002

Salutations, très chers. Je suis Kryeon, du Service magnétique. Ce soir, notre enseignement portera sur un thème que vous avez besoin d'entendre. Nous l'abordons rarement, mais à présent nous le pouvons, l'énergie étant différente. Ici règnent une compréhension et une sagesse nouvelles. Cette sagesse devient interdimensionnelle, ce qui permet à l'Humanité de commencer à penser en dehors de la *boîte* où elle se limite depuis si longtemps. Les humains se mettent à envisager les choses selon une perspective plus tolérante, à les éclairer d'une lumière nouvelle.

Votre réalité suit désormais une autre voie, sur laquelle le libre arbitre est toujours le mode d'opération, et il le sera à jamais. Avec vous, nous avons discuté de l'ascension, du travail, de votre transformation en *phares*. Nous pouvons maintenant livrer un concept qui, par le passé, n'aurait peut-être pas été compréhensible. En effet, même les progrès de votre science, ainsi que cela a été précisé dans notre conférence de ce jour, ont abordé la question du pouvoir de l'être humain. (Ce que vous appelez *conscience*, nous le nommons *pouvoir*.) Encore une fois, l'ombre et la lumière seront évoquées.

Auparavant, nous avons livré des messages similaires, intitulant même l'un d'eux « Ombre et lumière ». Celui-ci s'intitulera « Les tonalités de la lumière ». Précisons que nous parlerons ici des neuf éléments constitutifs de la peur chez l'humain.

Rassurez-vous, cet exposé ne sera pas déprimant. Au contraire, il sera stimulant malgré son thème, la peur. Chers êtres humains, vous comprenez peu à peu ce que représente la peur et ce qui la provoque. Afin de vous la rendre encore plus claire, nous devons d'abord évoquer la lumière. Laissez-moi vous communiquer certaines informations qui, actuellement, peuvent paraître incroyables. Si vous vous rendiez dans les endroits les plus sombres de cette planète, ceux que vous ne voudriez jamais visiter et qui relèvent des niveaux de conscience les plus bas qu'on puisse imaginer, les plus déséquilibrés de tous, vous y trouveriez quand même des êtres humains exerçant leur libre arbitre. L'énergie qu'ils ont sélectionnée est tout simplement une tonalité de la lumière, de l'équilibre.

L'ombre est l'absence d'une lumière plus brillante. Il existe maintes nuances de lumière, mais, de la plus lumineuse à la plus sombre, nous devons indiquer que tout le registre de l'expérience humaine est créé par chacun, dans une atmosphère de libre arbitre. Par conséquent, comme nous l'avons déjà mentionné, amener la planète à l'état d'équilibre relève de l'expérience humaine. Vous allez demander quelle serait la nuance médiane de la lumière : sur tout son spectre, où se situe le *normal* pour la planète Terre ? Est-ce la modification du *normal* qui vous a fait bifurquer loin de l'Armageddon et adopter l'énergie qui vous entoure actuellement ? La réponse est que cette tonalité médiane, ou ce point intermédiaire moyen, s'est transformée en une tonalité plus élevée.

Vous constituez une famille et vous êtes éternels. Vous vous êtes incarnés de votre plein gré, et chacun de vous est libre d'engendrer toute énergie qui lui siéra. C'est bien en quoi consiste le test, n'est-ce pas ? Alors, voici le message de ce soir, les neuf attributs de la peur que vous devriez voir. C'est en soi une révélation du fait que l'être humain peut créer toute nuance d'obscurité ou de lumière désirée. Vous comprendrez que vous êtes responsables de plusieurs des choses que vous craignez le plus ! Ces informations iront peut-être à l'encontre de la doctrine étudiée, ou de quelques-unes des petites *boîtes de pensée* dont vous êtes issus.

Nous vous prions d'écouter attentivement. À mesure que nous expliciterons les neuf attributs de la peur, vous découvrirez leur origine et la manière de les transmuter en lumière.

La peur-semence

Nous débutons par une révision des informations transmises il y a douze ans et qui prévalent encore. Cette peur est une énergie déferlant dans les veines mêmes de votre être, les couches interdimensionnelles de votre ADN, qui la véhiculent dans votre corps. Elle est très répandue dans cette salle et parmi nos lecteurs. On l'appelle la semence de peur.

Ainsi, bon nombre d'entre vous se sont incarnés en cette période-ci, parés des sentiments et des attributs de *l'être humain en quête*. Cet endroit reflète leur choix. Certains ont découvert très tôt un malaise vis-à-vis des explications de nature spirituelle. Ne possédant pas d'instinct grégaire et ne se conformant pas à ce que l'on attendait d'eux, ils ont élaboré leur propre philosophie spirituelle, et beaucoup parmi vous se trouvent ici après avoir revendiqué le pouvoir de l'humain de découvrir lui-même sa propre divinité. Ils savent où se situe leur centre, où se cache le prophète, où repose le livre. Tous ces éléments spirituels inhérents à chaque religion de la Terre les habitent. Avec intégrité, ils pèlent l'oignon de la dualité jusqu'à ce que se révèle à eux leur propre centre spirituel, prêt à servir. Ils sont conscients de receler honnêteté, esprit d'à-propos, intégrité, manifestation et joie. Ce sont des travailleurs de la lumière.

Peut-être vous reconnaissez-vous dans cette description ? Si tel est le cas, nous pouvons affirmer que vous avez déjà vécu cet éveil auparavant, mais sans en avoir tous conscience. Quelques personnes commencent seulement à s'éveiller à ces philosophies et sont même entrées en ces lieux en ignorant peut-être qu'il s'y tiendrait un channeling ! Pourtant, quelque chose a bien dû les conduire ici, n'est-ce pas ? Un accident, peut-être ? Permettez-moi de vous confier un secret : vous avez déjà vécu cela, ce n'est pas la première fois que vous vous éveillez ! Cela sonne-t-il juste à vos oreilles ? Cela vous semble-t-il familier ? Je m'adresse aux moines, aux religieuses, aux chamans, aux hommes et aux femmes médecine. Je parle de ceux qui ont passé toutes leurs vies à ne faire pratiquement rien d'autre que du travail spirituel, de tous ceux qui en sont morts sur le bûcher, qui ont tout sacrifié pour cela ! Et vous voilà de nouveau ici !

Sur cette planète, les sentiments évoluent vers une énergie dont chacun de vous a déjà fait l'expérience, une énergie chargée de sacré et de sagesse, d'adoration, dont la vérité est celle des chamans. Pourtant, elle est maintenant accessible à tous ! Vous êtes en train d'entendre les secrets des *écoles de mystères* révélés par vos lectures quotidiennes, et nombre d'entre vous ont peur !

Ce que vous éprouvez est appelé *semence de peur*. Certains souhaiteraient ranger cette connaissance sur leurs étagères et oublier son existence. Même tout de suite, devant moi, j'en entends quelques-uns se demander : « Combien de temps va encore durer ce channeling ? Je ne vais pas me taper tout ça ! Je ne veux pas de ces informations. » Voilà l'explication : vous êtes déjà passés par là, vous avez déjà tout fait, mais ce fut alors dans la souffrance. D'aucuns y ont perdu la vie. Ce ne fut pas du tout une expérience agréable ! Et vous y revoilà, pressentant tout cela au niveau cellulaire. Il y a des années, bon nombre d'entre vous ont décidé dans le silence de ne plus revêtir le manteau initiatique, n'ayant plus besoin, dans cette vie-ci, de suivre un chemin spirituel. J'ai des nouvelles pour eux, qui connaissent la vérité mais refusent d'en parler : la *clôture* sur laquelle ils sont assis est en voie de démolition. Ils devront bientôt y faire face.

La semence de peur est la peur de l'illumination, la peur de peler l'oignon de la dualité, et de découvrir le prophète en soi. C'est la vérité. Nous pouvons affirmer que cette peur est fausse. Elle est en vous afin que vous ne cessiez jamais de vous demander ce qui est réel et ce qui ne l'est pas. Elle est souvent la cause de votre refus de prendre parti. Le plus comique, c'est que vous êtes de véritables anges de Dieu ! Et pourtant, vous êtes assis là à vous demander s'il y a une parcelle de vérité dans tout ceci. Nous connaissons le nom de chacun, pas celui sous lequel chacun s'est incarné, mais son nom éternel, celui que nous chantons dans la lumière chaque fois que vous rentrez au foyer. Nous sommes au courant de tout ce que vous avez vécu et savons qui vous êtes réellement. Toutefois, rien de cela ne vous est accessible tant que vous êtes assis sur cette clôture.

Certains d'entre vous véhiculent dans les couches d'ADN de leur corps le souvenir d'avoir déjà connu l'éveil spirituel, ce qui engendre en eux une peur que *cela ne recommence*. Cette fois, très chers, c'est différent, vous ne vivrez plus de calamités, de catastrophes personnelles ni de décès sans raison ! Votre présence dans cette période de l'Histoire est la raison pour laquelle vous vous êtes réincarnés ! Toutes les vies antérieures à celle-ci vous ont aidés à créer cette énergie nouvelle. Très chers, permettez-moi de vous demander quel sens cela aurait d'avoir choisi de vous réincarner dans cette vie, alors que sévissait si fort le fantôme de l'Armageddon ? Ce serait plutôt bizarre de vous trouver ici en ces temps menaçants ! Pouvez-vous vous imaginer en train de faire la queue de l'autre côté du voile pour rentrer sur la Terre ? Et de déclarer peut-être à votre voisin : « *J'ai vraiment hâte de retourner sur terre ! Là, je vais vivre l'enfer, me faire écraser comme un vulgaire moucheron, être brûlé vif avec tous mes enfants. On y va !* » Plutôt absurde, non ? Et pourtant, vous êtes là !

C'est ce qui explique pourquoi quelques-uns, ne comprenant pas l'amour de Dieu, ont l'impression qu'une vie humaine doit être une sorte de punition ! Arrivera un moment où vous devrez vous interroger : « *Pourquoi suis-je revenu, sachant fort bien que toutes les prophéties s'accordaient pour annoncer la création de l'Armageddon ?* » En fait, une partie de vous savait qu'un changement était en réalité possible ; au niveau cellulaire, vous connaissiez le fonctionnement des choses, vous étiez tous conscients d'avoir le pouvoir de les changer, et vous le fîtes. Maintenant, vous vivez sur cette planète renouvelée, féconde d'une énergie nouvelle, et même si les transformations actuelles vous donnent l'impression qu'elle est en train de s'écrouler, c'est qu'elle rase les anciennes fondations afin de pouvoir reconstruire sur un terrain bien nivelé.

Si vous êtes un de ceux-là, soyez-en conscients, car vous avez déjà reçu l'entraînement requis. Cette énergie porte votre nom, et il est grand temps que vous la revendiquiez !

La peur d'être abandonné

D'autres peurs sont communes à l'Humanité ; nous allons sous peu exposer deux d'entre elles à l'attention de ce groupe éclairé parce que nous savons qu'elles l'étreignent également. Elles sont inhérentes à la dualité et parcourent les veines des êtres humains, nichant dans les couches interdimensionnelles de l'ADN. Elles font aussi partie de l'humanisme que vous recevez.

Vous, les femmes, surtout, connaissez une peur spécifique, et nous laisserons sœur Kryeon vous l'expliquer ! Tant de femmes craignent d'être abandonnées ! Certes, il n'est pas question de toutes les femmes, mais d'un bon nombre d'entre elles, pour que cette peur soit digne de mention. Il convient d'en envisager les raisons. Abandonnées par qui ? « Les autres humains », dites-vous. Ah oui ? J'ai des informations pour vous. Savez-vous ce qu'est l'âme sœur, la flamme jumelle ? Vous vivez toute votre existence pour cette personne qui est censée vous rendre heureuses, demeurer toujours à vos côtés et ne jamais vous abandonner. Vous avez soif d'être amoureuses de cette énergie. Existe-t-elle, peut-elle même exister ? Vous pouvez être heureuses au sein d'une relation amoureuse tout en vous demandant au tréfonds de vous-mêmes si elle vous manquait vraiment. Trouver L'AUTRE, le vrai, vous manquait-il véritablement ?

À présent, effectuons un rappel de notions déjà vues [Kryeon s'adresse ici aux hommes et aux femmes] : vous n'êtes pas tout entiers ici, vous le saviez, n'est-ce pas ? Cela signifie que ce que vous pensez être **vous**, lorsque vous vous regardez dans le miroir, ne l'est pas. Une autre partie de vous-mêmes est séparée de vous, vous entourant constamment, et vous l'appelez le Soi supérieur. Certaines parcelles de vous se cachent même au sein de votre propre énergie ! Vous n'êtes pas ici intégralement. De l'autre côté du voile sont restées d'autres parties de vous, au-delà du visible, s'occupant à des choses que vous ne pouvez imaginer. Cela fait partie intégrante du plan de soutien de votre libre arbitre. Permettez-moi d'affirmer que l'énergie de la flamme jumelle, de l'âme sœur, représente le profond désir de l'être humain de tomber amoureux de toutes ses autres parties et de s'y unir. À bien y penser, il s'agit d'une quête toujours teintée d'accents spirituels, n'est-ce pas ?

Quand, à un niveau interdimensionnel, ce mariage est réalisé, vous avez réussi votre calibrage : c'est une fusion à travers l'énergie de ce que vous avez nommé le treillis cosmique universel et qui traverse le voile pour vous tendre la main, à vous qui êtes ces parcelles de Dieu. Une fois ce mariage réalisé dans cette énergie nouvelle, chers humains, cette poignée de mains demeure solide. Tout ce que vous avez fait, c'était de rencontrer une autre partie de vous-mêmes qui ne vous quittera jamais plus et dont vous pouvez tomber amoureux parce qu'elle ne vous abandonnera jamais ! Vous ne serez plus jamais seuls.

Vous pouvez dorénavant parcourir la planète sans jamais

plus penser à l'abandon, puisque celui-ci est désormais impossible ! Les énergies les plus essentielles vous tiennent par la main et le feront toujours. C'est l'enfantement d'un être humain équilibré, libéré de la peur. En somme, vous comprenez maintenant que vous n'avez pas peur de rater quelque belle occasion avec un autre être humain, mais de manquer quelque chose qui vous est constamment accessible. Et la voici, la vérité. C'était la peur numéro deux.

La peur de l'échec

Cette fois, c'est frère Kryeon qui désire s'adresser en particulier aux hommes dans cette salle. La peur numéro trois est celle de l'échec, qui, dans votre culture, s'avère d'une importance primordiale. Vous devez faire face à vos propres attentes, à celles de votre culture, de votre famille ; tous s'attendent à ce que vous réussissiez. Au fait, ceci est présenté sur le mode linéaire.

Comment savez-vous ce qu'est l'échec ? Vous êtes trop orientés vers le but ! Messieurs, écoutez : beaucoup de carrières sont possibles ! Vous avez vécu de nombreuses histoires de réussite qui s'accumulent l'une par-dessus l'autre dans le cadre temporel du maintenant. Mais de cela, vous ne pouvez avoir conscience en ce moment. Ce que vous considérez souvent comme un échec vous mettra à genoux, vous amenant à vous remettre à la tâche pour laquelle vous vous êtes incarnés.

Lorsque vous vivez en pensant avoir peut-être échoué, ou en appréhendant une chose susceptible de survenir dans votre vie et de provoquer l'échec, peut-être cela vous amène-t-il à l'endroit où vous avez justement demandé à vous trouver. Peut-être est-ce le chemin menant à l'intersection où vous choisirez de dépasser quelque chose d'inadéquat, passant à autre chose, ce qui est la raison de votre venue. Sans cesse votre cœur palpite, répétant cette rengaine : « Je suis en train d'échouer ! » Mais tel n'est pas le cas. Un si grand nombre d'entre vous dans cette salle ont formulé l'intention de suivre un chemin linéaire qu'ils considèrent comme progressif, comme une succession de périodes de progression couronnées de *remises de diplôme*. Vous ne pouvez savourer la beauté de ce calendrier, ne voyant pas que, sur le mode interdimensionnel, vous n'avez aucunement besoin d'acquérir une connaissance avant l'autre. Parfois, ce que vous trouvez stupide à un moment peut par la suite devenir essentiel ! Ne vous jugez pas, ne remplissez pas de feuille de route, et célébrez plutôt l'endroit où vous êtes maintenant.

Savez-vous ceci ? Cette peur est également reliée à la septième (que nous verrons dans un moment) ! Pour moi, les neuf attributs se déroulent simultanément. Lorsque nous aborderons la peur numéro sept, vous saisirez la relation. Curieusement, en additionnant 3 + 7, on obtient 1, qui représente l'énergie du commencement. Tout est interrelié, vous le savez. Les neuf peurs sont exposées en cercle. Allez-y, additionnez 1 + 2 + 3 + 4 + 5 + 6 + 7 + 8 + 9 ! La somme, après réduction, montre le *cercle des neuf.*

Messieurs, écoutez-vous ? Tout n'est pas conforme aux apparences. Ce que, dans votre réalité à quatre dimensions, vous considérez comme un chemin, un but ou un succès, peut aussi ne préfigurer que le début de quelque chose d'autre. Vous n'avez pas toutes les informations. Certains faits vous seront révélés au cours de votre cheminement linéaire. Donc, ne vous jugez pas ! Tenez-vous droits devant l'Esprit, lui demandant : « Montre-moi ce que je dois savoir ! » Êtes-vous capables de célébrer votre situation actuelle, peu importe ce qu'il advient ? Pouvez-vous lever la main et proclamer que tout arrive au bon moment, que vous êtes divins ? Béni soit l'être humain qui le comprend, car il comprend également que ce calibrage au treillis engendre succès et manifestation aux yeux de Dieu. Dans ces conditions, qui, pensez-vous, a échoué ? Cette peur constitue un coup monté par les humains, et la compréhension spirituelle l'annihile.

Autre aspect : le long du parcours, avez-vous fait des essais que vous avez ensuite abandonnés faute de résultats ? Les avez-vous rejetés, pensant que l'énergie du moment ne produisait rien malgré vos efforts ? Vous souvenez-vous de l'horloge de l'Esprit, qui se situe hors du temps ? Ne concluez jamais que vos actions ou essais passés n'ont donné aucun résultat dans le maintenant et n'en donneront aucun à l'avenir ! Examinez bien tout le temps passé ! Peut-être est-ce le moment de réessayer ; peut-être cela s'était-il soldé par un échec, alors que maintenant cela pourrait réussir ? Sortez donc de votre espace-temps linéaire ! Les peurs quatre, cinq et six offrent un thème commun : elles sont interreliées, que vous le croyiez ou non. Ainsi, nous nous rapprochons de ce thème des tonalités de la lumière. Nous abordons maintenant ce que vous n'avez pas l'habitude d'entendre.

Tout d'abord, comprenez bien ceci : l'Humanité donne naissance à toutes les tonalités de la lumière qu'elle désire. Les humains créent l'énergie désirée grâce au pouvoir cocréateur qui leur est propre. Tous les humains peuvent choisir de se rendre dans les lieux les plus obscurs ou les mieux éclairés possible et se mettre à créer, utilisant alors les teintes qu'ils souhaitent. Et ils seront également capables de générer les pouvoirs obscurs s'ils le désirent. Oui, cela est vrai. Avez-vous pensé que le pouvoir de la conscience humaine pouvait se résumer aux seuls faits lumineux ? Détrompez-vous ! Avec le libre arbitre, toutes les tonalités sont concevables. Pour créer l'ombre, cela nécessite peut-être davantage, mais cette utilisation des différentes tonalités fait partie de l'expérience de cette planète. C'est l'ancien paradigme qui a emprisonné la conscience collective dans la peur, renforçant dès lors les pouvoirs de l'ombre.

Le choix de l'humanité fut de déterminer ce qui serait désormais considéré comme normal, quelle énergie habiterait la planète, à quelle fréquence vibratoire celle-ci s'installerait au cours de l'histoire, et ce, jusqu'au point culminant de ce nouveau millénaire. Voilà ce qui explique votre place à ce point de l'histoire, ce que personne n'aurait pu concevoir ! Ci-après, nous nous penchons sur la peur suivante, celle qui a trait à soi-même.

La peur de soi-même

Il ne s'agit pas d'une peur-semence pour tout le monde, mais d'une peur tout à fait quadridimensionnelle. Une partie de vous-mêmes sait fort bien que vous êtes aptes à créer l'ombre si vous le désirez, mais vous craignez, si vous vous y aventurez, de vraiment passer aux actes !

Certains d'entre vous ont dû faire face à une situation qui les a amenés à la dépression. Ils l'ont regardée de près et en connaissent les multiples visages, les effets sur le reste du cerveau, les modes de pensée, les pensées qui s'y rattachent et l'impression qu'elle produit. Étant passés par là, ils redoutent de s'y retrouver, ce qui constitue la peur de soi-même. Ceci ne concerne pas tout le monde, mais un nombre suffisant parmi nos auditeurs et nos lecteurs. La prise de conscience du fait que l'être humain est puissant dans tous les registres de la lumière et de l'ombre laisse souvent place à la peur de s'aventurer dans l'ombre et d'y rester, la peur de soi-même.

Quelques-uns diront : « Cela ne s'applique pas à moi. » Peut-être bien, mais dans votre ADN déferle l'option d'explorer n'importe quel scénario de lumière, du plus sombre au plus lumineux. Ceux qui reviennent des royaumes de l'ombre savent de quoi elle est faite et ne veulent plus jamais y retourner. C'est de cela que nous discutons.

Il existe un espoir : l'esprit humain ne demeurera jamais prisonnier d'aucune situation dans un lieu où se fait jour une intention de changement. Aucune force ne lui fait opposition, si ce n'est vous-mêmes. Vous pouvez être malades ou déprimés pendant un moment, mais votre conscience ne vous maintiendra jamais dans un état que vous n'avez pas choisi. Même au creux de la plus noire dépression, une partie de vous-mêmes hurle : « Ce n'est pas moi ! » Cette seule pensée suffira pour vous ramener doucement à votre état normal. Il arrive que des phares doivent cesser leurs activités pour procéder à des réparations. Parfois, ils ont besoin d'une pause. Mais il y a toujours des phares dans certaines régions pour aider les autres à trouver leur chemin. Même lorsqu'un phare est dans l'obscurité, il n'oublie pas son but.

La peur de l'ombre

Nous abordons ici la peur de l'ombre. L'information que nous allons maintenant livrer, vous l'avez toujours connue intuitivement : l'ombre n'existe pas.

Au cours de l'histoire de l'Humanité, dans toutes les cultures, les humains ont associé l'ombre et son énergie à une autre entité ou un autre pouvoir. Les enseignements reçus professent que cet autre pouvoir n'aura de cesse que lorsqu'il vous aura saisis et entraînés vers le bas ! Tout au long de votre enfance, vous avez eu peur des monstres et autres entités qui allaient venir vous chercher. D'aucuns voudraient vous faire croire que toute âme qui ne croit pas d'une certaine manière est vouée aux entités de l'ombre et que vous êtes tous constamment en danger d'être possédés. Ce n'est vraiment pas ainsi que les choses se passent, et ça ne l'a jamais été.

Les humains créent eux-mêmes leur ombre. Ils détiennent les pouvoirs de la lumière, mais aussi ceux de l'ombre. Soyons plus spécifiques. Certains ont demandé : *« Kryeon, est-il possible que des êtres humains choisissent une tonalité si sombre qu'ils pourraient attirer l'ombre autour d'autres personnes ?* » La réponse est oui ! Voici un exemple : que se passe-t-il quand vous cherchez votre chemin dans une pièce faiblement éclairée où, soudain, la plus petite lueur qui vous aidait un tant soit peu disparaît ? Vous restez pétrifiés. Et si ce chemin symbolisait votre ligne de vie ? Vous prenez peur. Vous êtes paralysés. Privés de toute lumière, vous vous demandez ce que la vie vous réserve d'autre ! Vous vous mettez à entendre des voix. La peur vous envahit carrément. Regardez donc ce qui est survenu : d'autres n'ont fait qu'éteindre la lumière, mais vous seuls avez généré l'émotion qui permet à la peur de s'épanouir.

Existe-t-il un groupe d'humains venus d'un autre endroit, qui vous a envoyé de l'ombre ? Oui. Ils ont toujours eu le pouvoir de le faire. N'est-il pas normal, chers êtres humains, que vous soyez libres de choisir entre l'ombre et la lumière ? N'est-il pas normal que la conscience humaine ne soit pas limitée à émettre uniquement de la lumière ? Mais reprenons quelques notions.

L'histoire que nous venons de relater peut sembler effrayante, à moins que la personne n'ait disposé d'une lampe de secours. Voyez-vous, les tonalités de la lumière ne sont pas égales, chacune possédant une énergie qui lui est propre. Vous pouvez manifester la nuance qui vous plaît, mais elle possède sa propre énergie. Il y a longtemps, nous avions expliqué que la lumière était active et l'ombre, passive. Les tonalités possèdent des énergies très variées ! Lorsque, dans une pièce sombre, vous ouvrez la porte, l'obscurité ne s'en échappe pas ! Au contraire, c'est la lumière qui pénètre à l'intérieur. Que cela vous révèle-t-il sur le pouvoir de la lumière ? Une fréquence plus élevée se montre plus active et plus puissante : il en faut moins pour générer une énergie spécifique. Un plus grand nombre d'humains est requis pour créer une fréquence plus basse que pour en créer une plus élevée.

Si, dans une pièce très sombre remplie de gens pénètre un travailleur de la lumière, toute la pièce s'illumine ! Ceux d'entre vous qui craignent l'ombre le font pour la raison suivante : ils n'ont jamais saisi la capacité contenue dans leur énergie de créer un *phare*. N'importe où, vous pouvez vous tenir au beau milieu du scénario le plus sombre, entourés de douzaines de personnes avides de vous recouvrir d'ombre, et un seul humain illuminé aura le pouvoir d'annihiler cette ombre !

Et vous vous demandez pourquoi vous étiez si excités ? Parce que ces deux dernières années, la Terre vient de hausser d'un cran son étalon du *normal*. Comme, avec votre mode de pensée linéaire tridimensionnel, vous vous plaisez à créer des paliers, nous allons vous donner un coup de main en affirmant seulement ceci : cette planète a décidé collectivement d'élever le niveau de ce qu'elle considère comme normal vers une autre tonalité de la lumière. C'est la raison de notre présence ici aujourd'hui. C'est également ce pour quoi la grille est en train d'être réajustée.

La différence entre l'ombre et la lumière, et le milieu entre les deux, est dorénavant plus élevée que jamais. Les personnes qui s'obstinent à vouloir générer l'ombre éprouvent de plus en plus de difficultés à trouver des lieux mal éclairés. Saisissez-vous ? Chaque entité qui vous a approchés depuis l'autre côté du voile vous a déjà transmis ces informations ! Très chers, vous détenez le pouvoir de créer toute nuance que vous choisissez ! Il fut un temps où presque tout comportait un côté obscur, si obscur en définitive que les secrets y restaient cachés pendant des siècles. Qu'avez-vous remarqué récemment en ce qui concerne les secrets et les conspirations ? Ils ne demeurent plus longtemps cachés, dans cette énergie. Pensez-vous que toutes ces révélations sont l'effet du hasard ? Les plus hautes sphères tombent sous la loupe, et les secrets ne tiennent plus dans aucune zone d'ombre. Ils ne le pourraient pas, puisque vous y faites resplendir votre lumière ! Cela survient dans le domaine politique, celui des affaires, même avec les chefs de gouvernement. La responsabilité étant maintenant essentielle, il est devenu impossible de rester dissimulés. Que cela vous révèle-t-il sur l'équilibre entre la lumière et l'ombre sur votre planète ?

La peur des autres entités

Cette peur-ci présente des liens avec la précédente, n'est-ce pas ? Beaucoup voudraient imputer l'ombre à une entité, terrifiés qu'ils sont de tout ce qui sort de leurs quatre dimensions. Peu importe ce que c'est, si cela peut traverser un mur, c'est sans doute néfaste ! Ne voyez-vous pas que c'est exactement le cœur de ce que vous êtes, êtres interdimensionnels ? Savez-vous pourquoi vous n'êtes pas contenus intégralement dans votre corps physique ? Si vous l'étiez, les lois de la physique quadri-dimensionnelle ne s'appliqueraient pas à vous. La multidimensionnalité constitue votre état naturel, si vous vous en souvenez. C'est seulement parce que vous avez accepté de la voir réduite et dissimulée de vous par votre dualité que vous pensez être limités aux quatre dimensions. Rappelez-vous ! Tout ange divin qui vous soit jamais apparu a prononcé les mots : « N'aie crainte ! » En effet, les entités divines habitant la planète sont bien conscientes que les êtres humains ont tendance à craindre tout ce qu'ils ne peuvent comprendre.

Certains d'entre vous appréhendent des entités de l'ombre. La vérité est que ça n'existe pas. Quelques-uns répliqueraient : « J'ai vu ci ou ça. » Ce n'est qu'une projection de ce qu'un être humain – ou quelqu'un aidé d'autres personnes cachées derrière lui – a placé sur vos épaules. Il s'agit d'une peur renforcée par votre propre peur, en coopération avec eux. La crainte peut-elle faire apparaître la magie ? Oui, si vous coopérez avec elle. Elle peut vous montrer n'importe quoi, puisque aucune lumière ne permet de déceler la vérité. Cela signifie que vous pouvez grandement faciliter le travail de ceux qui désirent vous envoyer de l'ombre si vous leur en concédez le pouvoir. Si, de votre plein gré, vous éteignez les lumières, ils accourront et se feront un plaisir de projeter sur l'écran noir tout ce que vous pouvez imaginer. Multiples peuvent être alors les visages de la danse que vous exécuterez dans le noir, et ils seront tous terrifiants. À vous de décider. Mais ce dont vous devez être certains, c'est que tout cela est toujours humain, peu importe le visage que vous lui attribuez. Là est la vérité.

Beaucoup redoutent de ce qui se déroule à l'instant présent. Ils s'exclameraient : « *Une entité nommée Kryeon a possédé une personne et s'exprime par le biais de celle-ci pendant cette rencontre.* » Détrompez-vous, cela ne se passe pas ainsi. Que ressentez-vous actuellement ? La peur ou une impression de sécurité ? Une entité faisant partie de la famille pourrait-elle mystifier votre cœur année après année ? Seriez-vous si faibles ? Non. Une fusion se produit sous le sceau de l'amour, votre Soi supérieur et un frère ou une sœur vous transmettant des messages d'amour depuis l'autre côté du voile. Et quelles sont nos recommandations par rapport à cela ? Exercez votre discernement. Nous vous laissons toujours le dernier mot. Est-ce que cela sent le piège ? Est-ce que cela s'appelle avoir une idée derrière la tête ? Notre fil d'Ariane, c'est d'accroître votre niveau de conscience et d'amour, puis de nous retirer pour vous laisser faire le reste. Quelle astuce !

Il est temps de vous rappeler la lumière que vous portez et les événements survenus sur cette planète. Vous vous déplacez, porteurs d'une vibration accrue, et n'en êtes même pas conscients. Aujourd'hui, nous avons effleuré le fait que certains d'entre vous se rendaient en des endroits de travail qu'ils n'aiment pas. C'est difficile pour eux et ils prient afin d'en être délivrés. Ils pensent que cette situation est inopportune et qu'ils ne font que passer le temps en attendant que leur prière soit exaucée. Nous le répétons, ces lieux de travail ou même ces logements où vous habitez ont besoin de la lumière que vous émettez. Écoutez-vous ? Et si c'était l'unique lumière qui y brillait ?

Voilà en quoi consiste la tâche des travailleurs de la lumière. Et vous n'avez aucun moyen de savoir de quelle manière vous avez touché une personne côtoyée. Vous ne saurez jamais à quel point les gens gravitant autour de vous auront bénéficié du contact avec ce phare qui porte votre visage. Le phare se dresse sans fin dans la nuit, émettant en rotation sa source lumineuse afin de permettre au capitaine de gouverner son navire sans écueils vers le port. Le capitaine ne rencontre jamais le gardien du phare ; il ignore son nom et quelle sorte d'être c'est, mais son navire n'en est pas moins guidé.

Vous continuez à avoir peur de l'énergie de l'entité qui porte votre nom, vous craignez l'entité qui se nomme Kryeon, alors que nous éclairons votre chemin. Quelle dichotomie, mais cela reflète tellement votre vie dans la troisième dimension ! Nous célébrons votre lumière alors que vous avez peur de l'ombre. Voilà pour la sixième peur.

La peur de ne pas trouver votre voie

La septième est reliée à la troisième, comme je l'ai déjà indiqué. Il s'agit de la peur de ne pas trouver votre voie. Écoutez-moi ! Vous marchez à l'intérieur d'une sphère. Vous pensez que vous suivez une ligne droite, mais c'est faux. Votre voie n'est pas en ligne droite. Vous croyez faire une chose après l'autre, dans un ordre à deux dimensions. Vous vous interrogez sur l'avenir et observez votre passé, mais sans jamais les voir ensemble. Quelques-uns demandent : « *Kryeon, quand trouverai-je ma voie ?* » Certains d'entre vous y sont déjà !

C'est exactement la raison de votre incarnation, et pourtant vous passez votre temps à envisager le futur en répétant : « *Eh bien ! Je vais peut-être la découvrir plus tard, dans l'avenir.* » Vous évoluez à l'intérieur d'une sphère, ce qui signifie qu'au niveau interdimensionnel, vous pouvez appréhender d'un simple coup d'œil tous les chemins parcourus et ceux à venir. Ils vont de pair ! Cela ressemble à votre conception du succès ou de l'échec. L'être humain sage a conscience que tout n'est pas conforme aux apparences et que la réalité ne s'y borne pas.

Quand découvrirez-vous votre voie ? Et si le phare se mettait à penser ainsi : « *Personne ne m'a appelé pour me remercier d'éclairer l'océan. Aucun capitaine n'est venu exprimer sa reconnaissance pour ma présence ici. Je pense que je vais éteindre le phare et mettre la clé sous la porte. Il est temps de passer à autre chose. Je vais partir à la découverte de ma vocation.* »

Est-ce bien là ce que vous souhaitez ? Cette peur est reliée à la peur-semence et à la troisième peur, celle de l'échec. Comme elle est très linéaire, nous reprenons donc ces recommandations : célébrez à chaque instant l'endroit où vous vous trouvez ! Au-dessus de ce que vous considérez comme une progression linéaire se trouvent tous les maintenant. Le concept d'interdimensionnalité est ardu à expliquer à un être humain unidimensionnel. Mais notre perception de vous diffère de la vôtre. Si nous pouvions seulement vous offrir cette brillance et vous montrer vos réalisations passées... et futures !

Il n'est pas question de ce que vous voyez dans le miroir, chers êtres humains. Cela va bien au-delà et c'est la raison de notre si grand amour pour vous. Vous vivez littéralement sans possibilité de voir ce qui vous entoure, et cela requiert un immense courage. Voilà pour la septième peur.

La peur de la maladie

Des êtres parmi vous, bien qu'éclairés, ressassent les mêmes idées : « *Vous savez, elle [la maladie] se promène en ville, et elle va m'attraper ! J'ai un ami qu'elle a eu, elle va m'avoir aussi !* »

Ce n'est pas ainsi que les choses se passent. Peu importent vos prédispositions génétiques à une maladie. Quoi que vous ayez entendu dire à ce sujet selon l'ancienne énergie, on ne vous a pas exposé le plan d'ensemble ! Finissez-en avec les vieilles explications biologiques et accueillez la nouvelle manière d'expliquer le fonctionnement des choses !

Par la conscience humaine, vous pouvez vous adresser à votre structure cellulaire, la renouveler, l'améliorer, l'éveiller, la guérir, la purifier. Vous pouvez même parler directement à la maladie. Plus tôt dans la journée fut étudiée la question suivante : « Sur le plan biologique, de quoi êtes-vous faits ? » D'eau. De quoi est constituée la maladie ? D'eau. Puis on vous a montré comment la conscience humaine pouvait profondément modifier l'eau. En avez-vous tiré des conclusions ? La conscience apte à transformer les structures cristallines dans une jarre remplie d'eau peut aussi considérablement transformer l'eau contenue dans un être humain, dans sa structure cellulaire. Peu importe ce que vous avez appris, telle est la vérité.

Si vous avez envie de vivre dans la peur, vous le pouvez, vous êtes libres. Si vous préférez faire le contraire et célébrer votre situation, votre cheminement et les événements susceptibles de survenir, cela créera de la lumière. Alors, vous vous mettrez à rire de votre peur en réalisant quelle blague c'était.

Béni soit l'être humain qui comprend que l'influence qu'il peut exercer sur sa structure cellulaire est sans limites ! Voilà le nouvel ordre des choses ; chamans et yogis des temps anciens vous l'avaient révélé, et c'est maintenant à vous de jouer ! Voilà pour la huitième peur.

La peur de l'avenir

Enfin celle que nous avions gardée pour la fin, la neuvième, car vous connaissez bien l'énergie du 9, celle de l'achèvement. L'énergie du 11 et du 9 ? Celle du 11 est celle qui prévaut maintenant, le maître nombre qui symbolise la Terre nouvelle. L'énergie du 9 vous enrobe, c'est le contenant dans lequel se tient le 11. Il s'agit de l'aboutissement de l'ancien, du vieux paradigme, de la vieille énergie. Et malgré tout, baignant dans ce paysage dont la portée et le potentiel sont inouïs, vous craignez pour l'avenir !

« *Kryeon, que va-t-il se passer ? Le dernier événement nous a tous grandement surpris ! S'en profile-t-il un autre à l'horizon ? Qu'allons-nous devenir ?* » demandez-vous. Permettez-moi de vous faire remarquer un fait. Récemment, avez-vous prêté attention aux dires des marchands de malheur – ceux qui suivent les chemins de la peur ? Avez-vous observé qu'ils étaient peu présents avant l'événement du 11 septembre ? Par contre, depuis, ils sont partout ! Ils se repaissent de votre peur ! Ils n'aspirent qu'à l'amplifier, si vous leur en donnez l'occasion, vous annonçant des scénarios encore plus terrifiants. Ce sont eux qui s'efforcent de faire redescendre à son niveau antérieur cette énergie hors du commun pour laquelle vous aviez tant travaillé. Ils souhaitent que ces tonalités d'ombre et de lumière retrouvent leur état initial. Telle est la différence entre l'ancien et le nouveau. Ce sont ceux-là qui resteront derrière.

Vous souvenez-vous de nos premiers enseignements ? Vous ne pouvez pas amener l'énergie à un état de moindre conscience. Vous ne pouvez rien désapprendre de votre plein gré. La Terre ne peut pas perdre son niveau de lumière. Elle ne peut *désinventer* ce qui s'est passé au cours des derniers mois. Pourtant, les vendeurs de peur essaieront, ils vous mettront en garde contre une foule de dangers : « Ayez peur ! Méfiez-vous ! » Puis ils vous prédiront les dates et les heures de votre destin. Des planètes vont s'écraser sur vous, des astéroïdes vous détruiront, des alignements d'influences astronomiques détruiront la Terre. Bien sûr, rien de tout cela ne surviendra, mais beaucoup ne le remarqueront même pas et continueront à réclamer de nouvelles dates de catastrophes, devenus drogués de l'énergie de peur. Effectuez une rétrospective. Leurs messages n'ont jamais changé depuis les premiers, livrés il y a mille ans ! N'est-il pas temps de passer à autre chose ?

Si vous les suivez cependant, votre lumière en sera diminuée. Possédez-vous la preuve qu'ils sont plus nombreux aujourd'hui qu'hier ? Non, mais laissez-moi vous donner matière à réflexion : où étaient les marchands de peur la veille du 11 septembre ? Encore cachés sous leurs tonnes de peur, à inventer des menaces irréelles, ratant ainsi LA vraie. Ce que je veux dire par là ? Simplement que c'est la manifestation d'un événement terrifiant qui leur a ouvert le chemin vers ce qui fait leur bonheur actuellement, c'est-à-dire être écoutés. Certains en sont pleinement conscients. Quel message en tirez-vous ? En ce qui concerne votre pouvoir et la lutte qui vous incombe, rien n'a vraiment changé. La différence, c'est qu'à présent le tout est au grand jour. Les éléments de la bataille deviennent évidents, et celle-ci vient tout juste de commencer.

La Terre manifeste maintenant une contingence que nous avions annoncée : la conscience. La bataille entre l'ancien et le nouveau fait désormais partie de vos événements courants. Vous allez devoir prendre position. Où vous situerez-vous ? En 1999, nous avions posé la question suivante : « Que considérez-vous comme normal pour la civilisation ? » À ce moment-là, pour bon nombre d'entre vous, cela semblait seulement *intéressant* ; jusqu'à tout récemment, personne n'y prêtait la moindre attention ! Il vaut peut-être la peine de s'y arrêter de nouveau ?

Vous faites l'expérience d'une nouvelle voie de réalité qu'aucune prophétie n'avait prédite. Tout est possible. Les devins s'amènent et vous concoctent un scénario de peur. Ils sont ici, et c'est normal, pour vous offrir le choix entre l'ombre et la lumière. Mais vous connaissez une possibilité qu'eux ignorent : votre immense potentiel ! Depuis combien d'années avons-nous décrit ce potentiel comme la Nouvelle Jérusalem ? Vous preniez cela pour quelque formule mystérieuse ou historique ? Regardez les nouvelles ! Comprenez-vous dorénavant sa signification ?

Vous l'avez tant de fois entendu proclamer par Kryeon et d'autres avant lui : Jérusalem n'est pas seulement une ville d'Israël. Son nom symbolise une Terre capable de résoudre l'insoluble, atteignant un niveau encore jamais conçu, et la reconstruction, pour la troisième fois, d'un temple de la conscience. Il représente une planète nouvelle, une Terre nouvelle.

Cela inclut plusieurs métaphores et, je vous en prie, ne redoutez pas un avenir que vous, travailleurs de la lumière, contrôlez et manifestez. C'est vous qui avez fait échouer l'Armageddon ; vous qui tombez sur les chiffres 11-11 à vos horloges ; vous qui, en ce moment, faites des câlins à l'Esprit, enfantant la lumière du monde !

Voilà pour la peur numéro neuf.

Notre cortège se rend compte qu'il va bientôt devoir repasser à travers le voile par lequel il est venu il y a peu de temps. Ses membres vous ont invités à les sentir à vos côtés, autour de vous, en vous, exerçant de diverses façons de légères pressions en plusieurs endroits de votre corps. Par ce message sur les neuf peurs, nous vous avons incités à épouser votre Soi supérieur, à tomber amoureux de cette partie divine en vous, à calibrer et, enfin, à célébrer le futur.

Le message de Kryeon n'en est-il pas un d'espoir, d'encouragement ? Oh ! Que si ! Mais ce n'est pas vraiment le **message de Kryeon.** C'est plutôt un message humain communiquant aux humains quadridimensionnels leur propre prédiction d'un avenir interdimensionnel. Il s'agit de votre propre message, caché, et il est si convaincant ! C'est la raison de notre présence en ces lieux.

Peu importent les déboires qui pèsent sur votre vie actuelle, nous vous engageons à quitter cet endroit différents, portant en vous une nouvelle conscience du fonctionnement des choses et de la fécondité des perspectives. Même si vous n'ajoutez foi à aucune des notions exposées, peut-être, au moins, êtes-vous désormais en mesure de poser vos propres questions ? Recherchez la vérité dans les concepts présentés. Faites l'expérience de l'énergie, et même priez et méditez. Ce faisant, vous engendrerez la compassion, ce qui en retour créera une *poignée de mains d'énergie*, prélude au processus de calibrage.

Et voilà, pendant ces quelques instants, nous nous sommes réunis en famille. Nous avons enrichi vos connaissances antérieures. Beaucoup parmi vous sont en train de *peler l'oignon de la dualité.* Ce processus porte d'autres noms, dont l'un se résume à *se rappeler*. En somme, on pourrait dire que nous nous sommes attachés à raviver en vous le souvenir de ce que vous êtes réellement. Tel est l'ordre des choses. Avez-vous remarqué, parmi les neuf peurs exposées, une absente : celle de la mort ? Pourquoi ? Parce que, intuitivement, les humains ne craignent pas de rentrer au foyer.

Ainsi, notre cortège ramasse les bols remplis de nos larmes – des larmes de joie avec lesquelles nous avons baigné vos pieds. Par cette fissure du voile d'où nous sommes arrivés, nous retournons en ce lieu que vous appelez le foyer. Nous vous fêtons, nous célébrons cet événement, l'énergie de cet endroit, et la famille. Nous vous connaissons tous très bien.

Au moment de partir, nous désirons rappeler à vous tous – humains de cette salle, membres de la famille, anges – que vous n'êtes jamais seuls, jamais !

Et il en est ainsi.

Kryeon

CHAPITRE TREIZE

LES QUATORZE QUESTIONS

Reno, Nevada, Février 2002

Salutations, très chers ! Je suis Kryeon, du Service magnétique. Ces paroles, que je vous adresse depuis presque douze ans, contiennent plus d'énergie que de simples salutations. Ce sont plutôt des transferts d'énergie. Nonobstant l'épaisseur du voile, certains parmi vous les comprendront et diront : « Je suis une sœur, un frère, je suis de la famille. »

J'ajouterai encore une fois que ce moment est précieux, dans la mesure où vous avez choisi d'inviter ce cortège au sein de votre énergie. En entrant en ces lieux, certains d'entre vous ont senti que c'était sans danger. D'autres l'ont ressenti en s'asseyant pour lire ces lignes. En pénétrant dans cet espace physique, quelques-uns se sont dit : « C'est ce à quoi je m'attendais ; je ne sais ce qui se passera aujourd'hui, mais j'ai envie de me poser ici, dans ce havre de sécurité, entouré de cette énergie. » Un havre de sécurité ? Oui, ici règne la sécurité, tant spirituelle qu'émotionnelle. En ces lieux, on se sent bienvenus et aimés.

C'est ainsi que nous prenons place parmi vous, nous préparant à donner les leçons de ce jour. Si seulement vous saviez ce qui se produit en ce moment ! Sur cette planète règne une intensité d'énergie encore jamais vue ! Des changements se mettent en place, que nous n'avions encore jamais décrits, et ils apparaissent grâce à vous. Si vous faites partie de ceux qui « donnèrent leur nom » avec l'intention d'être considérés comme des travailleurs de la lumière, alors vous le ressentez. C'est ce dont nous désirons parler.

Au départ, nous reviendrons sur des channelings et des messages livrés ces derniers mois. Nous avons traité d'inter-dimensionnalité, de physique, de science et de calibrage. Nous avons parlé de l'inexplicable, de points que nous ne pouvions pas aborder, car ils étaient incompréhensibles – mais que nous avons néanmoins présentés. Nous avons causé de cercles au sein de cercles, et maintenant nous mettrons en veilleuse ce sujet, dans la mesure du possible.

Aujourd'hui, on touche à des choses plus personnelles. En fait, nous répondrons à quelques questions – quatorze d'entre elles. Il s'agit de questions qui sont posées spécifiquement ici et simultanément dans d'autres groupes, à cet instant même. Nous ferons de notre mieux, dans cette dimension, pour répondre à des questions interdimensionnelles. Chacun de ces items semble appartenir à votre réalité, mais les réponses n'en font pas partie. Vous devrez vous y habituer. C'est ainsi que les choses se dérouleront dorénavant, dans la mesure où vous vous êtes accordé la permission d'évoluer au-delà de ce à quoi vous étiez habitués, de passer outre à l'ancienne réalité, de dépasser les quatre dimensions.

Nombre d'entre vous demandent à l'Esprit : « *Qu'est-ce qui se passe avec ceci ? Et cela ? Que suis-je censé faire ici ? Que faire avec ce que je ressens ?* » Les réponses que vous désirez recevoir appartiennent à votre dimension. Et si elles divergeaient légèrement de votre réalité ? Les écouteriez-vous ? Êtes-vous de ceux qui les attendent inlassablement, mais ne récoltent que le silence ? Répondez à ceci : si un aveugle demandait de la lumière, et que cette dernière éclairait tout autour de lui, en serait-il conscient ou continuerait-il à graviter au sein de sa propre noirceur ? Nous nous efforcerons de vous prodiguer des réponses qui ont du sens, mais elles se situeront souvent au-dessus de la réalité à laquelle vous êtes habitués. Elles ne sont pas non plus toujours simples à appréhender ou à comprendre, mais il en est ainsi au sein de l'énergie nouvelle.

Béni soit l'être humain qui comprend qu'il ne voit pas tout ce qui existe. Nous l'avons déjà précisé, les choses ne sont pas toujours ce qu'elles semblent être. À présent, sur cette planète, ceci constitue une vérité essentielle. Vous baignez dans l'intensité d'un potentiel d'énormes transformations. Voici donc ces quatorze questions…

Question 1
Pourquoi suis-je si fatigué ?

« Cher Kryeon, me voilà plus fatigué que jamais auparavant. Je suis un travailleur de la lumière et j'ai fait tout ce qui était de mon devoir. J'ai ancré la lumière aux endroits où j'étais censé le faire. Je me rends là où je crois devoir me rendre et je m'applique de mon mieux. Je médite. Je progresse dans la vie avec intégrité, mais je suis fatigué. Est-ce ainsi que ça doit se passer ? Est-ce que ça changera ? Quelle est la prochaine étape ? Que puis-je faire ? Est-ce normal ? »

Cher être humain, laissez-moi vous dire ceci : le 11 septembre, vous avez fait faire un bond à cette planète, donnant un avant-goût de ce qu'elle pourrait être. Prenez cela comme une ouverture, comme le début de solutions cruciales. Regardant ce qui se déroule à la grandeur de la Terre, vous pourriez lancer : « Tout ceci ne me semble pas très prometteur pour l'instant ! » Nous répondrons ceci : vous ne savez pas tout ! Vous ne voyez pas tout ! Patience ! C'est parce que vous en avez tous donné la permission au moment du 11:11, travailleurs de la lumière, que le poids de ce que vous avez accepté vient juste de doubler. Vous le saviez, n'est-ce pas ? Qu'advient-il lorsque vous prenez des poids physiques, que vous les attachez sur vous et les trimballez partout jour après jour ? Vous vous fatiguez de plus en plus. Les poids que vous avez sélectionnés représentent ceux – tout nouveaux – du paradigme potentiel de l'interdimensionnalité, pour lequel vous avez donné votre permission. Ceux-là mêmes dont nous vous avions entretenus il y a presque douze ans ! Ce ne sera pas toujours ainsi. Cette année [2002] marquera l'achèvement des modifications de la grille, le commencement d'un modèle qui sera là pour rester. Un modèle qui cessera de bouger comme il le fait actuellement.

Savez-vous ce qui est le plus difficile pour un travailleur de la lumière ? C'est le fait qu'à peine habitué à une certaine énergie, il doive déjà s'habituer à une autre. Ceci prendra fin bientôt. Certains d'entre vous se diront peut-être : « Grâce à Dieu, ce furent douze longues années ! » Béni soit celui qui comprend que ce qu'il ressent maintenant ne durera pas toujours.

Ce qu'il éprouve actuellement n'est pas le nouveau paradigme, mais une transition. Vous portez sur les épaules une lourde charge, plus lourde que jamais. Votre ancre pèse plus que jamais. Vos inquiétudes pour la planète se sont accrues et intensifiées jour après jour. Les anges qui vous entourent sont devenus plus matures. Les guides ne sont plus des guides, mais plutôt une autre sorte de facilitateurs.

Tous ces éléments annoncent un autre potentiel planétaire. Vous voici assis dans un phare, alors que la planète nouvelle se dirige vers des écueils. La raison de votre fatigue est-elle difficile à comprendre ? Voici notre conseil : tenez bon jusqu'à la fin de cette année. Nous affirmons qu'au début de l'année du changement [2003], beaucoup sera mis en place. Les modifications de la grille seront achevées cette année, celle de l'enracinement. L'année du changement est celle de la stabilisation. Cela semble contradictoire, mais c'est ainsi. Spirituellement, les choses seront plus stables, mais physiquement, dans un monde à quatre dimensions, votre planète amorcera une transformation. Voyez-le ainsi : le nouveau manuel est mis au point afin que les professeurs disposent d'un plan de cours pour entreprendre de changer l'énergie de la Terre. Pour les travailleurs de la lumière, beaucoup de choses vont s'éclaircir. Ce sera différent pour chacun, mais c'est la vérité. Patientez, il y a de l'espoir. Un nouveau paradigme va suivre.

Question 2
Comment améliorer ma communication avec l'Esprit ?

« Cher Kryeon, que vais-je faire à propos de ma communication avec l'Esprit ? Voyez-vous, ça ne s'est pas amélioré. Je tente si fort de faire renaître les sensations connues auparavant ! C'était ma manière de mesurer mon degré de connexion. C'est ce que je considérais comme normal. *Je sais quand je communique avec l'Esprit, car je le sens au tréfonds de mon cœur et de mes cellules. Si une sorte de fourmillement s'ensuit, alors je me sais connectée. Quand vais-je retrouver cet état ? »*

Travailleur de la lumière, dites adieu à tout cela ! Vous devrez peu à peu chercher de nouveaux signaux dans une énergie nouvelle, sur une Terre nouvelle. Nous en avons parlé plus tôt. L'énergie en train d'éclore est le début d'une réalité jusqu'à présent inconcevable. Tout n'a pas débuté de la manière que vous l'aviez imaginé non plus, mais vous vous trouvez actuellement dans une position tout à fait inédite, une position de communication. Notre conseil ? Libérez-vous, relaxez-vous, et cultivez l'amour de l'Esprit ! Asseyez-vous par terre, si tel est votre choix, et vivez un *moment de méditation* où vous demanderez à l'Esprit : « Indiquez-moi ce que vous désirez que j'entende, ce que vous voulez que je sache. » Puis restez simplement silencieux. Libérez et aimez la famille. Cela étant, vous apprenez le Troisième langage plusieurs fois mentionné, ce mariage continuel avec une parcelle de vous-même qui permet une communication en tout temps et pas seulement confinée aux seuls *moments de méditation*.

Quelque chose se produit lorsque vous générez de la compassion. Cette énergie épouse l'intellect et crée une fenêtre de possibilités. C'est un espace-temps où un nombre incroyable d'informations est transmis. Il faudra de la compassion pour engendrer l'action. Si vous le désirez, sentez-vous tous libres de pleurer, car vous êtes tendrement aimés, parce que la Terre est en évolution et que vous l'avez demandé, parce que vous avez annihilé l'énergie de l'*Armageddon* et que vous avez changé le tracé de la réalité. Pleurez de joie parce que la Terre peut vous parler par l'intermédiaire de vos pieds. Le saviez-vous ? Vous êtes tellement coincés dans cet étrange paradigme selon lequel tout vient d'en haut ! Ce doit être un choc d'apprendre que tant de choses proviennent d'en dessous, de votre partenaire, la planète Terre ! [rire]

Question 3
Que suis-je censé faire ici ? Je suis fatigué d'attendre !

« Cher Esprit, cher Kryeon, quand saurai-je quelle est ma mission ? J'ai cherché longtemps, et bien sûr je suppose que ce que je fais actuellement ne correspond pas à ça ! »

Vraiment ? Oh, cher humain, laissez-moi vous dire quelque chose que vous n'avez peut-être encore jamais envisagé. Vous êtes trop orienté vers un but ! Vous désirez une portion de temps pour tout ! Vous croyez que vous êtes en train de grimper à une échelle, et qu'une fois en haut, vous pourrez pousser un soupir de soulagement. Vous croyez que vous allez atteindre un sommet ou un plateau. Peut-être y trouverez-vous un berceau dans lequel vous pourrez vous reposer ? Puis vous annoncerez à l'Esprit : « Oh, merci ! Je suis arrivé. Je sais ce que je fais maintenant ! » [rire]

Ce n'est pas ainsi que les choses fonctionnent. Chaque moment de votre vie représente ce que vous faites pour cette planète. Oh oui, certains d'entre vous œuvrent dans un but bien précis, mais rappelez-vous l'axiome suivant : pendant que vous travaillez, que vous élevez votre taux vibratoire, que vous marchez sur cette planète, changeant la vibration des endroits où vous passez, vous réalisez votre mission. Peut-être est-ce ce qui explique votre fatigue ?

Plusieurs demandent : « Quand saurai-je pourquoi je suis ici ? » Voici la réponse : vous êtes ici pour le maintenant, non pas pour quelque chose dans le futur. Qu'est-ce qui se passe dans votre vie que vous n'aimez pas ? Qu'est-ce qui se passe maintenant que vous aimeriez voir disparaître de votre vie ? Qu'est-ce que vous ne comprenez pas ? Peut-être vous posez-vous chaque jour la question : « Cela sera-t-il meilleur demain ? » Très chers, faites de **ce** jour celui de l'arrivée au sommet. Prenez la situation de ce jour et imprimez-lui une beauté immédiate. Dans l'adversité, dans les circonstances difficiles, ancrez et célébrez tout ce qui vous entoure. Clamez l'amour de Dieu et permettez que vous inonde la compassion de l'Esprit. Puis poursuivez, même dans le doute. Au lieu de vous acharner dans le but d'atteindre quelque chose en haut de l'échelle, efforcez-vous de comprendre le cercle d'énergie qui constitue votre nouvelle réalité du *maintenant*. Lorsque vous voyez le cercle « JE SUIS CE QUE JE SUIS », comprenez-vous que c'est là un énoncé de temps non linéaire, une affirmation de vous et de la famille ? Soyez chacun l'ange, le phare, à tout moment de votre vie.

Question 4
Quand serai-je libéré des gens qui m'entourent ?

« Esprit, Kryeon, la famille, quand ces gens qui m'entourent changeront-ils ? Je ne peux vraiment plus les supporter. Encore combien de temps devrai-je endurer ça ? »

Vous croyez que nous ne sommes pas au courant ? Que d'une certaine façon, l'Esprit est dans un vide ? Que lorsque vous êtes confronté à des défis, quelqu'un a fermé *le robinet de Dieu,* et que lorsque vous vous sentez vraiment bien, il l'a rouvert ? Non. Nous sommes assis avec vous et vous tenons la main jusqu'au bout, même dans l'intolérable.

Laissez-moi transmettre une réponse très claire à cette dernière question : cher être humain, cher phare, vous formulez votre intention et revêtez l'énergie de l'ancre, celle du phare, et voilà ce qui en découle. Les *boutons émotionnels* sur lesquels vous avez permis qu'on appuie, ceux qui suscitent votre intolérance et votre colère [et votre fatigue], doucement s'évaporent. Ces gens que vous espérez voir changer ne changeront peut-être jamais ! C'est *vous* qui deviendrez différent.

Il se peut qu'un jour, dans un élan de pure naïveté, vous déclariez à l'Esprit : « Merci d'avoir transformé ces personnes ! » L'humour dans tout ça, c'est que pendant tout ce temps-là, cher être humain, c'est vous qui avez changé à tel point que tous ces gens ne vous dérangent plus ! Désormais, leurs actions n'appuient plus sur vos *boutons.* Ni leurs pensées, ni leurs réactions, ni ce qu'ils disent dans votre dos, ni tous les drames ne vous atteignent plus parce que vous savez maintenant qui vous êtes. Parce que vous avez pelé les couches de la dualité et atteint le noyau, qui est divin. Vous avez décelé l'ange à l'intérieur puis avez déclaré : « Je sais qui je suis. Je suis ce que je suis ! » À présent, vous avancez autrement sur la Terre, indifférent à la vue de ceux que vous pouviez à peine tolérer auparavant. C'est la vérité. Est-ce ce jour que vous attendez ? Alors prenez soin de vous et observez tout le monde autour de vous en train de *changer.*

Question 5
Délivrez-moi de ce travail infernal !

« Cher Kryeon, je n'arrive pas à croire où je travaille. Cet endroit ne rend pas du tout hommage à ma magnificence, vous savez. Il n'a aucune commune mesure avec mon ange intérieur. Cher Esprit, sortez-moi de là pour que je puisse être un travailleur de la lumière ! »

Ceci est une révision. Nous l'avons déjà mentionné dans le passé, mais beaucoup d'entre vous doivent l'entendre en contexte, c'est-à-dire le relier à tous les autres éléments. Que pensez-vous que votre travail soit ici, travailleur de la lumière ? Peut-être avez-vous dit ceci à l'Esprit : « Je veux tellement être un travailleur de la lumière ! Mais je me contente d'aller au boulot, de revenir à la maison épuisé, puis de retourner au boulot et de rentrer à nouveau fatigué. Quel est le sens de tout cela ? Je n'aime vraiment pas le lieu où je dois aller, ni les gens qui s'y trouvent avec moi. Je ne les aurais jamais choisis comme amis. Là-bas, je suis le seul qui ait une idée de ce qu'est la conscience supérieure. Tous les autres se contentent de se déplacer de-ci de-là. Je suis tout seul. Je veux partir ! »

Je vous demanderai ceci, cher travailleur de la lumière : Vous rappelez-vous quand vous avez formulé votre intention de devenir un phare ? À quel moment vous avez prononcé ces mots : « Je ferai tout ce qu'il faudra pour élever ma vibration, pour faire l'expérience de l'amour de Dieu » ? Eh bien, vous êtes maintenant à l'endroit où vous faites le plus de bien et vous êtes impatient de le quitter ! [rire] Peut-être êtes-vous l'unique lumière qui brille à votre travail. Peut-être est-ce sombre là-bas. Voici la métaphore : imaginez le phare, bien ancré, se dressant solidement sur les rochers. Les grands navires de l'océan montrent leur capitaine à la recherche d'une route menant au port sans danger. C'est là que vous vous tenez, éclairant tout de votre unique lumière ! Métaphorique, oui. Mais c'est comme ça !

Chère ancre, vous irradiez une lumière illuminant des endroits qui demeureraient bien sombres, sans vous ! Avez-vous vu les choses sous cet angle ? Laissez-moi vous dire ceci : les énergies de cette année [2002] montrent une tempête qui a grandi, qui fait rage contre le phare. Cela complique encore la tâche du capitaine dans l'obscurité. Le pouvoir de la mer est formidable et vous vous tenez là, bien ancré, émettant une lumière-guide. Vous subissez une bourrasque après l'autre, et que demandez-vous ? Imaginez que le gardien du phare déclare : « Je suis fatigué de tout ceci, je veux sortir. Éteignez les lumières et sortez-moi de là ! » Vous jouissez du libre arbitre, vous savez ! Vous pourriez faire ça. Mais pour ceux qui se demandaient si l'Esprit écoutait leurs appels, la réponse est oui. Nous avons toujours été là.

Ce que vous endurez n'est pas permanent, alors la réponse est la suivante : célébrez où vous vous trouvez, tous les jours. Peu importe votre but, ce que vous désirez, ce que vous croyez possible, célébrez ce qui se vit maintenant. Cela vous semble-t-il familier ? Est-ce la réponse à une autre question de cette série ? Oui. Ayez de la compassion pour tout ce qui vous entoure, parce que la compassion génère l'action, une action interdimensionnelle. Elle accroît votre lumière ; elle donne à l'Esprit une idée de votre énergie, elle proclame votre nom. Elle vous calibre à nous tous. Le saviez-vous ?

Lorsque vous demandez d'être ailleurs qu'à ce genre d'endroit, le désirez-vous réellement ? Cela ressemble vraiment à la première question, n'est-ce pas ? Nous le répétons, patientez le temps nécessaire. Ce ne sera pas bien long, et pendant ce temps-là, vivez dans la célébration et dans l'honneur. Combien d'entre vous ont le courage, en rentrant à la maison, de remercier Dieu pour ce lieu où ils travaillent, et pour les gens qu'ils y côtoient ? Ne croyez-vous pas que nous savons où vous vous trouvez ? Ne pensez-vous pas que nous marchons sans répit à vos côtés ? Nous le faisons pourtant !

Question 6
Quand accéderai-je au prochain niveau ? Je suis fatigué de celui-là.

« Cher Esprit, quand accéderai-je au prochain niveau spirituel ? J'ai l'impression d'avoir été retenu à celui-ci pendant très longtemps. Je veux passer au suivant. »

Bien sûr, ceci est en lien avec les questions 5, 3 et 1, n'est-ce pas ? C'est du pareil au même, vous savez. Cela dépend de votre perception de là où vous en êtes. Vous passez votre temps à imaginer que le niveau suivant se trouve très éloigné du vôtre, que c'est un bel endroit qui recèle moins d'expansion d'énergie, où vous serez peut-être plus heureux et plus joyeux ? Savez-vous pourquoi nous vous qualifions tous de travailleurs de la lumière ? Comprenez-vous que ça, c'est du travail ?

À propos de ce prochain niveau, j'aimerais vous préciser quelque chose d'essentiel. Savez-vous pourquoi vous êtes épuisé et souvent abattu ? Parce que vous venez juste d'accéder au niveau supérieur ! Vous ne vous y attendiez pas, n'est-ce pas ? Vous êtes assis à l'endroit exact où vous demandiez à aboutir. Voici un exemple amusant : vous rappelez-vous ce qui se passait à l'école ? Peu importe en quelle année vous étiez, si vous preniez place à côté d'un élève de deux classes plus haut, vous jetiez probablement un coup d'œil à son manuel et, surprise, vous ne compreniez rien ! Cela semblait trop dur. Secrètement, en vous-même, vous vous disiez sûrement : « J'espère ne jamais avoir à étudier cette leçon ; c'est bien trop difficile. Comment font-ils pour apprendre tout ça ? Comment ferai-je lorsque j'arriverai à cette classe ? »

Laissez-moi vous apprendre quelque chose : votre planète vient juste de sauter une classe ! Les livres ardus sont ouverts et vous gravissez la pente. Vous apprenez un nouveau langage, celui de la communication. C'est le langage qui permet de se sentir joyeux malgré ces *pénibles* circonstances : c'est celui de la tolérance. Comment vous calibrer à un phénomène interdimensionnel qui semble exister pour vous de manière invisible ? C'est difficile ! Cependant, cela deviendra de plus en plus facile lorsque la Terre entrera au sein d'une énergie correspondant mieux à votre vibration. C'est ce qui se produit quand la grille se modifie, entraînant l'énergie de la planète dans un nouveau calibrage et un nouvel alignement.

Félicitations ! Vous avez atteint le niveau supérieur, utilisant le manuel qui vous avait toujours semblé trop difficile, et vous travaillez effectivement avec celui-là. Est-il si étonnant que nous soyons émerveillés par vous et votre vie ? Comment vous expliquer que c'est **vous,** les héros de cette énergie nouvelle ?

Vous marchez de-ci de-là, faisant la différence pour la Terre entière, tout en vous demandant quand vous vous mettrez à faire toute la différence !

Question 7
Mes enfants, de jeunes adultes, m'inquiètent.

« Cher Esprit, j'ai des enfants qui sont presque adultes. Du moins, ils croient l'être. Je perds le contact avec eux. Ils ne font plus attention à moi. J'ai peur pour eux. Je ne sais que faire. J'ai été un bon parent et un travailleur de la lumière. J'ai essayé de leur enseigner l'amour, mais ils n'écoutent pas. Je m'inquiète pour eux alors qu'ils avancent sur une Terre nouvelle. J'ignore ce à quoi ils s'occupent ou ce qu'ils pourraient bien faire. Je ne sais vraiment pas ! Que puis-je faire ? »

Bien, très cher, commençons par le commencement. Pourquoi ne pas vous asseoir et nous laisser vous enlacer pendant un moment ? Il n'y a rien que vous puissiez faire pour l'instant, sinon comprendre certaines dynamiques spirituelles. Nous précisons ceci aux mères et aux pères : lorsque vos enfants étaient jeunes, vous ouvriez toute grande votre jarre d'amour et la versiez en eux. Pendant toutes ces années, elle a été déversée sans cesse. Voici de nouvelles informations, peut-être intuitives. Ce sont aussi des informations anciennes, mais éternelles.

Chaque être humain, lorsqu'il est enfant, possède une jarre vide, prête à être remplie. Pendant l'enfance, celle-ci reste ouverte en permanence et se remplit de l'énergie, de la lumière ou de la noirceur [quelles qu'elles soient] qui animent les parents. Maintenant, si vous avez rempli la jarre de cet enfant de lumière blanche, si vous lui avez offert de l'amour, un foyer spirituel responsable, s'il a pu apprendre les mécanismes de l'amour, alors vous pouvez avoir la conscience tranquille. Oh ! Vous vous inquiéterez peut-être pour lui, et c'est typiquement humain. C'est là où nous intervenons en tant que votre famille pour vous aider, que nous venons nous asseoir à vos côtés et tenir votre main en vous rassurant : « C'est fini, votre travail est terminé. »

Peu importe ce qui arrivera désormais à vos enfants, ce sera leur choix et c'est ainsi que ça fonctionne. Vous le savez. Ce fut la même chose pour vous. Mais voici ce que vous ne saviez peut-être pas : même après que vous vous soyez quittés, ces enfants ont le libre choix de creuser, d'ouvrir cette jarre et de vous y découvrir ! Comprenez-vous mes propos ? Il viendra un temps dans leur vie où ils éprouveront peut-être le désir d'ouvrir cette jarre, et s'ils le font, ils découvriront l'amour que vous leur avez prodigué ! Ils feront l'expérience des souvenirs, des questions de responsabilité, des notions que vous leur avez inculquées comme étant la vérité. Ils prendront conscience de votre maintenant, de la vérité que vous leur avez enseignée, même si vous n'êtes plus là... même si vous êtes très loin. Ceci est un axiome, une règle. C'est éternel.

La jarre est pleine et c'est ainsi que vous les envoyez dans la vie, préparés, fin prêts, même s'ils ne le voient pas. Vous n'avez pas échoué. Ils disposent du libre arbitre, mais s'ils désirent ouvrir la jarre, ils y trouveront l'amour que vous leur avez donné. Et la beauté de tout ça, c'est qu'à partir de la sagesse reçue, ils prendront la jarre et en transmettront le contenu à leurs propres enfants. Ainsi va votre lignée ; ce que vous léguez aujourd'hui à vos enfants servira peut-être à plusieurs générations à venir.

Parfois, vous ne voyez que les problèmes immédiats et les épreuves, sans jamais saisir l'importance de votre influence sur l'énergie de ceux qui vous suivent. Nous parlons avec amour, désirant juste que vous sachiez et compreniez cela, pour que, l'espace d'un instant, vous puissiez saisir la compassion qui peut un jour se répandre chez ces précieuses âmes qui vous avaient confié leur enfance, en ce moment unique où elles décideront d'ouvrir la jarre.

Question 8
Comment dois-je parler à mon corps ?

« Cher Kryeon, je vous ai entendu dire que nous pouvions parler à nos cellules. Qu'est-ce que cela signifie ? Comment dois-je m'y prendre ? »

Il faut comprendre que le siège de l'éveil spirituel se trouve dans chaque cellule. Cela signifie que votre orteil, votre genou et votre coude sont tout aussi importants que le chakra de la couronne, cette étincelle créatrice située au sommet de la tête, d'où vous pensez, de façon erronée, que provient votre sagesse spirituelle. Dans cette pièce, certaines personnes sont en train de jouir d'une prolongation de vie parce qu'elles ont appris il y a longtemps ce que c'était que de reconnaître la divinité en chaque cellule de leur corps, je dis bien chacune.

Alors, vous êtes invités à entreprendre l'apprentissage de la communication avec vous-mêmes. Ceci rejoint grandement le contenu de la question numéro deux, n'est-ce pas ? Vous voulez toujours communiquer avec le ciel, mais que diriez-vous d'entrer d'abord en contact avec votre intérieur ? Étiez-vous au courant de ceci : plus vous parlez à votre structure cellulaire de ce que vous êtes et de votre divinité, plus aisée devient la communication avec la famille et l'Esprit ? Tout est interrelié. Ce qui nous intéresse c'est l'ensemble de votre ADN, car c'est cet ensemble qui renferme les informations sur le processus spirituel, donc pas seulement la partie située dans le haut de votre tête. Familiarisez-vous petit à petit avec l'intégralité de ces phénomènes appelés ascension, communication spirituelle, cocréation, et vous verrez que cela requiert une expérience intégrale du corps. Fini le temps où tout ce que vous étiez semblait siéger au sommet de votre tête. Pendant des années, nous avons annoncé que ceci arriverait… et maintenant c'est fait. Les anciens yogis le savaient et vous ont montré comment mobiliser le corps tout entier. Désormais, vous en verrez la nécessité même pour communiquer, sans parler de vous autoguérir ! La méditation n'est pas un exercice du cerveau, mais un exercice de l'être humain au grand complet, vécu dans la compassion, et chaque cellule saura que vous êtes branchés. Vous êtes en train d'apprendre un nouveau langage, voilà la vérité.

Question 9
Pourquoi certains guérissent-ils, mais d'autres non ?

Les questions neuf et dix traitent respectivement des guérisseurs. Ceux qui sont présents dans cette pièce et les lecteurs de ces pages ont appris quelque chose, et je vous dirai dans un moment de quoi il en retourne. Voici une question qu'ils ont peut-être posée et vous aussi.

« Cher Esprit, je suis guérisseur. Je réalise sur diverses personnes exactement le même équilibrage d'énergie, et pourtant les réactions se révèlent totalement différentes : certaines sont guéries, d'autres non. Y a-t-il quelque chose d'inadéquat dans mon approche ? »

Voici ce que répondraient des guérisseurs d'expérience : les guérisseurs ne guérissent pas, ils équilibrent. Il n'y a rien sur cette planète que vous ou autrui puissiez faire pour guérir une autre personne si elle n'a pas d'abord exprimé son entier consentement et son intention en ce sens. Ce que vous pouvez faire cependant, vous les phares, c'est d'amener votre lumière à briller si intensément que ces gens atteindront ce port sans écueils appelé *guérison*, parce que vous les aurez ainsi équilibrés à un niveau qui leur permettra de poursuivre par eux-mêmes.

Guérisseurs, vous avez ancré cette lumière et équilibré des personnes. Il n'en tient qu'à elles, à présent, de décider si l'équilibre est suffisant pour continuer d'avancer, n'est-ce pas ? Le voilà, le libre arbitre. Alors, ne vous mettez jamais en position de vous accabler de reproches pour de prétendus échecs ! Vous concrétisez le travail de l'Esprit, et certains d'entre vous le font d'une manière déterminante. Cependant, beaucoup de patients se lèveront de votre table de soins sans jamais se rendre compte de ce que vous avez accompli. Ils n'en ressentiront jamais rien et poursuivront ainsi leur chemin, ayant choisi de ne pas s'ouvrir à la compassion ou de ne pas guérir à ce moment-là.

La synchronicité et la cocréation offrent des scénarios ne correspondant pas toujours à ce que vous pensez. Parfois, plusieurs d'entre vous se maintiennent dans une certaine situation ou dans un état de non-guérison, attendant que quelque chose d'autre ne s'aligne, afin que lorsqu'ils décideront enfin d'être guéris, ce soit vraiment meilleur que jamais ! Nous l'avons dit auparavant : parfois, un *non* de l'Esprit dans l'instant présent signifie une célébration pour plus tard. Et comment le devineriez-vous, chères personnes linéaires, chers guérisseurs ?

Comment sauriez-vous que vous avez planté une graine d'équilibre destinée à s'épanouir en une fleur éblouissante ? La réponse est que vous ne pouvez le savoir.

Voici un autre point pour ceux qui fréquentent les guérisseurs de l'énergie. Vous allez parfois de guérisseur en guérisseur, changeant peut-être même de procédés de guérison, puis vous faites quelque chose de vraiment intéressant, chers êtres humains linéaires : si vous avez reçu un *non* de la part de l'Esprit [aucune guérison ne s'est produite], vous rejetez souvent le guérisseur, et le processus de guérison, pour ne plus jamais y revenir. Laissez-moi vous demander ceci : si vous plantiez une graine et qu'après deux jours vous constatiez que rien ne se passe, jetteriez-vous alors le pot, la terre, et le jardinier ? Non ! Au lieu de cela, vous attendriez encore, connaissant bien le cycle des saisons et la manière dont ces choses fonctionnent.

Ces guérisseurs sont toujours là, et les procédés qu'ils utilisent sont efficaces ! L'énergie n'a pas semblé fonctionner pour vous ? Eh bien, peut-être n'étiez-vous pas encore prêts à ce moment-là ? Peut-être le moment et les circonstances n'étaient-ils pas opportuns ? Peut-être votre cheminement ne vous conférait-il pas encore la sagesse d'accepter l'expérience du corps complet ? Attendez et réessayez. Ne rejetez jamais rien !

Humains, écoutez-vous ceci ? Cela ne vaut pas uniquement pour la guérison. En effet, qu'en est-il de ces visions reçues ayant trait à ce que vous devriez faire, et du fait qu'il ne s'est encore rien passé ? Avez-vous rejeté l'idée sous prétexte qu'elle ne semblait pas se matérialiser ? Vous ne faites pas honneur à l'interdimensionnalité que nous avons enseignée. Vous devez travailler le linéaire en opposition au non-linéaire. Essayez encore. Comprenez que, même si ça n'a pas fonctionné lorsque vous avez essayé dans l'optique d'un tracé linéaire, cela ne signifie pas qu'il n'y ait aucun espoir ! Honorez la vision et l'amour qui y furent projetés. Honorez le moment, et l'incroyable somme de travail nécessaire pour vous préparer à réaliser vos plus belles intentions. Quel dommage d'avoir eu toutes les réponses à portée de la main, mais de ne pas y avoir eu accès parce que vous croyiez que la porte était linéaire et ne pouvait être ouverte qu'une seule fois !

Question 10
Est-il approprié de tenter de guérir quelqu'un qui ne peut le décider par lui-même ?

« Cher Esprit, je suis guérisseur. Est-ce opportun de pratiquer une intervention de guérison sur un patient qui ne semble pas avoir la capacité de le demander lui-même ? Par exemple, un être humain dans le coma, ou une personne se trouvant mentalement déséquilibrée. Quelle est la différence entre une leçon de vie propice et une ingérence ? »

Il semble ici que l'être humain en face de vous voie son libre arbitre *réduit au silence* et que vous vouliez savoir s'il est correct de pratiquer une guérison forcée. Il y a deux réponses possibles :

1) Une fois encore, rappelez-vous que vous ne guérissez pas, mais équilibrez. Est-il juste d'allumer la lumière dans une pièce sombre ? Forcez-vous les occupants à voir ? Non. Vous leur laissez le soin de choisir. Ainsi, la question est véritablement : « Est-il opportun de vouloir équilibrer sans permission ? »

2) Chaque être humain en déséquilibre, ou inconscient, possède, inhérente à chaque cellule, une parcelle d'équilibre pur. Si le cerveau humain souffre d'une dysfonction, le plus souvent les autres cellules (elles sont des milliards) se portent bien et réclament chacune un retour à l'équilibre ! C'est ce qui a lieu aussi quand le cerveau est éveillé et que d'autres parties du corps vont mal et souffrent ! La douleur constitue la meilleure alarme biologique pour alerter le cerveau qu'un rééquilibrage est requis dans une certaine partie du corps. C'est la même chose quand un être humain se trouve dans un état comateux. Là aussi, les cellules de son corps tentent de recréer l'équilibre ; elles désirent demeurer éveillées. Dans le cerveau de la personne en déséquilibre est émis un cri d'intention de rééquilibrage. Ceci explique souvent leur anxiété : bien que les cellules soient dysfonctionnelles, ceci ne les empêchent pas de connaître un état de dépression, dans la mesure où une partie d'entre elles désire être complète sans, toutefois, pouvoir l'exprimer.

Les cellules sont peut-être incapables de communiquer ce besoin, mais c'est la vérité, car le corps humain recherche l'équilibre que vous appelez *état normal.* Lorsque le normal n'est pas là, même si vous ne l'entendez ni ne le voyez exprimé, chaque cellule le réclame à cor et à cri. Alors, **oui**, il est approprié de travailler à rééquilibrer cette personne. **Oui**, il est opportun d'envoyer de la lumière dans une zone sombre, et cela ne signifie pas forcer quoi que ce soit, mais seulement l'illuminer. Rappelez-vous ceci : parfois, vous êtes le catalyseur de l'éveil de cet humain, qui ne serait jamais survenu si vous n'étiez pas intervenu. Parfois, vous représentez sa synchronicité ! Vous êtes son ange ! Pensez-y la prochaine fois que vous passerez à côté de quelqu'un qui semble dans un état où la conscience ne peut être contactée. Entourez-le de l'énergie d'équilibre. Inondez-le de lumière, puis laissez le libre arbitre de ses cellules accomplir son œuvre.

Question 11
Est-il opportun de guérir les gens qui m'entourent ?

Une troisième question sur la guérison provient d'un non-guérisseur, d'un travailleur de la lumière qui aimerait aider ceux qu'il côtoie.

« Cher Kryeon, cher Esprit, parmi mes proches et mes amis, il y en a que je pourrais aider à se sentir mieux, à retrouver leur complétude : je détiens des informations joyeuses et spirituelles pour eux, j'ai un don de guérison. J'ai tant appris sur le fonctionnement des choses ! Je pourrais leur proposer des exercices et des informations ; je pourrais même leur donner un livre qui pourrait leur prêter main-forte. Que dois-je faire ? Est-ce convenable ? Kryeon, vous avez affirmé que cette énergie nouvelle ne donnait pas dans le prosélytisme. Alors, comment agir ? »

Travailleurs de la lumière, ceci constitue peut-être la question la plus cruciale de toutes. Vous faites partie des humanistes, n'est-ce pas ? Vous avez appris la compassion pour vous-mêmes et les autres. Vous êtes plus sensibles que d'autres aux manques d'humanité, et, plus que jamais, vous ressentez du chagrin par rapport à la Terre. La réponse est celle qui a toujours été : prenez soin de vous-mêmes. Est-ce que cela ressemble à une non-réponse ? Laissez-moi vous donner le mode d'emploi et vous déciderez ensuite.

Plus haut se dresse le phare, plus loin brille la lumière et de plus loin elle peut être aperçue. Plus le phare est ancré solidement, moins la tempête pourra l'endommager. Alors que vous cheminez sur cette planète en partageant votre lumière, vous éclairez des zones obscures. C'est là que se tapit l'omniprésent libre choix, tant révéré de nous tous et si capital pour ceux qui vous entourent !

L'un de ces proches demeure-t-il avec vous ? Peut-être est-ce un ami auquel vous tenez ? Et tout en vous espère pouvoir l'aider, mais il n'est pas intéressé. Voici comment il pourrait le devenir. Laissez-le vous voir ! Laissez-le vous voir « en train de vivre ce en quoi vous croyez ». Célébrez cet emploi que vous n'aimez pas. Devenez tolérant avec la personne intolérable. Jour après jour, arborez un sourire joyeux et authentique. Célébrez votre vie ! Guérissez votre corps en parlant à vos cellules ! Et alors peut-être, et seulement peut-être, cette personne viendra-t-elle à vous un jour en déclarant : « Même si je ne crois pas en ce que tu crois, je peux voir que ça marche pour toi. Où dois-je commencer ? Comment puis-je obtenir ce que tu possèdes ? » Oh, membres de la famille, n'avez-vous pas soif d'entendre ces paroles ? Vous savez à qui je m'adresse ici, n'est-ce pas ? La voilà, la réponse. Est-il possible que ce soit aussi simple ? Qui a déclaré que ça l'était ? Prendre soin de vous-mêmes, élever votre vibration, tendre vers l'ascension, tout ceci n'est pas simple. C'est du travail.

Question 12
Combien le processus d'ascension comporte-t-il d'étapes ?

« Cher Kryeon, combien d'étapes y a-t-il dans l'ascension ? J'aimerais une réponse définitive, s'il vous plaît. J'ai déjà entendu tellement de versions ! »

Voici la vérité : il n'y a qu'une étape. Une seule. C'est tout. Elle se situe au moment où vous formulez votre intention de dépasser le niveau atteint afin d'accéder au suivant et d'autoriser le changement de vibration. Ceci représente *le début de l'ascension*. Chaque être humain est alors libre de rationaliser afin de déterminer le nombre d'étapes nécessaires pour atteindre cet objectif. Il peut gravir autant d'échelons qu'il le désire. Il pourrait se plier à d'innombrables procédures pour arriver au même but que d'autres. Certains pourraient en établir deux, d'autres douze, d'autres encore déclareront que c'est tout simplement trop difficile, qu'il y a trop d'étapes, et s'arrêteront. Alors, la vraie réponse est qu'il n'en existe qu'une seule, celle où l'être humain proclame à l'Esprit : « Je suis prêt, je veux dépasser mon niveau actuel et m'élever vers une vibration supérieure plus légère. » À ce moment-là, laissez votre propre libre arbitre décider des actions à entreprendre et du nombre de marches à gravir. La première marche de l'intention enclenche le processus ; le reste varie selon la personne.

Question 13
Faire briller notre lumière dans les lieux obscurs est-il considéré comme une intrusion ?

« Cher Kryeon, est-il bien venu et honnête de faire briller notre lumière en divers endroits de la Terre, au travail ou en famille, lorsque personne ne nous l'a demandé ? Je veux être honnête, intègre. Je désir être un travailleur de la lumière, mais n'est-ce pas faire du prosélytisme ? Je ne parle pas ici de guérison, mais de la vie quotidienne. »

Voici quelque chose que nous avons déjà exposé, mais que vous ne pouvez jamais trop entendre ! C'est la question centrale de votre vie. Le principe qui guide vos actions et les raisons de vos actions. Cela rejoint aussi la question onze.

Vous apparaissez dans un endroit sombre, l'éclairant de votre lumière. Ceux qui se trouvent là, cherchant un chemin, font du mieux qu'ils le peuvent. Soudain, pourtant, ils découvrent plus de choix qu'ils n'en ont jamais eu, grâce à la lumière émise. Ceci n'est pas du prosélytisme. Ils ne connaissent pas votre nom ni ce que vous représentez. Tout ce qu'ils savent, c'est qu'ils peuvent désormais mieux voir ! Au lieu de leur imposer votre vérité, ou même de simplement parler, vous leur offrez des choix. Tout comme vous, ils jouissent du libre choix d'aller où ils le désirent. Mais maintenant ils disposent de plus de lumière pour éclairer leurs décisions.

Laissez-moi vous demander ceci, à vous, les phares : Lorsque le capitaine gouverne son vaisseau vers le port, à l'abri du danger parce que le phare a bien éclairé son chemin, quitte-t-il son bateau pour aller à la rencontre du gardien du phare ? Non. Ils ne se croisent jamais. La lumière n'a convaincu le capitaine de rien ; elle lui a seulement permis de voir ce qui était devant lui. Il a alors pris ses propres décisions, gouvernant son navire de ses propres mains.

En effet, il est approprié d'illuminer ces chemins sombres et ces lieux en mal de lumière. À ce propos, voulez-vous savoir quels sont les meilleurs endroits que vous pourriez éclairer à l'instant même ? Plus tôt dans la journée, on vous a montré la profonde influence désormais admise par la science comme faisant partie intégrante de la conscience humaine. Vous commencez en fait à entrevoir ce que pourrait être la *lumière* !

Aujourd'hui, orientez vers les coins les plus obscurs de la planète votre conscience humaine et la lumière qu'elle émet. Amenez-les au bureau des dirigeants de votre pays ! N'imposez pas votre énergie là-bas ; contentez-vous de l'y placer en tant que source de sagesse. Emmenez-la dans ces zones qui en ont le plus besoin. Pourquoi pas au Cachemire, par exemple ? Pourquoi pas en Palestine ou à Jérusalem ? Il s'y passe bien des événements graves ! Pourquoi ne l'offririez-vous pas aux mères qui se demandent ce que l'avenir réserve à leurs fils ou leurs filles d'ici dix ans ? Elles en ont tant besoin ! Pourquoi ne pas en profiter pour leur prodiguer amour et câlins, pendant que vous y êtes ? Tout ce que j'ai dit est possible. C'est l'œuvre des travailleurs de la lumière. C'est ce dont la conscience humaine est faite. C'est interdimensionnel et fécond du formidable pouvoir d'engendrer des changements au moyen de l'illumination.

Question 14
Kryeon, partirez-vous à la fin de cette année [2002] ?

« Cher Kryeon, nous comprenons que vous partirez à la fin de l'année, lorsque la grille sera achevée. Dans votre premier livre, vous l'aviez annoncé. Est-ce vrai ? »

En 1989, nous avions envoyé les informations selon lesquelles nous étions là pour aider à mettre en place la grille magnétique, et que beaucoup étaient concernés. Il était alors question du *groupe de Kryeon*. Nous avions indiqué les dates d'arrivée et de départ de ce groupe. Nous avions également affirmé que l'énergie de Kryeon avait toujours existé sur la planète. À l'origine, c'est moi qui ai mis les grilles en place, et je suis ici comme une sorte de *mobilier permanent*. Je ne suis pas arrivé en 1989. C'est plutôt le groupe chargé de procéder aux modifications de la grille qui l'a fait... en réponse à votre décision de modifier les buts de la planète. C'est ce groupe qui partira à la fin de cette année. C'est cette énergie qui va vous quitter, mais moi je reste, comme je l'ai toujours fait, au service de la famille qui s'assoit à mes côtés.

Mon énergie est identique à la vôtre : elle est angélique, tout en étant en partie physique et en partie amour. Et ça, chers êtres humains, c'est aussi l'énergie apparaissant au cœur et au centre de chaque atome dans l'Univers. Ce n'est pas là une contradiction, puisque les deux s'appartiennent, interreliés qu'ils sont. En effet, c'est l'amour de Dieu qui créa la planète, et tous les attributs physiques et spirituels mis ensemble. Je reste sur cette Terre jusqu'au moment où le dernier humain s'élèvera vers d'autres fonctions et d'autres cieux. Alors, et seulement à ce moment-là, je m'en irai.

La chose la plus difficile pour nous consiste à quitter un endroit comme celui-ci, où nous avons vécu avec vous un échange d'énergie. À mesure que nous nous retirons, certains d'entre vous pourront voir les couleurs déployées ici, puisque nous vivons un moment de compassion qui engendre une énergie pure. Nous nous levons et commençons à retraverser de l'autre côté par la fissure du voile que vous avez permise aujourd'hui. Après y avoir été invités, nous nous sommes assis dans cet endroit formidable. Un jour, vous vous souviendrez sûrement de cette rencontre. Vous vous demanderez peut-être qui était venu voir qui. Sachez qu'en ce jour, ce cortège est venu vous voir. Et certains d'entre vous le savent, car ils l'ont senti ici même.

Et il en est ainsi.

Kryeon

CHAPITRE QUATORZE

QUESTIONS DES LECTEURS

Question : *Cher Kryeon, j'ai reçu un système de filtration d'eau se fixant à même le tuyau et utilisant des aimants. Le filtre est censé générer de l'eau PI, aussi connue sous le nom d'« eau de la vie ». Devrai-je employer ce système avec prudence en raison des aimants ? Et que pensez-vous des matelas et des chaises magnétiques ?*

Réponse : J'ai déjà traité ce sujet. Sur cette planète, l'emploi d'aimants pour altérer des substances ou stimuler les cellules n'en est qu'à ses débuts. Vous commencez seulement à comprendre qu'ils modifient et influencent la matière et la biologie environnantes.

Il y a plusieurs choses dont vous devriez tous être conscients. Faute de vraiment savoir ce que vous faites, vous pourriez *désorienter* votre corps, lui *donnant le signal* d'exécuter des choses inattendues. Les concepteurs de ces dispositifs, y compris les chaises sur lesquelles vous vous asseyez ou vous reposez, font preuve d'intégrité, ce qui n'est pas automatiquement synonyme d'une parfaite connaissance de tous les détails des influences magnétiques sur la structure cellulaire.

À ce stade précoce de votre développement, le seul attribut dont vous êtes certains, c'est l'effet stimulant du magnétisme, mais vous ne savez pas vraiment quelles couches de l'ADN sont touchées ni ce qui se produit réellement. Vous reconnaissez que les aimants semblent stimuler et aider à résoudre certaines situations, et qu'une personne peut vraiment ressentir leur effet.

Toutefois, la stimulation prolongée de votre structure cellulaire par de petits aimants passifs s'avère un moyen très rudimentaire de fournir des informations à vos cellules. Vous découvrirez un jour le degré de raffinement nécessaire à vos cellules pour percevoir ces forces, ainsi que le niveau de précision requis pour les solliciter en vue d'activités très spécifiques. L'équilibrage et l'ajustement des cellules magnétiques constituent en soi un processus raffiné qui requiert de voir des *champs concepteurs*, et non pas de déclencher au hasard une avalanche de polarités magnétiques. Ce que vous faites, c'est leur lancer brutalement tout le spectre inférieur. Comme si, découvrant pour la première fois les plantes médicinales, vous les consommiez toutes ensemble en doses importantes, pensant qu'au moins l'une d'entre elles vous aidera.

Nous vous suggérons de respecter le processus d'équilibrage interne de votre corps. Si, intuitivement, vous sentez que le système choisi vous aide, utilisez-le la moitié du temps. Le magnétisme se révèle un outil puissant ! Décider de demeurer régulièrement assis au milieu d'un champ magnétique générique est stupide. Employez ce système afin d'induire au sein de votre corps un comportement équilibrant normal. Employez l'appareil la moitié du temps, puis laissez votre corps récupérer ou retourner à l'état d'équilibre qui répond à ses besoins. Ainsi, advenant le cas où vous envoyez accidentellement des signaux pas très positifs à vos cellules, celles-ci ont le temps de rectifier la situation et de s'équilibrer. Si, au contraire, vous envoyez au corps des signaux de guérison, celui-ci a alors tout loisir de les compléter et de les renforcer.

À ceux qui affirment être en mesure de sentir que ça les aide, j'ajouterai qu'ils peuvent obtenir la même réaction avec un médicament stimulant. Toutefois, ce que vous ne saisissez pas bien, c'est que le magnétisme se révèle encore plus puissant que la chimie.

Question : *Cher Kryeon, j'ai lu récemment qu'une planète X rentrerait dans notre système solaire dans environ quatorze mois, ce qui provoquerait sur la Terre des événements terrifiants tels qu'un changement de pôles, des tremblements de terre, des inondations, des éruptions volcaniques, et 90 % de pertes de vies humaines à cause de la famine et d'autres cataclysmes. Il est reconnu que cette planète revient tous les 3 600 ans ; or, la dernière fois fut au moment de l'exode hors d'Égypte. De nombreuses cultures anciennes ont laissé des récits sur les abominables pertes de vies humaines causées par cette énorme planète rouge. Kryeon, je vous prie de nous confirmer si cela va réellement se produire.*

Réponse : Très chers, encore une fois, nous vous livrons une réponse rapide : non.

Cela évoque-t-il pour vous une Terre nouvelle ? Ce grand espoir pour la planète ? Cela ressemble-t-il au chemin nouveau de réalité que nous avons décrit ? Pensez-vous vraiment que le message livré par Kryeon au cours des dix dernières années aurait pu omettre un fait aussi important ? Cette prédiction, fondée sur la peur et typique de la vieille énergie (nous en avons parlé il y a près de douze ans), est issue des devins et des marchands de peur désireux d'engendrer des perturbations dans la lumière et de se repaître des résultats. Nous vous avons prévenus : méfiez-vous de ceux qui voudraient vous dérober votre espoir, car ils diminuent l'intensité de votre lumière en implantant en vous des graines de peur. Ce sont eux également qui clameront que Kryeon est l'incarnation du mal.

Vous souvenez-vous de certaines prophéties récentes ? Du grand alignement de planètes devant attirer la Terre hors de son orbite ? De la comète et des particules de sa queue ? Elle devait déverser les forces du mal sur son passage. Vous rappelez-vous les prophéties ayant trait aux trois jours d'obscurité prévus au moment du passage de la Terre à travers le phénomène astronomique nommé la *ceinture de photons* ? Et l'Armageddon ? Que vous êtes prompts à oublier les événements qui, ayant été prédits, ne se sont pas produits, et à accepter de mordre à l'appât des autres peurs concernant de nouveaux malheurs qui ne surviendront pas plus ! Croyez-vous réellement que des décennies d'observations astronomiques provenant de milliers de sources différentes auraient permis de receler un tel secret ?

Il est temps de rassembler tous les morceaux du casse-tête et de vous rendre compte que vous avez changé le paradigme de la Terre, y compris les vieilles prédictions de destructions, de calamités et d'horreur. Entrez en vous-mêmes et interrogez votre Soi supérieur : il vous fera un câlin puis vous livrera la même réponse que moi.

Concentrez-vous sur les problèmes imminents qui sont visibles. C'est là qu'il faut porter la lumière. Ne gaspillez pas votre énergie vainement en peur de ce que vous ne pouvez voir, abdiquant ainsi votre pouvoir ! Travailleurs de la lumière, on a besoin de vous pour aider à éclaircir les situations en cours.

Question : *Cher Kryeon, vous avez communiqué que votre vrai travail commencerait durant l'année du 5 (2003). En quoi consistera cette tâche, une fois les aspects spirituels de la grille mis en place ?*

Question : *Cher Kryeon, la grille est presque achevée et devrait être activée à la fin de 2002. Quels effets devrait-elle engendrer sur nous ? Nous sentirons-nous différents ?*

P.-S. : Merci pour votre prodigieux travail !

Réponse : Toutes ces années, nous n'avons fait que préparer le terrain pour mettre en œuvre le potentiel de la Terre. Nous avons déjà déclaré que la grille magnétique constituait le moteur de la communication cellulaire et qu'elle était aussi responsable de l'installation du voile – votre dualité.

Lorsque tout sera fini, l'enseignement débutera. Quel en fut l'effet, et comment pouvez-vous dorénavant employer les cadeaux et les outils nouveaux déjà mis en place ? En quoi consistent les nouveaux attributs ? Allez-vous vous sentir différents ?

À présent, vous devriez être en mesure de le ressentir ! Beaucoup se sont plaints du fait que ce à quoi ils étaient habitués auparavant sur le plan spirituel était en train de leur échapper. Ce phénomène prendra fin à mesure que la grille se stabilisera, insufflant la constance à vos processus spirituels. Vous vous sentirez bientôt plus à l'aise avec ces nouvelles sensations.

Ceci représente les véritables enseignements de Kryeon. En 2003, nous entreprendrons la description des nouveaux attributs de la grille.

Question : *Cher Kryeon, à titre d'hypnothérapeute, je souhaite faire appel à ce qu'il y a de plus élevé et de meilleur en chaque client. Les enseignements de mes maîtres ne me suffisent plus. J'ai l'impression que du tréfonds de moi-même monte l'appel d'une pratique tout à fait différente de ce que préconisent livres et cours d'hypnothérapie. Quelle que soit la raison qui amène quelqu'un chez moi, je me surprends à vouloir uniquement discuter de ce qu'il a oublié, le rassurant sur le fait qu'il est déjà complet et aimé. Je me surprends à ne pas vouloir discuter de* *son problème. Ce que je souhaite, c'est faire appel à sa vérité intérieure. Si nous agissions avec respect envers nous-mêmes et les autres, nos difficultés ne se dissiperaient-elles pas ? Tout simplement, nous ferions le choix de ne pas trop manger ni abuser de drogues ou d'alcool, de ne pas être déprimés, etc.*

Réponse : Cher guérisseur, tout ce que vous avez énoncé est correct. Nous avons maintes et maintes fois affirmé que les informations cruciales, les miracles, la physique, et même les données sur le processus d'ascension, étaient inscrits dans chaque cellule. Une partie de notre travail sur la grille magnétique se résume à rendre tout cela plus accessible à mesure que le voile se soulève légèrement au sein de cette énergie nouvelle.

Mais observez votre question : elle ne concerne pas les humains qui viennent à vous, mais plutôt vous-même ! Ce qui est en cause ici, c'est la frustration que vous éprouvez de devoir vous plier aux méandres d'un système inadéquat afin d'aider des gens à *voir* cette réalité.

La réponse ? Demandez de l'aide pour concevoir un système mettant à profit vos dons et des outils afin d'ouvrir une fenêtre de remémoration chez ceux qui vous font face. Guidez-les doucement vers la découverte de soi en les amenant à comprendre qu'ils recèlent en eux-mêmes les réponses et les clés nécessaires.

Ce dont vous avez besoin, comme tous les êtres humains éclairés vivant sur la planète, c'est d'engendrer la patience.

Sachez que vous êtes tendrement aimé.

Question : *Cher Kryeon, j'ai un fils de sept ans chez qui on a diagnostiqué l'autisme. Je travaille avec l'énergie depuis ce qui me paraît être le début de ma vie. Pendant les cinq dernières années, j'ai acquis des concepts que je ne comprends pas vraiment. En ce sens, vos channelings m'ont été d'un grand secours. Cependant, les personnes qui liront ces lignes (j'ai confiance que l'Esprit saura les envoyer à qui en a besoin) sont susceptibles de vivre les mêmes difficultés.*

Le système magnétique de mon fils semble diverger du nôtre. Est-il possible que son ADN présente une structure magnétique différente de celle des personnes non autistes ? J'ai à l'esprit une image de filaments d'ADN parcourant une sorte de prisme en forme de chrysalide. Je sais que ça paraît fou ! Je ressens la même chose en présence des dauphins, et mon fils est particulièrement attiré par les enregistrements des appels de baleines à bosse. Est-il possible que le lien entre les autistes et les cétacés soit de nature magnétique ? La capacité de communication (quoique encore non verbale) de mon fils s'est améliorée de manière phénoménale au cours de l'année. Les alignements des grilles magnétiques deviendraient-ils plus compatibles avec le fonctionnement des autistes ?

Réponse : Très chère, à vous et à tous ceux qui œuvrent aux côtés de tels enfants, j'exprime mon admiration ! Nous avons déjà mentionné que la majorité d'entre eux étaient des savants. Ces petits naissent vraiment dotés de différences d'ADN de nature magnétique. La différence réside dans le fait qu'ils sont davantage orientés vers une existence interdimensionnelle que vers votre existence quadridimensionnelle. Certains les appellent même les enfants *arc-en-ciel.* Donc, oui, il s'agit bien d'un attribut cellulaire, votre intuition était bonne. Voici toutefois des informations supplémentaires.

1) Ces enfants désirent communiquer et vivre hors de la linéarité. Ils ne peuvent comprendre les événements qui se déroulent les uns après les autres. Ils réagiront beaucoup mieux à des concepts généraux leur dictant un mode d'action pseudo-linéaire qui leur permettra de vivre dans votre monde. Si c'était imaginable, ils aimeraient communiquer sans ce langage verbal bien ordonné et linéaire. Ils préféreraient le faire d'un seul coup grâce à un *groupe de pensées.* Tout autour d'eux s'opposant à leur nature expansive, ils sont obligés de la réfréner, ce qui engendre une frustration.

Pouvez-vous même vous imaginer être née dans un monde à trois dimensions alors que les autres vivraient en deux dimensions où, par exemple, il n'y aurait pas de profondeur, mais rien que la hauteur et la largeur ? Vous voudriez entrer en contact avec les choses de l'intérieur, et vous sauriez comment vous y prendre, mais un mur invisible arrêterait votre main et votre esprit chaque fois que vous effectueriez une tentative. Vous ne pourriez même pas vous déplacer ! Les personnes alentour vous qualifieraient de *déficiente mentale* en apercevant cette drôle d'enfant incapable de se diriger dans un monde à deux dimensions. Vous passeriez le plus clair de votre temps à observer les choses, essayant de décoder si ce que vous voyez est réel ou non selon votre réalité.

2) Ces enfants ont tendance à vivre partiellement dans une réalité invisible ou incompréhensible aux yeux des autres humains. Vous vous demandez souvent où ils se trouvent lorsqu'ils semblent fixer l'espace. La vérité ? Ils sont en réalité en train d'observer des attributs interdimensionnels de la vie et d'y prendre part, ou du moins d'essayer. Ils ont également l'aptitude de percevoir l'autre vie sur la Terre, cette vie dont vous ne reconnaissez même pas encore l'existence. Plus tard, nous donnerons des précisions supplémentaires à ce propos.

3) Ces enfants sont en harmonie avec l'énergie des dauphins et des baleines, surtout celle des dauphins. Vos savants ont déjà poursuivi des recherches à ce sujet, aussi n'est-il plus aussi étrange qu'il y paraissait auparavant. Entre les enfants autistes et ces mammifères marins se produit une communication à distance. Dans le cas où ces petits parviennent à établir une relation privilégiée avec un seul animal, elle durera toute leur vie.

4) Et, oui, le nouvel alignement de la grille planétaire leur apportera plus d'agréments... mais vous aurez, quant à vous, plus d'inconfort. Au cours des channelings de l'année dernière, nous avons évoqué la vie interdimensionnelle. Il est peut-être temps que les humains fassent un pas en direction des enfants autistes au lieu de persister à leur apprendre à vivre dans leur réalité.

Question : *Cher Kryeon, étant sur le point de m'engager professionnellement sur un chemin de guérisseur et facilitateur spirituel, je me bats contre le concept de « guérison », c'est-à-dire contre le bien-fondé de rechercher la cause première des maladies, des détresses émotionnelles, de l'inefficacité, de l'absence de pouvoir, etc. On a beaucoup écrit sur l'impact des traumatismes de l'enfance, et voilà que maintenant on entend très souvent parler de l'impact négatif des traumatismes vécus au cours des vies antérieures ! Je crois personnellement que la* *remémoration peut aider à alléger la charge d'énergie négative, mais qu'elle ne s'avère plus nécessaire à la guérison. Peut-être était-ce le cas au sein de la vieille énergie ?*

P.-S. : Puis-je exprimer mon amour pour l'énergie et l'esprit de Kryeon, et mon appréciation pour tout ce que le groupe/entité/esprit de Kryeon accomplit pour les humains et la Terre mère ? J'aime et j'apprécie beaucoup Lee Caroll pour son courage et sa détermination à canaliser les merveilleux messages de Kryeon. Mon cœur déborde d'amour.

Réponse : Comme tant d'entre vous sont en train de s'en apercevoir, nos prédictions d'il y a une décennie sont en train de passer au premier plan. Il est vrai que les cellules comportent beaucoup de choses qui affectent vos pensées et vos actions. Des informations *scellées* au sein de votre ADN interdimensionnel martèlent très fort en vous certains éléments de votre passé, et beaucoup de votre présent aussi. L'idée de vous *rappeler* ce que vous êtes et ce que vous fûtes reste très importante.

Toutefois, ce que nous enseignons désormais, c'est qu'il n'est plus absolument nécessaire d'identifier chaque partie de ces souvenirs l'une après l'autre. Au contraire, les nouveaux cadeaux de l'Esprit aménagent un raccourci dans tout cela, grâce aux nouveaux pouvoirs de l'être humain. La grille participe à cette amélioration. Loin de nous l'idée de diminuer les mérites de la découverte de soi, mais il y a à présent tellement plus à faire que de passer une existence entière à revivre la dernière vie antérieure ! C'est pourquoi nous avons entrepris d'enseigner l'ajustement au *treillis cosmique* et *l'implant neutre*. Nous incitons les humains à élever leur fréquence vibratoire à un niveau tel qu'ils seront en mesure d'engendrer une libération assez profonde pour neutraliser tous les anciens serments et réveiller leur ADN. Voici ce que signifie devenir interdimensionnel, notion tant de fois évoquée au cours des derniers mois !

Cela engendre chez l'humain des transformations visibles pour son entourage, une plus grande sagesse, joie et intégrité, une meilleure santé, et, oui, même l'aptitude à ralentir le processus de vieillissement. Tout est et restera à jamais une question d'intention pure. L'intention pure constitue un catalyseur de la compassion, qui crée une énergie unique habituellement mise à profit par les chamans et les gourous. C'est le secret d'une longue vie remplie de joie et bénéfique pour la planète. Voilà le vrai travailleur de la lumière à l'œuvre.

À propos des souvenirs : l'humain qui tente de voler de ses propres ailes court tout droit vers l'échec. S'il se rappelle qu'il est un ange, il sera au paradis.

Question : *Cher Kryeon, je vous parle souvent et je suis certaine que vous m'entendez, même si je ne suis qu'une petite personne perdue en Australie. Depuis longtemps, je souhaite servir l'Humanité, et je suis à peu près sûre que c'est ce que je suis censée accomplir (ou ce que j'ai choisi avant de me réincarner). En service dans un hôpital en Australie-Occidentale, j'exécute des tâches variées, comme servir les repas aux malades, faire le ménage, etc. J'aime mon travail et il me comble de joie, mais malheureusement, il se trouve des gens pour me dénigrer et me recommander d'aller plutôt exercer mes talents dans un bureau. Je ne suis pas d'accord. Cependant, j'aimerais entendre confirmer que j'œuvre bien là où est ma mission, faisant ce à quoi je me suis engagée, parce que je ne voudrais surtout pas rentrer au foyer sans avoir réalisé mon objectif. Merci de votre amour pour moi, Kryeon.*

Réponse : Très chère, plus tôt dans l'année, j'avais transmis un message conçu spécialement à votre attention. Il s'intitulait « L'être humain ordinaire ». Vous déclarez : « Je ne suis qu'une petite personne. » Aux yeux de Dieu, il n'existe rien de tel. Vous interprétez votre *petitesse* à travers le filtre de votre dualité, selon lequel, dans un monde à quatre dimensions, vous paraissez *petite*. Pourtant, en vous-même siège un pouvoir supérieur qui en sait plus.

En cet endroit où vous pensez ne pas être reconnue à votre juste valeur, où vous dites vous occuper à des activités très ordinaires, rappelez-vous que partout où vous passez, vous illuminez un espace obscur. Des gens que vous ne rencontrerez jamais bénéficient de votre passage, et ceux près desquels vous vous arrêtez pour les toucher sont bénis par votre désir d'aider. Travaillez en ce lieu le plus longtemps possible, consciente que vous n'êtes jamais seule et que vous remplissez vraiment actuellement le contrat qui est vôtre. Suivez votre passion !

Béni soit l'être humain qui comprend le terme « travailleur de la lumière » et ce qu'il implique.

Question : *Il a été prouvé qu'une seule cellule ne pouvait fonctionner ni survivre sans aide. Elle possède des récepteurs en lien avec le monde extérieur, communication sans laquelle elle s'arrêterait de fonctionner et finirait par mourir. Puisque nous parlons du plus petit commun dénominateur de la vie biologique telle que nous la connaissons, nous pourrions présupposer que l'Esprit, sous une forme ou une autre, est ce communicateur. Kryeon, vous affirmez que chacun d'entre nous est accompagné tout au long de ce plan d'existence par un groupe d'entités appartenant à la « famille ». Sur le plan biologique, nous sommes constitués de millions ou de milliards de cellules, chacune étant dotée de son système de communication. Cela signifie-t-il que nous sommes assistés par des millions ou des milliards d'esprits ? Et si tel est le cas, cela redéfinit-il la fonction de notre Soi supérieur, et peut-être même sa structure ?*

Réponse : Cette question est extraordinaire, car elle montre ce que nous avons présenté comme l'inexplicable. Un ou plusieurs ? Combien ? Quelle quantité ? Aucune réponse n'est possible, puisque nous avons expliqué que l'interdimensionnalité de ce qu'on vous demande d'expérimenter est totalement étrangère à votre conscience. Vous en êtes encore au stade de prendre un ange, le recouvrir de peau et lui donner des ailes ainsi qu'un nom. Tout ange qui ait jamais vécu sur la Terre consiste en une multitude d'énergies ; il est relié par des vrilles à chaque parcelle de Dieu dans l'Univers. Il se maintient en communication avec Dieu tout entier, même en ayant une seule voix. Il est omniprésent, et pourtant en même temps en un seul lieu.

Par conséquent, la réponse à votre question est oui. Il s'agit d'une définition que nous avons enseignée pendant les six derniers mois. Sachez également que votre prémisse faisant de l'Esprit le lien de la communication cellulaire est exacte. Vous souvenez-vous du sort du yogi une fois décédé ? Il était demeuré dans cet état pendant deux semaines avant que ses cellules ne réalisent qu'il était mort ! Que s'était-il passé ? C'était de la communication cellulaire à l'état pur, où les cellules étaient totalement connectées au treillis cosmique, d'une manière qui avait entraîné la communication entre l'Esprit et le corps, mais où le premier était le plus profond.

Les milliards d'esprits que vous avez mentionnés comportent un corps interdimensionnel qui, dans vos quatre dimensions, ressemble à une seule entité. Telle est votre réalité. Nous avons expliqué que Kryeon constituait un groupe, mais pas comme vous le pensez. Ce groupe ne porte pas beaucoup de noms, mais un seul. Vous êtes exactement pareils, et tout ce qui se trouve à l'intérieur de vous possède la même caractéristique. Si je vous déclarais mon amour, demanderiez-vous combien d'*amours* je vous donne alors ? Voudriez-vous savoir de quelles parties élémentales se compose l'énergie d'amour, et connaître leur nombre ? Vous le pourriez, mais les réponses vous paraîtraient comiques ! L'humain quadridimensionnel souhaite rendre linéaires, compartimenter et catégoriser toutes ses expériences. Lorsque vous mangez de la soupe, vous amusez-vous à compter les molécules de soupe contenues dans chaque cuillerée ? Ou affirmez-vous : « La soupe dans le bol est une seule soupe représentant des milliards de parties de soupe » ?

D'après notre réponse, vous pouvez comprendre que nous commençons à aborder l'essence même de Dieu. Plus votre lumière croîtra, mieux vous saisirez comment la *famille* est reliée à vous en dehors de votre expérience immédiate dans une réalité à quatre dimensions. Vous comprendrez alors que la véritable connexion cellulaire se fait avec Dieu.

Question : *Cher Kryeon, à mesure que nous ferons l'expérience des énergies interdimensionnelles, quelles modifications pourra connaître notre corps, surtout la glande pinéale et le thymus ? Comment se manifesteront-elles dans la vie quotidienne ? Quels symptômes pourrons-nous ressentir en portant plus de lumière ?*

Réponse : Vous assisterez finalement à l'éveil du thymus dans environ une décennie, le cas échéant. Quels symptômes aurez-vous alors ? Ils ne sont pas tous très positifs, mais ils restent semblables à ceux observés pendant la croissance des enfants :

ce peut être des maux de tête, des bourdonnements d'oreilles, des rythmes de sommeil inhabituels, une fatigue excessive (parfois), une conscience accrue des sentiments des autres, une plus grande sensibilité dans certaines situations au milieu des foules, des changements de goûts musicaux ou artistiques, et la prise de conscience du fait que certains des amis que vous aviez choisis peuvent ne plus avoir leur place dans votre vie.

Question : *Récemment, il m'a paru plus pénible de supporter certaines situations, comme celle de me retrouver dans un magasin ou un centre commercial où règnent le bruit et la confusion. La même chose pour certains types de musique. J'ai vécu des difficultés identiques en compagnie de personnes à qui j'ai dû faire faux bond pour la même raison. J'ai dit à un de mes amis que j'avais l'impression d'avoir mal aux cellules lorsque j'étais exposé à des phénomènes précis. Que m'arrive-t-il ? Est-ce dû au fait de vibrer à une fréquence plus élevée ? Cela va-t-il passer ou bien resterai-je toujours aussi sensible ?*

Réponse : La réponse vient d'être donnée dans la question précédente, mais sachez que rien n'est permanent. Vous vous trouvez physiquement en situation d'apprentissage, et plusieurs symptômes peuvent s'amenuiser avec le temps. Les effets qui demeureront probablement, cependant, sont les nouvelles préférences musicales et la qualité des amitiés.

Question : *Cher Kryeon, tout au long de ma vie, j'ai vécu des expériences profondes avec mes animaux favoris, et avec tous les animaux, d'ailleurs. Depuis les dernières années, je dois avouer qu'ils constituent, dans cet univers, mon lien le plus fort avec Dieu. Jusqu'à présent, ils m'ont soignée et m'ont donné la force de poursuivre de plus de façons que je ne peux l'exprimer en mots. Je* ***crois*** *qu'ils sont envoyés sur terre, ou choisissent d'y venir, à titre de bénévoles et d'enseignants pour les humains. Pouvez-vous nous informer sur la manière dont chacun, dans sa vie, pourrait apprendre des animaux et communiquer avec eux ? Veuillez aussi traiter de leur karma, en comparaison avec le nôtre, et expliciter en quoi ce concept est branché au potentiel de paix et d'évolution planétaires.*

Réponse : Nous avons déjà mentionné le fait que les animaux se trouvaient sur terre pour faire pleinement partie de l'expérience humaine. Non seulement vous enseignent-ils comment fonctionne la Terre, mais certains d'entre eux sont réellement envoyés ici pour vous nourrir d'amour inconditionnel. Ils vous apprennent également à communiquer. Ils ne possèdent pas un karma au sens des humains, mais plutôt une raison d'être. Cela est difficile à expliquer, mais ils viennent afin de servir la planète et de l'équilibrer pour vous. Ils s'incarnent en étant investis d'un seul rôle : celui de soutenir la planète pour que vous puissiez être renforcés. Ceux que vous nommez vos animaux favoris, ceux auxquels vous êtes très attachés, se réincarneront dans votre vie si tel est votre désir.

Comme vous pouvez l'imaginer, ces créatures peuvent vous rendre bien des services, mais celles que vous croyez *envoyées* le sont vraiment.

Question : *Cher Kryeon, quelle est la meilleure direction où orienter la tête pendant le sommeil ? Un des* channels *recommande de la tourner vers le nord, mais il ne précise pas si c'est valable partout, ou si cela s'applique seulement à l'hémisphère nord. Cela me faisait vraiment un tout autre effet, en Inde, lorsque j'avais la tête vers le nord. Maintenant que je suis en Tanzanie, qui se trouve dans l'hémisphère sud, mais pas très loin de l'Équateur, devrais-je garder la tête au nord ou au sud ?*

Réponse : Votre question est intéressante, car elle montre qu'il peut se produire des confusions à ce sujet. Le fait de dormir orienté dans une certaine direction, tout comme de pratiquer certains exercices physiques (par exemple tournoyer sur soi-même) peut servir à un équilibrage temporaire seulement. Ce ne sont pas des instructions valables pour toute la vie.

Le nord ou le sud ? Essayez d'orienter la tête vers le pôle le plus proche de vous pendant quelques nuits. Près de l'Équateur, cela n'a pas d'importance. Qu'est-ce que cela vous apprend sur l'Équateur ? Il y a encore beaucoup de phénomènes dissimulés au sujet de certains scénarios de la conscience sur la planète et des endroits les plus déséquilibrés et instables. Ce sont les habitants des environs de l'Équateur qui rencontreront les plus grandes difficultés pour établir et maintenir l'équilibre.

Question : *Cher Kryeon, ceci concerne la Merkaba. La technique de respiration est-elle la seule méthode pour se relier au Merkaba, ou puis-je y arriver autrement ? Si tel est le cas, veuillez avoir la gentillesse de m'en informer. Par ailleurs, l'habitude de fumer, en plus de se révéler très nocive pour la santé, nuit-elle aussi au cheminement spirituel ?*

Réponse : Il existe de nombreuses techniques d'éveil du Merkaba, et la respiration en est une excellente : elle fait référence à l'oxygène et à l'effet de l'intention combinée à l'oxygénation consciente. Une autre méthode consiste en l'ajustement au treillis, qui est, en outre, très scientifique et a déjà été traité en détail. Une autre encore est l'alignement de la mémoire cellulaire, qu'on est à peine en train de découvrir et qu'il serait pour l'instant ardu d'expliciter ainsi que vous le souhaiteriez. Beaucoup d'autres méthodes sont en préparation et seront révélées à mesure que la grille se modifiera afin de s'adapter à vos nouvelles aptitudes.

Quant à votre habitude de fumer, elle n'est, en soi, aucunement nuisible au progrès spirituel. Cependant, toute décision prise consciemment et susceptible de raccourcir votre vie envoie aux cellules de votre corps, ainsi qu'à vos assistants spirituels, un message selon lequel vous ne vous attendez pas à connaître une vie entière. Cela instruit vos cellules sur le fait que vous n'êtes pas sur terre pour bénéficier au maximum des dons que vous avez reçus.

Il en est de même pour les personnes qui mangent à l'excès ou qui soumettent de leur plein gré leur corps physique à des défis en abusant de toutes sortes de substances. Depuis un certain temps déjà, nous déclarons que vous avez la capacité de vous libérer de vos habitudes les plus incrustées sans subir le traumatisme qui découle habituellement de ce processus. Tout dépend de vous, comme cela fut toujours le cas. Puissent les maîtres en prendre conscience, afin d'incarner pour les autres un exemple vivant de ce qui est possible.

Question : *Cher Kryeon, j'ai envie de vous poser une question* *qui me semble stupide. J'ai lu dans le chapitre 7 du livre IV le texte sur les couleurs de la vie. Je m'intéresse beaucoup à la guérison par les couleurs, le son et le toucher. De quelle manière sommes-nous influencés par les couleurs que nous portons ou qui nous entourent ? Par exemple, si je m'habille d'une couleur qui ne s'harmonise pas avec celle de ma peau ou de mes yeux, ou si je me teins les cheveux en roux alors que je suis brune, est-ce que je crée un manque d'harmonie ou un déséquilibre ? Je ne crois pas que ce soit relié aux couleurs de la vie, n'est-ce pas ? En tout cas, j'aimerais connaître l'importance de mettre des vêtements aux couleurs harmonieuses ou de m'entourer des bonnes couleurs.*

Réponse : Très chère, l'emploi et les attributs des couleurs de la vie sont tous reliés à la guérison et au travail de votre intention. Vous ne pouvez nuire à votre énergie corporelle en portant des couleurs mal assorties ou en changeant la couleur naturelle de vos cheveux. Pas plus que vous n'engendrerez de déséquilibre en le faisant. Vous pourriez tout au plus provoquer des réactions de la part des autres, toutefois ! [rire]

Vous devez comprendre que l'information sur la couleur vous est donnée pour rehausser l'énergie autour de vous. Par conséquent, elle est un outil important. En choisissant des couleurs intuitivement chaque jour, vous êtes alors en mesure de renforcer votre équilibre. Cela change sans cesse, tout comme vous, et va de pair avec le cadre astrologique qui est le vôtre. C'est pourquoi il peut être bénéfique pour vous de choisir d'une fois à l'autre des couleurs en harmonie avec votre couleur de vie et vos aspects astrologiques. Parfois, les retombées de tout ça sont extrêmement profondes et peuvent aider à amener l'équilibre dans une journée qui s'annonçait désagréable. D'autres fois, cela fait tout simplement du bien. Au moment de sélectionner vos couleurs, laissez-vous guider par votre intuition !

Il ne s'agit pas ici d'une approche compliquée. Déjà abordée dans de nombreux ouvrages, elle est facile à saisir. L'étude des couleurs créatrices d'équilibre se révèle en définitive un de vos plus grands cadeaux.

Question : *Cher Kryeon, un jour, je vous ai posé une question* *au sujet d'un grand ami condamné à passer vingt ans dans une prison du Sud bien qu'il fût innocent du crime dont on l'accusait. C'est un être humain plein de lumière. Que peut-il faire pour se libérer de cette expérience, pour la transformer ? Y a-t-il une certaine sorte de visualisation ou de travail énergétique qu'il pourrait accomplir lui-même afin d'être libéré ? Merci !*

Réponse : Les gens souffrant d'une injustice de la part d'autres humains détiennent des contrats cruciaux qui les conduisent en des endroits où ils peuvent effectuer des changements. Ceci constitue leur leçon de vie. Il est impossible pour eux d'être libres tant qu'ils ne se seront pas libérés de leur angoisse mentale et du sentiment d'être des victimes. Une fois leur conscience débarrassée de tout cela, ils se font à l'idée qu'il s'agit bel et bien de leur mission sur terre, et alors les autres aspects quadri-dimensionnels de leur situation peuvent commencer à s'éclaircir, si telle est leur intention.

Nous recommandons d'essayer certaines des techniques énergétiques actuellement répandues, parmi lesquelles nous citerons la Technique d'harmonisation EMF (EMF signifiant champ électromagnétique). Votre degré de paix détermine l'état de votre vie. Si vous êtes vraiment en paix avec votre contrat, vous êtes en mesure de voir le plan d'ensemble. Cela permet à la sagesse de déterminer si vous êtes nécessaire à cet endroit ou s'il vaut mieux que vous poursuiviez votre chemin.

Comprenez bien ceci : il s'agit d'une situation totalement génératrice de pouvoir qui confère à l'être humain le contrôle intégral de sa propre réalité. Voilà de quoi sont faits nos enseignements.

Question : *Cher Kryeon, bonjour ! Ma femme et moi, nous venons de passer des vacances à Sedona, en Arizona, et nous y avons découvert les livres de Kryeon. Très intéressé, j'en ai acheté plusieurs tomes à la fois. J'aimerais savoir si Kryeon a déjà fait référence à l'entité nommée Seth, qui s'exprime à travers Jane Roberts, auteure de nombreux ouvrages. Je possède aussi beaucoup de ses livres et, jusqu'à présent, je ne trouve aucune contradiction entre Seth et Kryeon. Ils semblent se renforcer mutuellement. Merci.*

Réponse : Très cher, que vous êtes astucieux ! En effet, nous sommes vraiment connectés l'un à l'autre ! J'ajouterai ceci : recherchez l'information remplie d'amour – elle doit sonner juste – et le sentiment d'appartenance à la famille. L'énergie de celui que vous appelez Seth appartient aussi à la famille de l'Archange Michaël, tout comme Kryeon.

Question : *Cher Kryeon, ma première question doit être souvent posée par le premier charlatan venu, mais je veux vous l'adresser malgré tout. En 1990, dans notre groupe spirituel, j'avais canalisé une entité qui se nommait Kryeon. À ce moment-là, je n'avais encore jamais entendu parler de lui. Je me suis vu en train de regarder à travers ce que j'interprétai comme une « porte grillagée ». Je n'avais jamais entendu parler non plus de la grille magnétique. J'ai transmis l'information brièvement, puis un des membres du groupe ayant posé une question personnelle, l'énergie laissa entendre clairement que toutes les questions devaient être de portée universelle. Cela se passait dans le sud-ouest de l'Alabama. Depuis ce jour, je n'ai plus jamais canalisé cette entité. J'ai reçu des informations d'autres* channels, *mais pas de Kryeon. Quel était le sens de ce channeling ?*

Réponse : Vous avez en effet validé votre propre expérience ! Vous n'aviez alors jamais entendu parler de mon énergie, et pourtant vous l'avez nommée correctement. De plus, vous ne saviez rien de la grille, et malgré tout vous l'avez bien *vue*. Était-ce réel ? Oui. Était-ce Kryeon ? Oui.

Toute personne peut à l'occasion attirer l'énergie de Kryeon, et nous encourageons chacun en ce sens. C'est bien ce qui vous est arrivé. Chaque fois que cela se produit, nous apprécions et honorons le temps passé avec vous. Ces moments nous sont très précieux et vous sont offerts, nous le rappelons, afin de valider votre appartenance à la famille ! Célébrez avec nous chaque fois que cela survient.

Vous êtes tous tendrement aimés ! Comme il n'est écrit nulle part que l'entité nommée Kryeon ni aucune autre ne demeureront en permanence au sein de votre énergie, ne tirez aucune conclusion si vous passez à autre chose. Les seuls *channels* permanents de Kryeon sont les neuf déjà identifiés dans nos ouvrages antérieurs. Voici un fait que je n'ai jamais partagé avec vous, et qui vous aidera à valider l'énergie de Kryeon par rapport à d'autres qui prétendent être des *channels* de Kryeon : si vous rencontrez un être humain soutenant être un des neuf *channels* mondiaux de Kryeon, et que vous vouliez vérifier la véracité de cette déclaration, celui-ci doit canaliser seulement Kryeon. Si d'autres entités apparaissent par moments, elles feront partie du message de Kryeon.

Vous êtes tous tendrement aimés !

Kryeon

CHAPITRE QUINZE

LE FILTRE ARC-EN-CIEL

Recette de vie pour l'expansion de conscience

Jan Tober

D'après mes informations, le 8 mars 2002, un astéroïde de la taille de la ville d'Orlando s'est approché de la Terre un peu plus que les experts ne l'auraient souhaité. Ce jour-là, je me trouvais parmi des personnes qui avaient les nerfs à vif ! Le passage de cet astéroïde m'a rappelé à quel point les gens se laissent affecter par des situations inhabituelles sur le plan énergétique. À la fin de cette journée, j'étais assise en compagnie de mon amie Karen Wolfer, qui a vécu cette expérience avec moi. Je lui ai demandé de prendre des notes pendant que je m'apprêtais à recevoir une transmission sur nos nouveaux champs d'énergie expansés et leur interaction avec la réalité ordinaire à quatre dimensions (4D remplace désormais 3D, puisqu'on inclus maintenant la dimension du temps).

Nous avons admis le fait qu'un humain *expansé* qui se trouve dans une situation *normale* ressemble vraiment à l'astéroïde en question, affectant les autres sur son passage.

Au cours de cette journée intéressante du 8 mars, j'ai vu à l'œuvre mes guides et mes anges en train d'observer mes réactions en réponse à l'énergie des personnes alentour. Plus tard, on me rappela que nous improvisions au fur et à mesure, ou dans le maintenant, que nous n'avions jamais auparavant véhiculé autant d'énergie spirituelle et que nous étions à présent en train d'apprendre les moyens d'être le plus à l'aise possible dans cette nouvelle situation. Le seul message transmis par mes guides pendant cette expérience fut : « Restez centrés et calmes avec quiconque et en toutes choses. Formulez l'intention que la vérité l'emporte. »

Plus tard, au début d'une séance complète de channeling, on m'a précisé que ce que nous avions appris ce jour-là était de

« demeurer tranquilles et d'envelopper doucement notre champ aurique en expansion constante d'un filtre couleur arc-en-ciel iridescent ». Ce filtre permet à ceux qui nous regardent de percevoir notre énergie en étant à l'aise, et non de la façon dont la plupart d'entre nous sont perçus habituellement. Ce « filtre arc-en-ciel » confère à ceux qui nous entourent la possibilité d'attirer vers eux les couleurs qui amélioreront leur situation ; ils peuvent alors se détendre, puisque nous ne sommes plus menaçants pour eux.

Nous prenons peu à peu conscience du fait que les vibrations émises par nous, en tant que travailleurs de la lumière, entraînent, partout où nous passons, des effets quadridimensionnels. Nous sommes perçus comme différents et, sans ce filtre, ces différences pourraient fort bien être n'importe quoi. Nous pourrions même parfois être vus comme dangereux, selon l'état d'esprit de l'observateur.

Depuis le 11 septembre, beaucoup de gens occupent des postes de sécurité et d'intendance, à titre de gardiens des lieux et des événements. Cela a engendré une énergie de vigilance supplémentaire, et les antennes sont en éveil, à la recherche des personnes qui pourraient bien se détacher du lot ou se faire remarquer, et qui sont différentes. Devinez qui correspond à ces paramètres ! Nous !

Certains demandent : *Est-ce vrai ?* Pouvons-nous réellement influencer les choses physiques autour de nous ? Laissez-moi vous raconter ce dont nous avons fait l'expérience et ce que d'autres vivent en ce moment, sur le seul plan de la réalité physique : beaucoup nous ont révélé que leur nouveau champ énergétique déclenchait des alarmes de voitures, mettait des batteries à plat et, en ce qui nous concerne, nous avons, en une seule année, provoqué trois évacuations d'incendie dans des hôtels pendant les nuitées du groupe de Kryeon. Si des choses physiques peuvent être déréglées ainsi, imaginez comment la conscience peut l'être au sein des corps émotionnel et éthérique de ceux qui nous entourent !

Le filtre arc-en-ciel ressemble en fait à un filet à mailles très fines ou à un voile. Il vous permet d'irradier toute votre lumière en laissant néanmoins aux autres le soin de percevoir seulement les couleurs ou la quantité de lumière avec lesquelles ils sont à l'aise. Vous voulez savoir comment activer ce filtre ? Avant de vous présenter dans tout endroit très structuré (aéroport, lieu d'affaires, etc.), demandez d'abord s'il est approprié d'activer le filtre. Si vous recevez une réponse affirmative, formulez votre intention et visualisez un beau voile en filet de couleur arc-en-ciel vous enveloppant. Il ne s'agit pas d'une énergie de protection ni d'un bouclier de défense, mais d'un processus créateur actif qui facilitera l'interaction entre vous et les autres.

Vous souvenez-vous de ce que Kryeon a expliqué au sujet de l'énergie nouvelle ? Sur le plan métaphorique, nous passons actuellement du système immunitaire au système du thymus, du mode *combattre et anéantir* au mode *tolérer et unifier*. Par conséquent, le filtre arc-en-ciel s'intègre très bien à l'énergie nouvelle, vous assurant de vivre à l'aise dans un état d'expansion de conscience. Au cours de ce nouveau processus, vous aidez également les autres à se sentir plus paisibles en votre présence et certainement plus en paix en général.

Ce processus vous aidera à filtrer votre champ énergétique afin de ne plus perturber les êtres ou les instruments électroniques. De plus, ne l'oubliez pas, il est possible que vous soyez quelque peu invisibles à certains êtres humains. Formulez donc l'intention d'être visibles lorsque c'est nécessaire. Être invisibles signifie en fait qu'on vous voit vraiment, mais sans vous remarquer, c'est-à-dire que vous êtes neutres sur l'écran radar d'une personne. Être visibles veut dire par contre que vous voulez être remarqués pour ce que vous êtes.

L'urgence ressentie par rapport à ce channeling était semblable à celle éprouvée devant le *Fantôme de la mort*, à savoir qu'il était très important de publier ces informations et de les partager avec les lecteurs (voir le tome VI, page 247.) Depuis la réception de ce message, j'en suis encore à étudier comment les autres emploient le filtre arc-en-ciel et quels effets ils observent. D'après leurs récits, il semble avoir grandement amélioré leurs interactions avec les autres adultes, les enfants, les animaux, et dans les situations présentant des défis. Il semble aussi favoriser une meilleure attitude mentale et une sensation de bien-être.

Nous devons cheminer pas à pas, entourés de cette énergie nouvelle. Tous ensemble, nous apprenons au fur et à mesure les meilleurs moyens de générer des solutions gagnantes profitant à chacun. Le potentiel d'engendrer plus de paix dans notre vie et celle des membres de notre entourage existe actuellement. Puisse la paix régner sur notre magnifique planète !

Namaste,

Jan Tober

Mot de l'auteur

Alors, vous pensez que se faire *invisible* aux yeux des autres pourrait être une idée saugrenue ? Voulez-vous entendre relater une expérience vécue qui vous tranquillisera à ce sujet ?

Lisez plus loin l'histoire de Fété et Clément, et le récit de leur fuite miraculeuse hors d'un endroit extrêmement dangereux.

Lee Carroll

CHAPITRE SEIZE

L'EXPÉRIENCE AFRICAINE

Les étonnantes synchronicités de la vie

Marc Vallée

La vie peut être fertile en surprises, parfois de nature à nous tester davantage, mais à d'autres moments le tout peut être vraiment splendide ! En novembre 1999, je fus invité par un groupe de la Côte d'Ivoire à m'exprimer sur mon travail à titre d'éditeur de livres d'éveil et sur mon engagement au sein d'un organisme à but non lucratif du nom de *Convergence*. Dans le tome VI de Kryeon, *Franchir le seuil du millénaire,* j'avais partagé quelques informations au sujet du lien entre cette organisation et le projet du Conseil des Sages.

Durant mon premier séjour à la découverte de l'Afrique et du lien m'y unissant, mes hôtes me parlèrent d'un couple congolais (Clément et Fété) qui venait de quitter la Côte d'Ivoire pour s'établir à Montréal, ajoutant que je devais faire la connaissance de ces gens. Suivant leur conseil, dès mon retour au pays je les ai contactés, et ce fut le début d'une belle amitié.

La synchronicité était plutôt frappante, puisque Fété et Clément avaient entendu parler des enseignements de Kryeon durant leur séjour à Kinshasa. En fait, ils avaient lu plusieurs livres publiés par Ariane Éditions, qui leur avaient été envoyés de France par les sœurs de Fété. Clément était professeur à l'université et occupait également le poste de président du conseil d'administration de l'Hôtel Intercontinental. Quant à Fété, c'était une femme d'affaires qui avait aussi mis sur pied une librairie de livres spirituels et possédait une galerie d'art africain. Tous deux publiaient également un bulletin d'informations, *Le Bosquet* (élément reconnu par l'initié comme le symbole d'une source de sagesse). Donc non seulement notre connexion se fit-elle par le canal des enseignements publiés par

Ariane, mais mes deux amis sont devenus d'importants conseillers dans le cadre du projet de *Convergence*. Depuis ce temps, nous travaillons en étroite collaboration.

L'objectif principal de *Convergence* est d'aider les sociétés occidentales à saisir toute la sagesse des nombreuses valeurs des peuples autochtones (ou des cultures traditionnelles), et à réaliser l'importance de les prendre en compte dans nos choix de société autant que dans notre cheminement individuel. À notre avis, l'Occident montre des lacunes dans la gestion des affaires du monde, et nous croyons qu'il bénéficierait grandement d'une étude des manières d'être de ces peuples. Si nous avons à cœur d'engendrer un avenir viable, il est temps pour nous de réconcilier le présent et le passé. Les « Premières nations » ne se contentent pas de reconnaître et de sentir la présence de la conscience au sein de la nature et sur la Terre mère, elles savent également générer un espace sacré permettant que la vie accomplisse son potentiel. Nous sommes conscients que tout n'est pas parfait dans le monde aborigène, mais il est essentiel que nous collaborions avec lui afin de concevoir un monde meilleur pour nos enfants.

Convergence est en train d'établir des centres d'études (nous espérons éventuellement affirmer notre présence sur plusieurs continents) afin de créer des contacts et d'édifier des relations de confiance avec les Anciens de ces communautés autochtones, et ainsi les amener à jouer des rôles de premier plan dans nos choix sociétaux.

Pour diverses raisons, les circonstances ont voulu que nous ouvrions notre premier centre à Abidjan. Les idées de *Convergence* y ont été bien accueillies ; en fait, elles ont été semées en terrain très fertile. Nous sommes actuellement en train d'ébaucher un projet de conférence pour cet automne (2002), et nous visiterons des villages afin d'y glaner une expérience de terrain plus profonde. De plus, nous possédons une véritable base pour notre projet, sous la forme d'une maison rénovée ; nous disposons en outre de 2 000 livres offerts par des maisons d'édition de France et du Québec, et d'un petit café Internet. Nous sommes prêts pour réaliser l'important travail qui nous attend.

Clément et Fété nous ont guidés tout au long du processus. Nous nous sommes même rendus en Côte d'Ivoire ensemble en mai 2001.

Cette rencontre d'âmes n'aurait pas été possible si Fété et Clément étaient restés à Kinshasa. Les raisons qui les ont poussés à s'établir à Montréal sont exposées dans le récit qui suit. Il s'agit d'une histoire très touchante. Clément, un Tutsi, s'est retrouvé au beau milieu d'un conflit ethnique. La confiance et l'espoir leur ont permis à tous deux de surmonter les moments atroces qu'ils ont dû vivre au Congo, et les enseignements de Kryeon jouèrent un rôle important dans cette situation pénible. Cet homme et cette femme font maintenant partie du conseil consultatif de *Convergence*, et ils apprécient leur vie au Québec. Fété dit même aimer se promener dehors par une de ces belles journées d'hiver où Montréal se recouvre d'un léger manteau de neige. Une de ses phrases favorites est la suivante : « Là où tu es semé, il te faut fleurir ! »

Si vous avez besoin de plus amples renseignements, désirez recevoir notre bulletin ou encore offrir un don, veuillez prendre contact avec un responsable à notre bureau.

Convergence
1217, av. Bernard Ouest, bureau 101
Outremont (Qc) Canada H2V 1V7
Tél. : (514) 279-0911
Fax : (514) 276-4121
Courriel : fconver@cam.org

P.-S. Lors de mon premier séjour en Afrique en novembre 1999, j'ai fait la connaissance d'une jolie Ivoirienne, Siame, que j'ai épousée un an plus tard. La vision de Convergence est très chère à son cœur.

Marc Vallée

PRÉSENCE DE KRYEON DANS NOTRE EXPÉRIENCE DE VIE

Fété
La belle expérience que nous avons le plaisir de partager très brièvement avec vous aujourd'hui a été vécue lors de la guerre civile qui a éclaté dans un pays d'Afrique en 1998.

Clément
Si nous pouvons nous permettre de qualifier aujourd'hui notre expérience de belle, c'est grâce à la compréhension des messages et des enseignements de Kryeon qui nous sont parvenus au moment où nous en avions le plus grand besoin. Ce fut là une belle synchronicité, comme ne cesse si bien de le rappeler Kryeon dans son œuvre. Vous pourrez d'ailleurs le constater par vous-mêmes à travers notre témoignage.

Fété
La flambée de nationalisme doublée d'une haine tribale envers une ethnie supposée être à l'origine de la rébellion entraîna une vraie chasse à l'homme. Comme beaucoup des siens, Clément fut arrêté et aussitôt transféré dans un camp militaire où les exécutions avaient cours au fur et à mesure qu'on amenait d'autres prisonniers. Pendant quatre jours de vaines recherches, je restai dans l'incertitude totale de son sort. Était-il encore vivant ou mort ? Je fis enfin la connaissance d'un militaire* qui accepta, moyennant une rétribution, de le retracer dans les cachots ; grâce à son intervention, je pus le localiser. Par la suite, ce même militaire accepta également de servir d'intermédiaire pour un discret échange de correspondance et pour lui faire parvenir un peu de pain et d'eau. Toujours par son canal, j'obtins un arrangement avec les geôliers pour assurer la protection de Clément, de manière qu'il soit chaque fois déplacé des cachots d'où on avait prévu extraire les personnes à tuer au cours de la nuit. C'est ainsi qu'il eut la vie sauve, ayant été extirpé d'une cellule juste vingt minutes avant l'exécution de 172 codétenus. Quatorze jours après son arrestation, je fus informée par une connaissance, un homme d'affaires occidental*, de l'imminence

de la chute de la capitale. Selon ses informateurs, les rebelles étaient déjà dans les faubourgs de la capitale. Il me conseilla donc très vivement de me débrouiller pour négocier la sortie de Clément, car le massacre des prisonniers était déjà programmé, advenant la prise de la capitale. Entendez par là qu'il me fallait payer n'importe quel prix pour obtenir la sortie de Clément. Dans l'ambiance électrique du moment, c'était une vraie folie que de penser à pareille entreprise. Faisant fi de tous les dangers, je m'y risquai et, contre toute attente, je parvins, sans grande peine, à monnayer au prix d'une dizaine de milliers de dollars américains la sortie de Clément et d'une quarantaine d'autres prisonniers. Ne sachant où le cacher, car la plupart de nos amis s'étaient évanouis dans la nature ou préféraient garder une distance prudente, nous décidâmes d'aller là où personne ne pouvait logiquement soupçonner sa présence, c'est-à-dire chez nous à la maison. Nous habitions sur une voie principale avec, pour voisinage, les bureaux de l'État major de la police nationale et un institut supérieur où se côtoyaient plus de dix mille étudiants très politisés et hostiles. Les journées de Clément et des enfants, également menacés, se déroulaient dans la chaleur étouffante du plafond d'où ils ne redescendaient que tard dans la nuit pour manger et dormir. Ils y remontaient dès les premières lueurs de l'aube. Voilà succinctement la situation dans laquelle nous nous trouvions avant l'arrivée de Kryeon dans notre vie.

Clément

Toujours très brièvement. C'est donc pendant cette période de très grand désespoir que nous reçûmes de mes deux jeunes belles-sœurs, vivant en France, des livres qui, selon elles, « devaient nous permettre de comprendre le sens de ce qui nous arrivait ». C'est là que nous fîmes la connaissance de Kryeon. Disposant de tout mon temps, je fus le premier à le rencontrer. Immédiatement, je me sentis entièrement en symbiose avec sa Vérité et son énergie qui ruissellent dans chaque mot. Je réalisai alors que dans la situation de détresse et d'abandon total où nous étions plongés, ces enseignements constituaient le plus merveilleux des cadeaux que la vie pouvait nous offrir. Je compris surtout comment je tenais désormais entre mes mains les clés devant ouvrir les nouveaux portails de ma nouvelle vie. Ces clés étant l'obtention du nouvel implant neutre, la cocréation, la certitude de la présence des guides et l'observation constante des synchronicités. [Cette notion de l'implant neutre est abordée par Kryeon comme thème important du tome I. C'est en fait une annulation du karma résiduel par l'intention, simplement en l'affirmant. NDE] Je ne pus qu'inciter Fété à lire Kryeon le plus rapidement possible. Ce qu'elle fit aussitôt ; mais elle était tellement prise par les démarches visant à nous trouver une terre d'asile, par la sécurisation extérieure de la maison et par son propre travail, qu'elle remettait sans cesse à plus tard la pratique des techniques de Kryeon. Pour ma part, sans attendre, je demandai l'implant neutre et commençai un processus de cocréation. Vous devinez que l'une de mes premières cocréations fut celle de nous sécuriser sur le plan physique ; la seconde concernait notre sortie du pays pour l'Amérique du Nord : le Canada ou les États-Unis. Je me rendis compte beaucoup plus tard que Fété évitait très soigneusement le chapitre de l'implant neutre. La réponse qu'elle me donna par suite de mon insistance fut : « Franchement, ne trouves-tu pas que nous avons assez d'ennuis sans en rajouter d'autres encore, et ce, pendant 90 jours ? C'est de la folie pure et simple, ne crois-tu pas ? »

Fété

Pendant ce temps, je parcourais les ambassades de certains pays occidentaux à la recherche d'une terre d'asile. Dans mes recherches, je me tournai tout naturellement vers le Canada. La réponse fut évasive et décevante : l'ambassade avait reçu beaucoup de demandes et attendait les instructions d'Ottawa. Les USA avaient carrément fermé leur ambassade et évacué tout leur personnel dans un pays voisin. La Suisse accepta de nous accueillir, mais elle se rétracta peu de temps après, prétextant l'arrivée massive des Kosovars chez eux. Devant l'urgence pour nous de quitter le pays, je me tournai vers les pays africains et commençai par le plus calme à cette époque, c'est-à-dire la Côte d'Ivoire. Ce pays nous accorda aussitôt les visas nécessaires, et un pays voisin nous donna le droit de transit. J'obtins également toutes les autorisations de sortie de la part des autorités politiques (huit signatures au total). Clément et les enfants furent alors discrètement transférés de la maison vers un centre sous la bonne garde de la nonciature pour attendre, en compagnie d'une trentaine d'autres personnes dans le même cas, le jour de leur sortie. La veille de leur départ, la guerre éclata dans le pays voisin par lequel ils devaient tous transiter, et celui-ci ferma aussitôt ses frontières. Quelle malchance ! Un peu découragée, je repris tout de même d'autres démarches pour obtenir de nouvelles autorisations de sortie.

Clément

Je compris très vite que la Côte d'Ivoire n'était pas notre destination finale. Pendant cette période d'attente, les bâtiments du centre qui nous abritait furent pris d'assaut par près de deux cents militaires armés. Bousculés et humiliés publiquement devant une foule déchaînée qui voulait à tout prix que les militaires montent des bûchers sur place pour nous immoler, nous fûmes tous embarqués dans de gros véhicules militaires et conduits au camp militaire même où j'avais précédemment été détenu. Malgré cette rafle spectaculaire et la brutalité de l'opération, j'acceptai ces événements avec sérénité et même avec un certain humour, sachant qu'avec mon nouvel implant neutre et mes différentes cocréations, j'étais désormais invulnérable. Il en fut de même pour Fété. Bien que fortement choquée par le déroulement des événements, elle ne connut cependant, à aucun moment, le désespoir. En effet, grâce à la compréhension des messages de Kryeon, elle garda confiance, prenant conscience que nos vies n'étaient pas en danger et que nous étions tout simplement dans le processus d'accomplissement de ce qui devait être fait.

Fété

Passant outre le danger pour ma propre vie, je me rendis aussitôt au camp pour m'assurer de leur réelle présence. Puis, je me mis à la recherche d'un autre militaire* pour communiquer avec eux. Cela fait, je m'activai, une fois de plus, dans les démarches de visas. Cette fois, je me rendis à l'ambassade d'Afrique du Sud. Grâce à l'intervention personnelle du représentant* des droits de l'homme des Nations unies, j'obtins les visas en une demi-journée. Le ministre en charge de ce dossier sensible s'engagea à faire sortir Clément et les enfants de la prison et à nous faire escorter jusqu'à l'aéroport. Le lendemain, à cinq heures de l'après-midi, le secrétaire particulier du ministre me demanda d'aller le rejoindre au camp où il achevait les formalités de sortie. À mon arrivée, je trouvai effectivement Clément et les enfants devant le bâtiment carcéral, mais ma joie fut de très courte durée. Un problème de taille nous attendait. Il nous était impossible de quitter le camp sous un soleil aussi insolent. Notre bel astre riait littéralement de tous ses rayons éclatants, et il était donc impensable d'oser circuler dans les rues survoltées de la capitale sans risquer de nous faire remarquer. Par ailleurs, il n'était pas recommandé de demeurer là à attendre la tombée de la nuit, car un militaire fou pouvait tout simplement décharger son arme sur nous. Que faire ? Je me souvins alors de Kryeon et, oubliant totalement le lieu, les militaires et les circonstances, je lançai un vibrant appel à mes guides. Je leur hurlais qu'ils ne pouvaient reprendre de la main gauche ce qu'ils donnaient de la main droite. Que c'était maintenant à leur tour de faire le boulot, car cela dépassait ma petite intelligence humaine. Ce qui advint ensuite ne peut qu'être versé dans le vase d'or des cadeaux merveilleux que le ciel, par l'entremise de nos guides, nous offre dans les moments les plus poignants de notre existence. En moins de cinq minutes, et j'insiste sur ce point, un petit nuage gris se forma et passa devant le soleil ; une petite pluie fine se mit à ruisseler. Les premières gouttes tombèrent sur un sol totalement desséché qui laissa échapper et s'élever une vapeur salvatrice. Nous nous engouffrâmes rapidement dans la voiture dont les vitres s'embuèrent en moins de cinq minutes, soit le temps de traverser le camp et d'arriver à la sortie donnant sur une voie principale fortement fréquentée à cette heure de pointe. Nous pûmes ainsi atteindre notre maison dix minutes plus tard sans encombre et sans être remarqués ; puis, la pluie cessa aussitôt. Le voyage en Afrique du Sud n'eut jamais lieu, car nos passeports furent confisqués alors que nous nous rendions à l'aéroport sous bonne escorte du représentant des Nations unies et de celle du représentant du ministre des droits de l'homme.

Clément

L'Afrique du Sud n'était pas, non plus, notre destination finale. Ce fut le retour à la case départ. Le ministre en charge de notre dossier nous donna toutes les autorisations officielles pour rentrer chez nous, tout en nous recommandant très vivement de faire preuve d'une grande discrétion pour notre propre sécurité. Fété et les enfants furent bien découragés, mais cela ne dura qu'une demi-journée, car dès le lendemain matin Fété fut appelée par le représentant des droits de l'homme des Nations unies, qui lui demanda de se rendre à l'ambassade du Canada. Ottawa avait enfin répondu et on pouvait entamer les démarches. Fété se décida alors à faire sa demande d'implant neutre. Compte tenu de notre voisinage immédiat, nous cocréâmes ensemble la protection de notre maison en la rendant invisible à tout regard hostile en notre endroit. À partir de ce moment, nous observâmes la présence permanente et l'action de nos guides à nos côtés. Les enseignements de l'Esprit nous apparurent de plus en plus clairs chaque jour. Nous sûmes alors que nous étions dans l'accomplissement progressif de notre destin et qu'il nous fallait tout simplement faire confiance à l'Esprit. Nous acceptâmes donc de nous laisser guider par l'Esprit et d'établir un véritable partenariat avec lui. Notre peur s'atténua alors fortement, car nous comprenions que nous étions en train de remplir la partie la plus difficile de notre contrat de vie, élaboré par nous-mêmes. Puis la sérénité et la patience devinrent nos meilleurs compagnes et complices. Un profond sentiment de justice et de justesse nous habita aussi. Nous vécûmes notre quotidien pleinement et avec beaucoup de sérénité ; le sentiment d'être les victimes d'une machine infernale ou de forces insupportables nous abandonna.

Fété

C'est dans cet état d'esprit que nous vécûmes le reste du temps que dura notre captivité. Ayant, en effet, compris le sens de notre expérience, il n'y avait plus de place pour la colère ou la rancœur. Nos bourreaux étaient tout simplement des frères en train de jouer au mieux leurs propres rôles pour nous aider à bien remplir notre contrat de vie. La souffrance suscitée par l'éloignement de nos amis et parents ainsi que par la trahison d'un travailleur s'émoussa sans regret. J'avais repris le rythme normal de mes activités quotidiennes. Étant en contact avec le monde extérieur, j'étais l'œil et l'oreille de toute la famille. Cette période fut cependant vécue comme un état de grâce ; très éveillée, je ressentais au plus profond de mon être une extrême gratitude envers l'univers qui m'accordait le privilège de vivre en toute conscience la plénitude de mon expérience.

Clément

Les démarches consulaires nécessitèrent beaucoup de temps, et nous sentions qu'il nous restait encore quelque chose d'important à faire avant notre sortie du pays. Fété et moi exploitions entre autres un magazine sur les traditions africaines. Les circonstances m'offrant très peu de possibilités de mouvements, je mis à profit tout mon temps pour résumer l'essentiel des messages et des enseignements de Kryeon afin de les publier dans notre magazine *Le Bosquet*. Fété, quant à elle, se chargea de distribuer ce numéro gratuitement au plus grand nombre. Par ailleurs, elle réunit onze poètes de grand talent et fortement réputés ; avec elle-même, cela donna le chiffre douze. Ensemble, ils publièrent une œuvre portant sur la paix et l'avènement de la fraternité en Afrique. Quelques jours plus tard, Fété reçut un appel du représentant des Nations unies l'informant que les États-Unis étaient prêts à nous accueillir et que nous devions nous préparer à partir dans les quelques jours à venir. En fin d'après-midi du même jour, le consul du Canada l'appela pour l'informer que nos visas étaient enfin accordés. Quelle belle synchronicité ! Notre cocréation avait donné lieu à des résultats allant au-delà de tout entendement humain ! Quelques jours avant ces heureuses nouvelles, nous venions de recevoir de mes belles-sœurs le livre *Le retour* (Lee Carroll/Kryeon), que nous avalâmes tous littéralement. Les enfants et moi quittâmes enfin le pays le 8 septembre 1999. Malgré mes exhortations de partir tous ensemble, Fété voulut rester un mois de plus pour régler quelques affaires. Je la laisse résumer ce qui lui est arrivé.

Fété

En fait, je n'ai jamais pu régler quoi que ce soit, car je fus rattrapée de près par les services de sécurité du pays, qui déferlèrent sur moi de façon inimaginable. À croire qu'ils me recherchaient depuis longtemps. Le plus clair de mon temps fut consacré à assister aux perquisitions qui eurent lieu à notre domicile et à mon bureau ainsi qu'à répondre à toutes sortes d'accusations portant sur une atteinte à la sécurité d'État dont je me serais rendue coupable... Épuisée et totalement exténuée, je compris enfin l'enseignement : lorsqu'il est temps de partir, il faut savoir se lever sans hésitation et suivre, avec confiance, l'appel du destin. L'onde de lumière dans cette étape sordide fut pour moi la joie sincère que manifestèrent le chef de la sécurité et ses adjoints lorsque, à leur demande, je leur remis un carton rempli d'ouvrages portant sur l'éveil de la conscience ainsi que plusieurs exemplaires du dernier numéro de notre magazine.

Clément

Malgré le fait que Lee Carroll affirme ne canaliser Kryeon que pour la culture euro-américaine (tome IV, *Partenaire avec le Divin,* p. 306), je tiens pour ma part à souligner que seules, peut-être, la langue et la culture peuvent constituer des barrières dans les échanges et la communication. Et même dans ce cas précis, le message de Kryeon a ignoré les frontières culturelles, l'emportant sur les bruits des canons et des armes automatiques qui résonnaient continuellement sur la Terre mère Afrique. En définitive, il est bien parvenu jusque dans nos cachots humides et insalubres en plein cœur de l'Afrique centrale.

Fété

Le message de Kryeon a été le phare qui a éclairé notre route dans la nuit profonde et guidé lentement nos pas jusqu'au nouveau port d'attache où nous avons jeté l'ancre. Depuis lors, un éternel sentiment de gratitude et surtout une joie indescriptible nous habitent en permanence. La joie sereine que procure la certitude du bien-fondé et de la justesse des choses ; la joie qui ressemble au franc éclat de rire qu'on a lorsqu'on découvre enfin l'extraordinaire beauté qui gît derrière la comédie dramatique de la vie. Cette joie qui n'est rien d'autre que l'Amour de la Vie...

Clément

... et un sentiment de confiance totale et d'abandon dans les bras de l'Esprit qui, dans cette ère nouvelle, prend les commandes de notre cabine de pilotage. Voilà ce qu'a été l'œuvre de Kryeon dans notre nouveau destin. Nous encourageons chacun à avoir un esprit grandement ouvert afin de pouvoir saisir l'intervention permanente de l'Esprit dans son quotidien.

---

* Toutes ces personnes ont été des anges pour nous.

Quelques exemples
de livres d'éveil publiés
par Ariane Éditions

Marcher entre les mondes
L'effet Isaïe
L'ancien secret de la Fleur de vie, tomes 1 et 2
Les enfants indigo
Aimer et prendre soin des enfants indigo
Le futur de l'amour
Série ***Conversations avec Dieu***, tomes 1, 2 et 3
L'amitié avec Dieu
Communion avec Dieu
Contrats sacrés
La reconnexion
Le pouvoir du moment présent
Le futur est maintenant
Sur les ailes de la transformation
L'amour sans fin
Telos
Série Soria :
Les grandes voies du Soleil
Maîtrise du corps ou Unité retrouvée
Voyage
L'Être solaire
Série Kryeon :
Graduation des temps
Allez au-delà de l'humain
Alchimie de l'esprit humain
Partenaire avec le divin
Messages de notre famille
Franchir le seuil du millénaire